子安増生・楠見 孝・齊藤 智・野村理朗 編
Masuo Koyasu, Takashi Kusumi, Satoru Saito, & Michio Nomura

教育認知心理学の展望

Perspective of Cognitive Psychology in Education

ナカニシヤ出版

まえがき

　本書のタイトルの「教育認知心理学」という言葉は，一般には耳慣れないものでしょう。インターネットでこの言葉を検索すると，京都大学大学院教育学研究科の「教育認知心理学講座」およびその関連サイトがヒットしますが，それ以外のものはまず見当たりません。この教育認知心理学講座は，1949年5月の京都大学教育学部創設時発足の教育心理学講座および1972年4月に新設された視聴覚教育講座を前身とし，1998年4月の大学院重点化に伴う大学院の改組によって，この2講座の再編統合により設置されたものです。その時にはじめて，認知心理学の観点から教育の諸問題を考える「教育認知心理学」という新たな学術分野が創設されたわけです。前身の2講座の時代も含めて，教育認知心理学講座の出身者は，日本全国の大学や研究機関などで活躍しています。

　ところが，この新たな学術分野を学ぶにあたって参考となる教科書がまだありませんでした。本書は，教育認知心理学という新たな学術分野を学ぼうとする学部生のテキストであり，卒業論文作成や大学院入試などの準備にも役立ち，研究者としてスタートする大学院生が教育認知心理学全体の広がりを参照する際の座右の書となるものを目指しています。全体を通して，教育認知心理学の過去・現在・未来を展望する最初の本と言えます。この学術分野の全体像を理解する上で，木の幹にあたる「章」と，枝葉にあたる「コラム」を設定していますが，いずれも学術的に正確であるだけでなく，読みやすくわかりやすいことを重視して編集いたしました。

　本書は，教育認知心理学講座の初代教授の1人である子安増生教授が2016年3月に京都大学を定年退職する時期にあわせて企画されましたので，本書の編者および著者全員がこの講座の現・元教員，元研究員，卒業生，修了生のいずれかです。しかし，本書はいわゆる退職記念論集のようなものではなく，教育認知心理学の研究成果に基づく教科書あるいは参考書として，末長く利用される本を目指して編集を行いました。

最後になりましたが，ナカニシヤ出版編集部の宍倉由高氏ならびに山本あかね氏には，本書企画の段階から校正ならびに刊行に至るまで大変お世話になりました。ご尽力に対して，ここに心より厚く御礼を申しあげます。

　2016年3月1日

編者一同

目　次

まえがき　　i

1　心のモデルのデザイン……………………………………1
　　1．はじめに　　1／2．脳のモデル　　1／3．行動の公式　　3／4．心の捉え方　　4／5．無意識のモデル　　4／6．情報処理モデル　　6／7．記憶のモデル　　7／8．知能のモデル　　9／9．心の発達のモデル　　11／10．社会的相互作用モデル　　12／11．構造方程式モデル　　14／12．まとめ　　14

2　感覚と知覚………………………………………………17
　　1．はじめに　　17／2．感覚・知覚・認知　　17／3．基本的な感覚の種類　　18／4．感覚・知覚情報の統合　　22／5．錯覚と注意　　26／6．教授・学習に関わる研究例　　28／7．まとめと展望　　30

3　認知心理学と脳科学の方法……………………………35
　　1．はじめに　　35／2．脳損傷患者と脳画像化技術：構造的画像　　35／3．ボクセルを基底とした損傷部位と症状のマッピング　　37／4．脳画像化技術：機能的画像　　37／5．脳刺激法　　39／6．脳電図・事象関連電位：神経活動の時間的情報　　40／7．脳部位と脳部位の情報連絡：解剖学的結合・機能的結合　　41／8．脳の各部位で計算される神経表象の質：多ボクセルパタン分析　　42／9．深部埋め込み電極　　45／10．機能的画像の結果は心理学理論の区別に役立つか？　　45

4　身体と意識………………………………………………51
　　1．はじめに　　51／2．「身体に宿る心」という信念　　51／3．心身問題　　53／4．環境の中で生きる脳：情報処理モデルとその限界　　54／5．「考える力」の基盤としての身体　　55／6．身体と無意識　　60／7．まとめ　　63

5 言語と思考 …………………………………………………… 67
1．はじめに　67／2．名づけと認識　67／3．概念メタファー理論　69／4．慣習的メタファー表現と思考　71／5．アナロジーによる思考　75／6．まとめ　78

6 メタ認知と批判的思考 …………………………………… 83
1．はじめに　83／2．メタ認知　83／3．批判的思考　86／4．メタ認知と批判的思考　90／5．まとめ　93

7 知能と創造性 ……………………………………………… 97
1．はじめに　97／2．「頭の良さ」をどう理解するか：知能をめぐる研究　97／3．創造的であることの意味と意義　101／4．21世紀を創る教育認知心理学となるために　104

8 問題解決と意思決定 ……………………………………… 111
1．はじめに　111／2．問題解決　112／3．意思決定　115／4．まとめ：よりよい問題解決と意思決定のための批判的思考　121

9 感情と認知 ………………………………………………… 125
1．はじめに　125／2．感情の認知評価理論　126／3．感情と注意　127／4．感情と記憶　127／5．感情と社会的判断　129／6．感情と認知に関する包括的理論　130／7．感情知能　133／8．おわりに　135

10 記憶と実行機能 …………………………………………… 141
1．はじめに　141／2．記憶の働きと分類　143／3．実行機能の概念　144／4．実行機能を支える記憶　146／5．記憶を支える実行機能　149／6．まとめ　153

11 遺伝と環境 ………………………………………………… 159
1．はじめに　159／2．遺伝と個人差　159／3．遺伝と環境の相互作用　164／4．環境による影響と世代間伝達：エピジェネティクス　166／5．まとめ　168

12 学習と動機づけ …………………………………………… 173
1．はじめに　173／2．動因低減説から内発的動機づけ理論へ　173／3．内発的動機づけのアンダーマイニング現象と認知的評価理論

175／4．自己決定理論　176／5．アトキンソンの達成動機づけ理論　177／6．ワイナーの原因帰属理論　179／7．学習性無力感理論　180／8．改訂学習性無力感理論　181／9．自己調整学習　182

13　学校教育の展開と認知心理学の発展 ……………………………… 187
1．はじめに　187／2．学校教育における質の向上と平等性の追求　187／3．教育の質の向上としての「深い学習」の重視　188／4．1人1人の「深い学習」は達成されているか：学力やリテラシーの現状　191／5．認知心理学の発展Ⅰ（1970年代以前）：認知主義に基づく学習方法の提案と認知プロセスのモデル化　193／6．認知心理学の発展Ⅱ（1980年代）：変化前と変化後の対比　193／7．認知心理学の発展Ⅲ（1990年代）：変化のプロセスの記述　196／8．認知心理学の発展Ⅳ（2000年代以降）：変化のメカニズムの解明　199／9．認知心理学の発展と今後の学校教育の展開　202

14　教授法と学習効果 ……………………………………………………… 209
1．はじめに　209／2．理想と現実　209／3．伝統と変化　211／4．批判と論争　213／5．整理と展開　216／6．成功か失敗か　218／7．まとめ　219

15　心理・教育測定 ………………………………………………………… 223
1．はじめに　223／2．心理・教育測定における信頼性と妥当性　224／3．信頼性と妥当性のトレード・オフの関係　225／4．信頼性を高めるデザイン　227／5．妥当性を高めるデザイン　230／補遺　233

16　認知の発達 ……………………………………………………………… 239
1．はじめに　239／2．認知発達へのアプローチ　240／3．乳児期の認知発達　242／4．幼児期の認知発達　243／5．児童期の認知発達　243／6．青年期の認知発達　245／7．成人期以降の認知発達　247／8．認知の生涯発達理論に向けて　249

17　認知の障害 ……………………………………………………………… 255
1．はじめに　255／2．視覚認知の障害　256／3．聴覚認知の障害　259／4．高次認知の障害　261／5．認知心理学と支援技術　264

／6．ま と め　265
18　社会と文化の影響 …………………………………………… 269
　1．はじめに　269／2．社会心理学における認知的研究の発展・展開　269／3．文化心理学における認知的研究の発展　273／4．文化心理学における認知的研究の展望と方向性　276／5．ま と め　281

索　引　293

◎コラム
1　こころの未来　16
2　自己・身体・知覚　33
3　質的研究の方法　50
4　熟達の過程　66
5　アナロジーの発見機能　82
6　日本人の心理　95
7　青年の創造性　109
8　メタ認知の役割　124
9　感情表出の発達　139
10　スリップ：行為のエラー　157
11　発達の個人差への支援　172
12　ダイエット行動　186
13　素朴概念と科学的概念　208
14　幼児の描画指導　222
15　協調的学びの評価　237
16　親の発達　254
17　自閉症の認知特性　268
18　合意の形成　284
コラム文献　285

1 心のモデルのデザイン

子安　増生

◆1．はじめに

　本章は，心のモデルのデザインについて，広い意味での認知心理学の観点から考えてみる。心がどのようにデザインされているのかを知ることは，心のもつ認知機能の制約と，その制約を逆手に取った豊かな認知的活動との関連を考察し，あるいは，心を発達させ活性化させるためのさまざまな環境要因を明らかにすることにつながるものである。
　人間の営みを脳・心・行動の3つの水準で捉え，脳・心・行動そのものがそれぞれどのようにデザインされているのかについて，様々なモデルを構成してその仕組みを理解する営みが行われてきた。脳のモデルは脳科学が主に担当し，行動のモデルは行動科学あるいは行動分析学が主に担当するものであるとしたら，心のモデルを構成することは，その主要な部分を認知心理学が引き受けるべき課題となっている。
　以下では，脳のモデルと行動のモデルについて簡単に見た後，様々な観点からの心のモデルとそのデザインについて検討する。

◆2．脳のモデル

(1) 脳損傷のモデル

　脳のどのような部位がどのような役割をはたしているかは，19世紀の後半になって，脳損傷（brain damage）の患者の症状と，死後解剖による脳内出血や腫瘍などが生じた脳損傷部位との関係から明らかにされるようになった（第3章参照）。その先鞭をつけたのはフランスの医師ブローカ（Broca, P. P.）で

あった。ブローカが診ていた患者の中に，重度の言語障害があり，どのような場面でも「タン，タン」としか言えないので「タンさん」と呼ばれていたルボルニュ（Leborgne）という男性がいたが，1861年に亡くなったので解剖を行ったところ，大脳左半球の前頭葉（下前頭回）に損傷が確認された。その脳部位のことは，ブローカ野（Broca's area）と呼ばれるようになった。ブローカ野の損傷は言語の産出に困難を生じさせるが，他者の発話は比較的よく理解できるという特徴がある。

その後，ドイツの医師ウェルニッケ（Wernicke, C.）は，発話は比較的流暢に行えるが言語理解に大きな障害がある患者の症例を報告した（1874年頃）。その患者は，死後解剖によって大脳左半球の側頭葉（上側頭回後部）に損傷があることが示され，その脳部位はウェルニッケ野（Wernicke's area）と呼ばれるようになった（第17章参照）。

(2) 脳地図のモデル

ブローカらの活躍により，特定の脳部位の損傷が特定の神経内科的症状を引き起こすことが明らかになったが，脳細胞の各部位は一見しただけでは細かく区分されているようには見えない。ドイツの神経学者ブロードマン（Brodmann, K.）は，大脳皮質組織の神経細胞を染色し，組織構造が均一である部分をひとまとまりとし，1から52までの番号をつける研究を行った（1909年頃）。これ

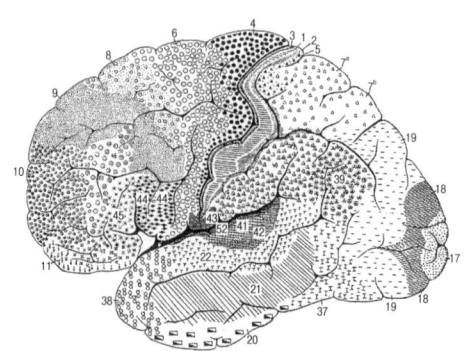

図1-1　ブロードマンの脳地図
http://www.spiegel.de/fotostrecke/gehirn-in-3d-brodmann-areale-waren-gestern-fotostrecke-51347-4.html

をブロードマンの脳地図（図1-1）と言う。これによって，脳の機能局在の研究が大いに進展することとなった。なお，ブロードマンは，この脳地図の作成にあたって人間以外の動物の脳も資料としたので，人間の脳では対応する組織構造のない番号が脳地図上に存在する。

◆3．行動の公式

　かつて心理学を学ぶときに最初に出てくる「公式」として，B＝f（P, E）というものがあった。人間の行動（behavior; B）は，その行動を行う個人のパーソナリティ（personality; P）とその個人が置かれた環境（environment; E）の関数（function; f）である，ということを数式もどきに表したものであり，ドイツ出身の心理学者レヴィン（Lewin, K.）がその提唱者であるとされる。これは，心理学の研究対象を簡潔かつ端的に表した式ではあるが，数学的な意味は特になく，従属変数としての行動をパーソナリティ要因と環境要因という2つの独立変数の影響として捉えようとする心理学の基本的なスタンスを表すものであった。

　同様に，アメリカの行動主義心理学者ハル（Hull, C. L.）がかかげた行動の公式 $_sE_R = {_sH_R} \times D \times V \times K$ は，刺激Sに対して反応Rを生み出す強度 $_sE_R$ は，刺激－反応間に形成される習慣強度 $_sH_R$ に動因強度D，刺激強度V，誘因強度Kをかけた積であるという意味になる。

　たとえば，生徒が宿題（S）を出されたらきちんとやってくる（R）という行動の強さ（$_sE_R$）は，宿題をする習慣（$_sH_R$）が生徒の身についており，宿題をやろうとする気持ち（D）が生徒にあり，宿題の出題内容に曖昧さがなく明確（V）な場合で，宿題をすると成績に加点されたり親からごほうびをもらえたりするといった魅力的な誘因（K）があるときにうまく成立するのであり，逆に言うと，そのうちのどれか1つでも満たされないと，生徒が宿題を行う可能性はゼロに近づくのである。

　このような行動の公式は，個人の行動の正確な予測を目的とするものであって，心の仕組みを解明しようとするものとは必ずしも言えない。

◆4．心の捉え方

「心」という漢字は，心臓を象ったものであるとされる。英語のハート（heart）やフランス語のクール（coeur）にも，「心」と「心臓」の両方の意味がある。胸のときめきや精神的動揺などの心理的変化が直に心臓の鼓動に影響することから，心臓は「心の座」であると古来長く考えられてきた。

このように，専門家でない普通の人々が「心」というものをどのように捉えてきたかは，民間心理学（folk psychology），素朴心理学（naïve psychology），常識心理学（commonsense psychology），または心理学の素人理論（lay theories in psychology）などと呼ばれる問題である。

何か直接に捉えきれないものを考えるとき，人々は「もの」に寄せる比喩（メタファー）をしばしば用いる。目に見えない心については，「軽い／重い」「明るい／暗い」「広い／狭い」「弾む／萎える」「芽生える／砕ける」「満たされる／涸れる」などといった表現がしばしば用いられる。こういったものも，素朴ではあるが，一種の心のモデルあるいはメンタルモデル（mental model）（第8章参照）を反映していると言えよう[1]。

「こころ」と読む漢字は，「心」の他に「情」と「意」がある。「知・情・意」の心の3要素は，心理学が哲学から受け継いだ伝統的区分であるが，「知」あるいは「智」は「こころ」とは読まれない。知覚・意識・記憶・理解・判断などの心の働きは，むしろ大脳の活動を意味する「頭」にその座があると考えられてきた。「頭がいい」「頭の回転が速い」「頭の切り替えができる」などといった表現は，「知」の働きについて述べたものである。

◆5．無意識のモデル

行動の公式や脳地図が心理学の発展に大いに貢献したことは間違いないが，

---

[1] メンタルモデル（mental model）という用語には，一般的な意味の他に，イギリス出身の心理学者ジョンソン＝レアード（Johnson-Laird, 1983）によって提唱された，文章理解や論理的推論に用いられる命題とイメージの中間的な表象という定義づけなど，いくつかの専門的な意味がある。

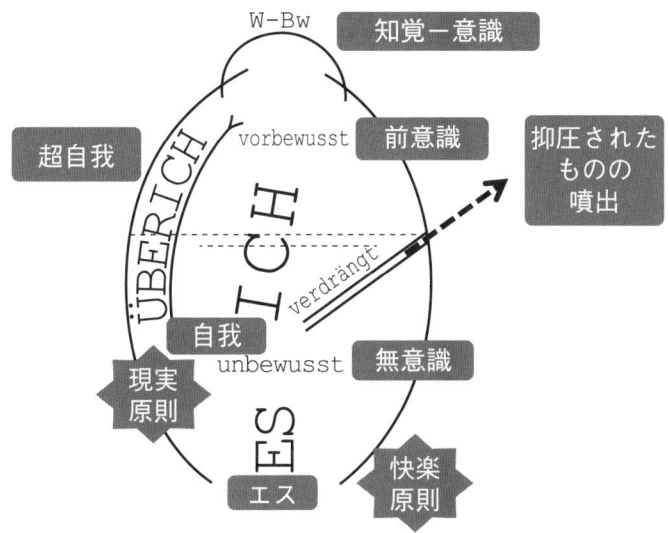

図1-2　フロイトの無意識の構造モデル

　個人の心の内面の力動的な性質を大胆にモデル化したのは，オーストリアの精神科医フロイト（Freud, S.）である。フロイトが活躍した19世紀後半から20世紀前半は，言動に対する禁忌（taboo）が強く，人々は内面から発する感情や欲求を素直に表出することがきわめて難しい時代であった。
　図1-2は，フロイトの無意識の構造モデルを示している。人は知覚し意識する世界だけでなく，普段は意識されないが意識化が可能な前意識，ならびに容易に意識化のできない無意識の世界に住んでいる（第4章参照）。図のエス（イドとも言う）は，性衝動や攻撃衝動などであり，それをそのまま表出すると，様々な社会的制裁を受ける危険性が大きい。現実と折り合いをつけるために，自我や超自我がエスを抑え込む働きをするのであるが，それは「危険な欲望」を無意識の世界に押し込める抑圧（suppression）という作用に等しい。しかし，抑圧されたエネルギーは決して消えてなくなってしまうのでなく，時に脇から噴出する。それは，しくじり行為（言い間違い，し損ない）であったり，フラストレーションが身体化するヒステリーになったりする。フロイトの精神分析は，自由連想や夢分析を通じて，患者が抑圧していることがらを明らかにし，

それを患者に自覚させる方法を重視する。

このようなフロイトの無意識の構造モデルは，19世紀の社会を発展させる最大の原動力ともなった蒸気機関のアナロジーであるということが指摘されている。抑圧された欲望がなくならないのは「エネルギー保存」の法則に従うものであり，抑圧が強いほど噴出するエネルギーが高まるのは，加圧され圧縮された空気が反発力を増すのと同じ仕組みであるとも言える。

◆6．情報処理モデル

1920年代から1950年代までの実証的心理学は，行動主義（behaviorism）の全盛期であった。行動主義とは，意識や無意識のような目に見えない現象は取り上げず，観察可能な行動のみを研究対象とし，刺激（stimulus; S）と反応（response; R）の関数関係（function; f）を明らかにすることを研究の目標とするものである。

行動主義の基本的考え方は，R = f (S) とも，S→■→R とも表すことができる。刺激と反応の間に何が介在するかにかかわらず，一定のSを与えれば一定のRが産出されるという対応関係が重要であり，■の内容はブラックボックスでよいとするものである。批判的な立場から見ると，行動主義における心のモデルは自動販売機のようなもので，お金を入れればほしい缶やペットボトルが出てくれればよく，機械の仕組みそのものは知る必要がないのと同じように，心の仕組みを知る必要はないという考え方である。

行動主義のアンチテーゼとなる認知主義（cognitivism）の誕生の契機となったのは，第2次世界大戦終了後に開発が進んだコンピュータの存在である。「コンピュータ，ソフトなければただの箱」と言われるように，コンピュータには入力装置（キーボードやマウス），出力装置（ディスプレイやプリンタ），中央処理装置（central processing unit; CPU）だけではなく，このようなハードウェアを有機的に動かすソフトウェアとしてのプログラム（BIOSと呼ばれるオペレーティングシステムやアプリケーション）の存在が不可欠である。

コンピュータという機械でさえプログラムが必要なのだから，当然ながら心にもプログラムを想定することが不可欠であるという考え方は，1956年頃を

転回軸とする認知革命を引き起こした（Gardner, 1985）。1956 年にアメリカで開催された学術集会から市民権を得た人工知能（artificial intelligence; AI）（第4章参照）の研究は，人間の知能を再考する契機となった。

　人工知能は，アルゴリズム（algorithm）と一般的に呼ばれる計算手順に従って，可能な選択肢をしらみつぶしに隈なく検討する方法を基本的にとる。たとえば，4桁の暗証番号は，0000 から 9999 まで順番に調べていけば，必ず正解にぶちあたる。しかし，人間は，暗証番号の持ち主の誕生日，住居番地，電話番号など，使われる可能性の高そうなものを発見して，速く正解に到達するヒューリスティックス（heuristics；発見法）を用いて考える（第8章参照）。

　コンピュータは，1997 年にチェスの世界チャンピオンを破り，近年は将棋のプロ棋士を負かすようになり，多くの分野の情報処理能力において，人間の能力をはるかに凌駕する存在となった。だが，コンピュータのもっとも苦手とする情報処理の対象は，気まぐれな人間の心の理解であるかもしれない。

◆7．記憶のモデル

　認知研究において，心のモデル化の実証的検討がもっとも進展している分野の1つは記憶研究である。古典的には，記憶過程を「図書館のメタファー」で説明することが行われてきた。図書館において司書が本の「受入⇒収蔵⇒検索」の業務を行うように，記憶は情報の「符号化⇒貯蔵⇒検索」の過程を通じて保持されてよみがえる。このメタファーそのものは誤りではないが，記憶の仕組みはもっと多様で複雑なものであることが明らかになっている。

　記憶には，知識（意味）や出来事（エピソード）の記憶である宣言的記憶（declarative memory）と，自動車の運転や楽器の演奏のような実行手順の記憶である手続的記憶（procedural memory）がある。宣言記憶は主として意識的な過程であるが，習熟された手続的記憶はかなり無意識的な過程である。

　事物の記憶の基本的なモデルとして，図 1-3 に示される記憶のマルチ貯蔵庫モデル（Atkinson & Shiffrin, 1968）がある。自動車のナンバープレートの数字を例にとると，行き交う自動車のナンバープレートの数字は，次々に目に入ってくるが，すぐに忘れ去られる。これが感覚記憶（sensory memory）であ

図1-3 記憶のマルチ貯蔵庫モデル（Atkinson & Shiffrin, 1968）

る。しかし，それが目撃したひき逃げ事件の車であれば，その番号を忘れまいとして，少なくとも警察に通報する間は，その番号をおぼえておくことができる。これが短期記憶（short-term memory; STM）である。だが，自分の愛車のナンバープレートなら，「いつでもどこでも」思い出して言えるようになっている。これが長期記憶（long-term memory; LTM）である。

短期記憶は，現在ではワーキングメモリ（working memory）という概念に拡張されている。朝起きてから行う更衣，歩行，歯磨，化粧，食事，会話，読書，運転といったごく日常的作業には，すべて記憶が支えとなってその行為が維持されるだけでなく，情報が統制されたり操作されたりして，その多くが完遂に至るのである。

図1-4は，イギリスの心理学者バドリー（Baddeley, A.）の提案になる代表的なワーキングメモリのモデルである。ある目的地に向かうために，信号機や交通状況を眺めつつ，自動車を運転しながら，その場にいない人のうわさにつ

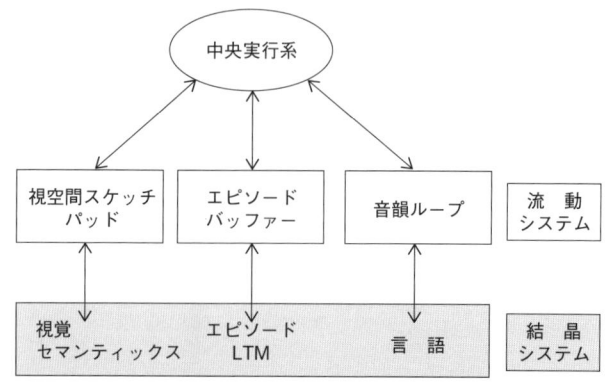

図1-4 ワーキングメモリのモデル（Baddeley, 2000）

いて同乗者と会話をするといった一連の複雑な行為は，このようなワーキングメモリのシステムの支えがあればこそ可能になるものである（第10章参照）。

◆8．知能のモデル

　人間の複雑な行為の背後にある能力を知能（intelligence）と呼ぶようになったのは19世紀後半以後のことであり，知能の測定はフランスの心理学者ビネー（Binet, A.）が1905年に開発した実際的個別的検査を嚆矢とする。それ以後，数多くの種類の知能検査が開発され，幾多の知能モデルが提案されてきた。たとえば，言語的知能／非言語的（動作的）知能，学校知能／社会的知能，流動的知能／結晶的知能といった区分は，それ自体有力な知能モデルである。

　知能のモデルを確証するもっとも有力な方法は，因子分析（factor analysis）という統計的手法によって，問題を相互相関の高いもの同士にグループ化することであり，知能の下位能力が因子構造としてモデル化される。

　認知処理がボトムアップ処理（bottom-up processing）とトップダウン処理（top-down processing）に大別されることはよく知られているが，因子分析による知能のモデル化は，実際に使用した問題群を分析してモデル化するという意味でボトムアップ処理ということができる。これに対して，理論的な観点から知能のモデルを構成する，以下のようなトップダウン処理のモデルもある。

　図1-5はアメリカの心理学者ギルフォード（Guilford, J. P.）が1967年に提唱した知性の構造モデル（structure-of-intellect model）である。知的活動の内容（content）を行動的，意味的，記号的，図形的の4種類，その操作（operation）を認知，記憶，拡散的産出，収束的産出，評価の5種類，その所産（product）を単位，類，関係，体系，変換，含意の6種類に分け，4×5×6の120の立体に知能の構成要素を分類するものである。ギルフォードは，この120の立体に対応するすべての検査の開発をめざしたが，そのことは実現していない。

　図1-6は，アメリカの心理学者ガードナー（Gardner, H.）が1983年に提唱した多重知能理論（theory of multiple intelligences）のモデルを筆者が図化したものである。知能は，従来の知能検査で測られてきた①言語的知能，②論理－数学的知能，③空間の知能だけでなく，④音楽的知能や⑤身体－運動的知能

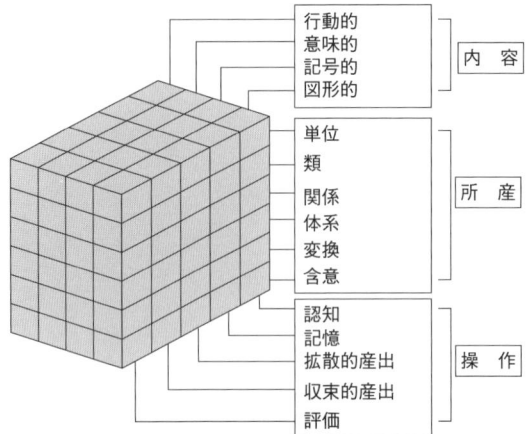

図 1-5　知性の構造モデル（Guilford, 1967）

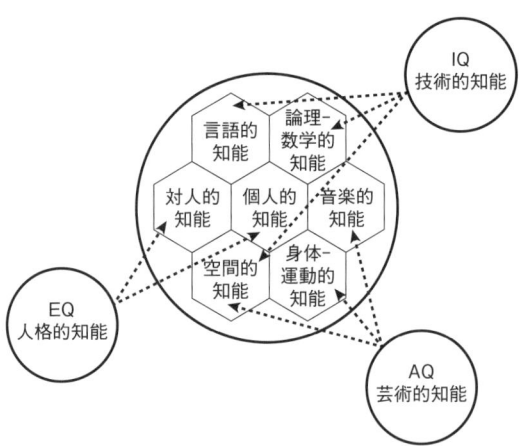

図 1-6　多重知能理論のモデル（Gardner, 1983 より作図）

のような芸術的活動を支える知能と，⑥個人内知能および⑦対人的知能から成る人格的知能から構成されるとするものである。多重知能理論もまた，それを支える実証的データがそろっているわけではない（第 7 章参照）。

◆9．心の発達のモデル

　心のモデルは，発達とともに変化する。古典的な発達のモデルは，図像としては，画面の左から階段か小高い丘を上るにつれて，人の姿が乳児から幼児，児童，青年と変わっていき，成人で頂上に達すると右半分の下り坂に向かい，中年，老年の姿を経て死期を迎えるというものである。生涯発達理論（theory of life-span development）は，この右半分の衰退過程の捉え方についてはとりわけ批判的であり，加齢または老化（aging）の新たな意味を探るものである。

　スイスの科学者ピアジェ（Piaget, J.）の発生的認識論は，上記の古典図式の左半分に関するものであり，認知発達を感覚－運動期（0〜2歳），前操作期（2〜7歳），具体的操作期（7，8〜11歳），形式的操作期（11，12〜15歳）の4期に分けるものである（Piaget, 1970）。

　ここで言う操作（operation）とは，たとえば足し算のときに実物を指さしたり，指折り数えたりする状態から，頭の中で暗算ができる状態に変化するように，行為が内化されることを言う。感覚－運動期では，感覚と運動が直結していて，表象操作はほとんど介在しない。続く3つの時期では，操作の役割が進化していく。この発達段階説では，認知発達は15歳で完了して最終段階に達するとされるが，ピアジェのような早熟の天才はともかく，多くの子どもには

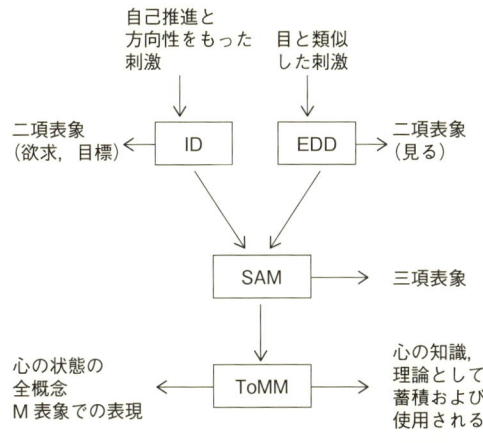

図1-7　心を読むシステム（Baron-Cohen, 1995）

そのようなことは当てはまらない。

　発達心理学で近年盛んに研究が行われている心のモデルは，他者理解の能力である「心の理論（theory of mind）」に関わるものである。イギリスの心理学者バロン゠コーエン（Baron-Cohen, S.）の心を読むシステムのモデル（図1-7）は，他者の心を理解する次の4つのモジュール（module）を想定する。

　ID（intentionality detector）：動くものに感ずる心。
　EDD（eye direction detector）：眼あるいは眼状刺激に感ずる心。
　SAM（shared attention mechanism）：他者が注意するものに注意する心。
　ToMM（theory of mind mechanism）：他者の心を読む心。

　バロン゠コーエンは，視覚障害児が視覚的にIDとEDDのモジュールを欠いていたとしてもSAMとToMMを発達させることができるのに，自閉症児はその逆にIDとEDDは発達させることができてもSAMとToMMのモジュールを欠く，という二重の乖離（double dissociation）を指摘した。

◆10. 社会的相互作用モデル

　個人の心の問題でなく，対人関係や社会的関係についても，これまで数多くの心のモデルが提案されてきた。対人交渉モデルの古典的研究法として，囚人のジレンマ・ゲーム（prisoner's dilemma game）がよく知られている。図1-8の（A）では，2人の囚人（厳密には「容疑者」）が別々に取り調べを受けている場面で，双方が黙秘していると罪の証拠が露見しない（ともに0点）。司法取引に応じて自白すると罪が軽減される（マイナス1点）が，自白しなかった方は罪が重くなる（マイナス10点）。しかし，両方が自白すると，新たな罪状が発覚して双方重罪となる（ともにマイナス20点）。お互いに信頼関係があれば共栄関係が維持できるが，信頼関係がないと共貧関係に陥ってしまう。

　図1-8の（B）に示した対立するX国とY国の間の軍備拡張競争についても，これと同じ関係が当てはまる。双方が軍備縮小をすれば国家予算の負担が軽くて済む（ともに0点）のに，どちらかが一方的に軍備拡張をするとパワーバランスが悪化し，安全保障上の危機が高まる（マイナス1点とマイナス10点）。結果的に，X国とY国はともに軍備拡張に走ることになり，両国の軍備費の財

(A)

		共犯者 黙秘	共犯者 自白
自分	黙秘	0　0	−10　−1
自分	自白	−1　−10	−20　−20

(B)

		Y国 軍縮	Y国 軍拡
X国	軍縮	0　0	−10　−1
X国	軍拡	−1　−10	−20　−20

図1-8　囚人のジレンマ・ゲームの利得行列

政負担は重くなり，軍事衝突の危険性はむしろ高まる（ともにマイナス20点）。

三者関係については，アメリカの社会学者ニューカム（Newcomb, T. M.）の提唱したA-B-Xモデルが古典的なモデルである．親密なAとBの2人に第3の要素X（人でも物でも事象でもよい）が関わるとき，AとBの間でXに対する態度に大きな違いがあれば，強い心理的緊張が発生する．この緊張関係は，AあるいはBのいずれかがXに対する態度を変えるか，AとBが不仲になったり，あげくは絶縁状態になったりして解消される．

なお，オーストリア出身の心理学者ハイダー（Heider, F.）のバランス理論（balance theory）は，この三者関係をP-O-X（Person-Other-X）モデルとして個人内で表現したものである．

三者関係の中で生ずる社会的排斥（ostracism）について実験的に検討するために，アメリカの心理学者ウィリアムズ（Williams, K. D.）らは，サイバーボール課題（Cyberball task）を開発した．コンピュータのディスプレイ上で3人（以上）の登場人物がキャッチボールを行うが，途中から誰か1人が「のけもの」にされてボールが回ってこなくなる．この課題はオープンソースとしてインターネット上で公開されており（https://cyberball.wikispaces.com/），この方法を用いた研究が175編公表されている（2014年10月現在）．悪意，憎しみ，嫉妬，いじめなどのネガティヴな感情を取り扱う，負の心のモデルの実験的検証に有効な方法の1つである．

◆11. 構造方程式モデル

　直接観測できない構成概念（潜在変数）の性質を調べるための統計的分析法として，構造方程式モデル（structural equation model; SEM）あるいは共分散構造モデル（covariance structure model）が開発され，急速に普及している（狩野・三浦，2002）。SEM（セム）では，データに即した分析モデルを構成し，その結果をパス図によって視覚的に表現し，モデルの適合度を計算してその評価を行う。パス図では，観測変数を四角，潜在変数を楕円，誤差変数を円（または単に e_1，e_2 等の記号），変数の因果関係を単方向の矢印，相関関係を双方向の矢印を用いて表す（図1-9参照）。ただし，真の因果関係を示すには，同一対象に2度以上実施した縦断的調査のデータが不可欠である。

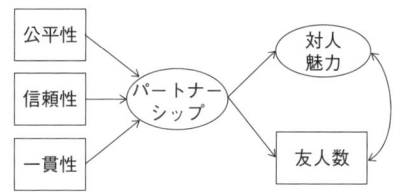

図1-9　構造方程式モデルによる表現（架空の結果）

◆12. ま と め

　認知心理学の歴史は，心のモデルのデザインを考える歴史であると言っても過言ではない。その心のモデルには，個人内モデルと個人間モデルがある。また，まだ仮説の段階のモデルもあれば，データにより実証されたモデルもある。究極的には，モデルは実証データにより検証されなければならないが，心のあり方の多様性が大風呂敷なモデルを必要としているという側面があることは否定できない。

■Further Reading
子安増生・二宮克美（編）(2008). キーワードコレクション　心理学フロンティア　新曜社
子安増生・二宮克美（編）(2011). キーワードコレクション　認知心理学　新曜社
京都大学心理学連合（編）(2011). 心理学概論. ナカニシヤ出版

■文　献
Atkinson, R. C., & Shiffrin, R. M. (1968). Human memory: A proposed system and its control processes. In K. W. Spence & J. T. Spence (Eds.), *The psychology of learning and motivation*. Vol. 2 (pp. 89-195). New York: Academic Press.
Baddeley, A. (2000). The episodic buffer: A new component of working memory? *Trends in Cognitive Science, 4*, 417-423.
Baron-Cohen, S. (1995). *Mind blindness: An essay on autism and theory of mind*. Cambridge, MA: The MIT Press. (長野　敬・長畑　正道・今野　義孝（訳）(1997). 自閉症とマインド・ブラインドネス　青土社)
Collins, A. M., & Loftus, E. F. (1975). A spreading-activation theory of semantic processing. *Psychological Review, 82*, 407-428.
Collins, A. M., & Quillian, M. R. (1969). Retrieval time from semantic memory. *Journal of Verbal Learning and Verbal Behavior, 8*, 240-247.
Gardner, H. (1983). *Frames of mind: The theory of multiple intelligences*. New York: Basic Books.
Gardner, H. (1985). *The mind's new science: A history of the cognitive revolution*. New York: Basic Books. (佐伯　胖・海保　博之（監訳）(1987). 認知革命―知の科学の誕生と展開　産業図書)
Guilford, J. P. (1967). *The nature of human intelligence*. New York: McGraw-Hill.
Johnson-Laird, P. N. (1983). *Mental models: Towards a cognitive science of language, inference, and consciousness*. Cambridge, UK: Cambridge University Press. (海保　博之（監修）　AIUEO（訳）(1988). メンタルモデル―言語・推論・意識の認知科学　産業図書)
狩野　裕・三浦　麻子 (2002). グラフィカル多変量解析― AMOS, EQS, CALIS による目で見る共分散構造分析（増補版）　現代数学社
Piaget, J. (1970). *L'épistémologie génétique*. Paris: Presses Universitaires de France. (滝沢　武久（訳）(1972). 発生的認識論　白水社)
Williams, K. D., & Sommer, K. L. (1997). Social ostracism by one's coworkers: Does rejection lead to loafing or compensation? *Personality and Social Psychology Bulletin, 23*, 693-706.

コラム1　こころの未来
吉川　左紀子

　複雑化する 21 世紀の社会の中でこころの問題も多様になり，人間のこころに関する科学の知は，ますますその必要性を増している。「こころ」に関心をもつ様々な分野の研究者が，柔軟な思考と行動力を発揮しつつ，協働して新しい課題に取り組むアクティヴな研究の場が求められている。

　京都大学こころの未来研究センターは，「こころ」を総合的，学際的に研究して，その成果を広く社会に発信することをミッションとして 2007 年 4 月に設置された。心理学を中心に多様な専門分野の研究者が集い，こころとからだ，こころときずな，こころと生き方，という 3 つの領域を設定して，20 を超す研究プロジェクトや子どもの療育実践など多彩な活動を行っている。

　学問の世界がどんどん専門化，細分化されてゆく流れの中にあって，こころの未来研究センターはあえてその流れとは逆に，「つなぐ」という発想を大事にしながら活動を広げてきた。認知心理学，臨床心理学，社会心理学といった心理学の諸分野間のつながりはもちろん，心理学と脳科学，心理学と宗教学，心理学と生態学など異なる学問分野をつなぐ研究にも積極的に取り組んでいる。最近は，京都の町家に「学びの場」を作り，大学から研究者が出向いて講義をするなど，大学と社会をつなぐ教育事業も進めている。また，センターは海外からの研究者を積極的に受け入れており，伝統行事に参加するなど京都での滞在を楽しむ中で，日本文化や日本のこころに改めて関心をもつ研究者も多い。こころの未来研究センターは，これまであまり研究上の交流のなかった異分野の研究者をつないで学際研究を進めることや，地域の人たちや海外の研究者との継続性のある交流を軸にした，新しい「こころの研究コミュニティ」である。

　2012 年，先端の実験設備が整った「連携 MRI 研究施設」がセンターに設置された。fMRI 装置は，今や脳科学の研究に不可欠の実験設備と言ってよいだろう。病院での臨床診断の合間を縫って実験をするのではなく，基礎研究に自由に使用できる fMRI 装置は研究者にとって貴重であり，設置以来多くの研究者に活用されている。知覚，記憶，意思決定，感情，コミュニケーションなど心理学のあらゆる分野の中に，脳科学と心理学の手法を組み合わせることで新しい展開が期待できる研究テーマがたくさんあって，今後の発展が楽しみである。

　心理学者の仕事は，こころの知を探求するだけにとどまらず，その知が人の暮らしをより良いものに変える，具体的な道筋を考えることまでが責任範囲であると思う。現代社会の中で，教育や医療の現場，企業で働く人たちからの心理学に対する期待は大きい。その期待に応えるには，基礎研究と実践の閾をできるだけ低くして，根本的な問題解決に向け多分野の研究者が協力し切磋琢磨する場が不可欠である。私たちの「こころの未来」が，そうした心理学の貢献によって少しでも明るいものになることを願っている。

2 感覚と知覚

小島　隆次

◆1．はじめに

　本章ではまず心理学分野における，感覚，知覚，知覚認知に関する基本事項を概説する（第2節から第5節）。次に，人の知覚認知特性と教育に関わるテーマとが結びついた認知心理学的応用研究の実例をいくつか紹介する（第6節）。最後に，本章のまとめと展望を述べる（第7節）。

◆2．感覚・知覚・認知

　人は外界の情報を眼や耳などの感覚器によって受容し，感覚器によって得られた感覚情報を「見えた」「聞こえた」のように意識的に知ることで，知覚する。そして，知覚した情報に対して，記憶情報との照合や記憶情報による意味づけや推論などを行うことで，何を見たり聞いたりしたのかということを認知する。もう少し具体的に説明をしてみよう。そこで，図2-1を見て図2-1がどのような図形であるのかということを認識するまでの認知過程について考えてみよう。図2-1を見た瞬間には，図2-1に関する光の情報が眼に入力され，その光の情報に対して眼の中の特定の細胞が反応し始める。これが感覚（この場合は視覚）の情報処理の開始となる。次に，この光の情報に基づいた様々な感覚情報処理が行われた後に，図2-1のような図形が「見えた」と気づく瞬間が来る。このような気づきのための情報処理が知覚（この場合は視知覚）の情報処理である。そして，その"見えた"図形に対して，「これは三角形だ」とか「これは線分が3本組み合わさった図形だ」とか「山を表現しているのだろうか」などの解釈や推論を行う処理が認知（この場合は視覚認知）の情報処理である。

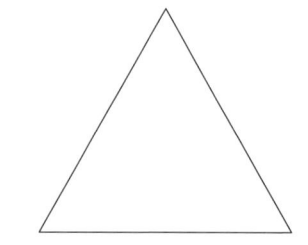

図 2-1 アナタの視覚認知によって
何であるかが確定する対象の一例

　まとめると，感覚（sense; sensation）とは，感覚器に入力された情報に対する情報処理であり，知覚（perception）とは，感覚情報を意識的に捉える情報処理であり，認知（cognition）とは，知覚情報に対して記憶情報に基づいて解釈や推論などを行う情報処理であると言えるだろう。ただし，心理学分野において認知という言葉は，上記のような外界からの入力情報に対する処理を意味する場合の他にも，記憶の中の幼少期の自分と小学生の頃の自分と中学生の頃の自分とをそれぞれ比較するようなことをしたり，翌日の予定をどのようにしようかと考えるというような，純粋に心の世界の中だけでの情報処理を意味する場合もあることには注意しておいてほしい。

◆3．基本的な感覚の種類

　人の感覚の種類は大別して視覚，聴覚，皮膚感覚（触覚・圧覚・温覚・冷覚・痛覚），味覚，嗅覚，自己受容感覚（位置感覚・運動感覚），平衡感覚，内臓感覚の8つの感覚に分類される。いわゆる五感と呼ばれる感覚は，視覚，聴覚，触覚，味覚，嗅覚の5つとされるが，この場合の五感における触覚は皮膚感覚における狭義の圧覚も含めた概念とされることが多い。本節では以下で五感についての特徴を，感覚器，受容器，適刺激を中心にして概説する。ここで，感覚器とは，その感覚への入力情報を受け取ることができる大まかな部位のことである。受容器とは，感覚器の中で最初に入力情報に対して反応する部位のことである。適刺激とは，その感覚器が処理の対象として受け取ることができる範囲の情報のことである。

(1) 視　　覚

　視覚の感覚器は眼，受容器は網膜上の視細胞，適刺激は可視光と呼ばれる波長が約 380〜750 nm（ナノメートル：1 nm は 10 億分の 1 メートル）の電磁波である。図 2-2 が眼の構造の模式図である。眼球内部には水晶体や硝子体（しょうしたい：がらすたい）と呼ばれるゼリー状の透明な組織などがあり，これらを眼球壁が覆う。眼球壁を構成するのは外部から順に，角膜や強膜から成る外膜，虹彩や脈絡膜などから成る中膜，主として網膜から成る内膜の 3 つの層である。視覚受容器である視細胞が分布する網膜は眼球内部のもっとも内側の膜になる。視細胞は錐体と桿体から成る。錐体は光量に対する感度が低く，明るい場所でなければ十分に機能しないが，光の波長に対して感度が高く，そのため色覚の基礎となっているとされる。対して，桿体は光量に対する感度が高く，言い換えれば，明暗の情報に対して感度が高く，暗い場所でもよく機能する。錐体は網膜の中心部位である黄斑に多く分布し，桿体は黄斑以外の部分に多く分布している。黄斑の中心を中心窩と呼び，一般的にこの部分に入力される可視光は高精細な視覚情報として処理される。また，黄斑部から内側（鼻側）の少し下方向にずれた位置に，網膜内の神経繊維から成る視神経が集まって眼球外部へと出ていく部位がある。この部位は視神経乳頭と呼ばれるが，ここには視細胞が存在しないため，視覚情報を処理できない。それゆえ，盲点とも呼ばれている。

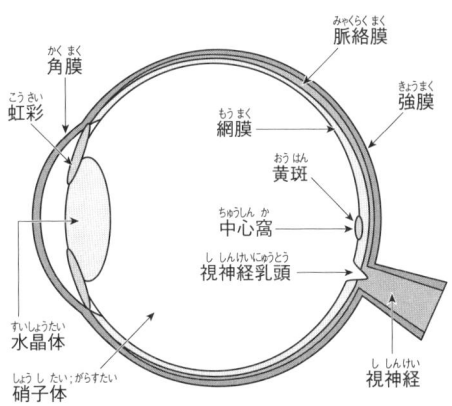

図 2-2　眼の構造の模式図

(2) 聴　覚

聴覚の感覚器は耳，受容器はコルチ器の有毛細胞，適刺激は周波数が約 20～20,000 Hz（ヘルツ：1 秒間に生じる音波の振動数を示す単位）の音波である。図 2-3 が耳の構造の模式図である。一般に耳というと外耳の耳介を想定することが多いかもしれないが，解剖学的には内耳までを含んだ概念である。受容器であるコルチ器の有毛細胞は，内耳にある蝸牛の内部に存在する。空気中を伝わった音の振動が，鼓膜と耳小骨と呼ばれる 3 種類の小さな骨（槌骨・砧骨・鐙骨）を通じてコルチ器の有毛細胞に伝わることで音の情報が処理される。有毛細胞には内有毛細胞と外有毛細胞の 2 種類があり，1 個の内有毛細胞と 3 ～ 5 個の外有毛細胞が 1 組になって 1 つのコルチ器を形成する。コルチ器は約 3,500 組存在し，それぞれが特定の周波数の音波を処理していると考えられている。各コルチ器において，内有毛細胞は音波の振動（音の大きさ）を検知する役割を果たし，外有毛細胞はその振動を調整する役割を果たす。

(3) 触覚（触覚と圧覚）

触覚の感覚器は皮膚，受容器はマイスネル小体（触覚）とパチニ小体（圧覚），適刺激は機械的刺激である。図 2-4 が皮膚の構造の模式図である。皮膚にはいくつかの受容器が存在するが，本章では触覚と圧覚の代表的な受容器であるマ

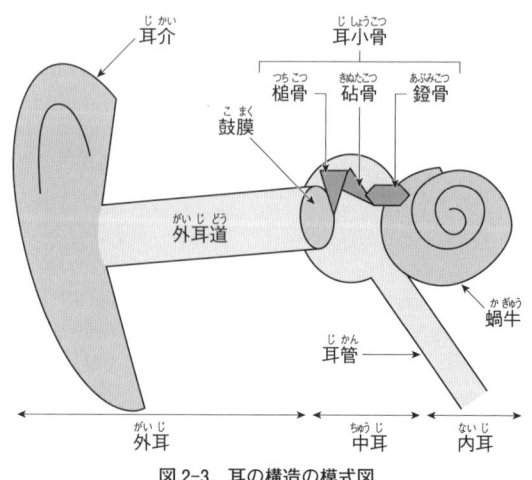

図 2-3　耳の構造の模式図

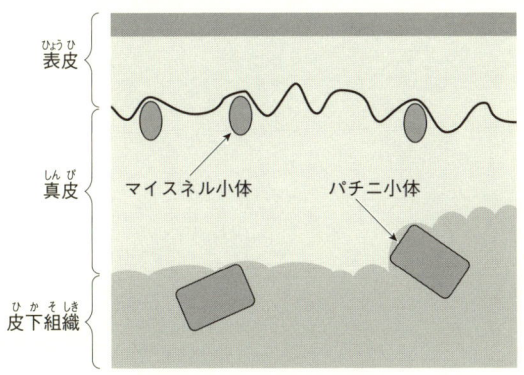

図 2-4　皮膚の構造の模式図

イスネル小体とパチニ小体を紹介する。マイスネル小体は皮膚の一番外側の層である表皮と真皮との境界付近の真皮層に分布しており，接触や振動を感知することで主として触覚情報を処理する。パチニ小体は皮膚の皮下組織に分布しており，圧や振動を感知することで主として圧覚情報を処理する。適刺激の機械的刺激とは皮膚に対して力学的な刺激を与えるものである。

(4) 味　覚

　味覚の感覚器は舌，受容器は味蕾の味細胞，適刺激は溶解性物質である。図 2-5 が舌の構造の模式図である。舌には舌乳頭と呼ばれる突起部が 4 種類（茸

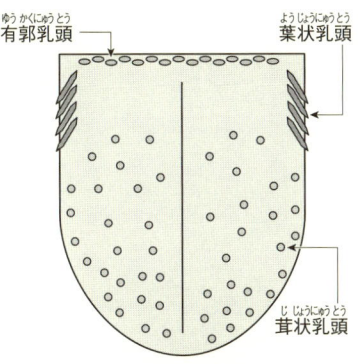

図 2-5　舌の構造の模式図

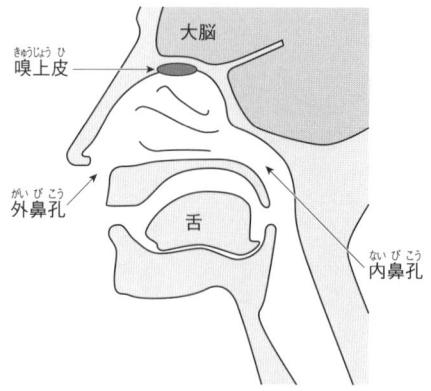

図2-6　鼻腔の構造の模式図

状乳頭，葉状乳頭，有郭乳頭，糸状乳頭）存在するが，味蕾は糸状乳頭以外の3種類の乳頭に分布している。また，味蕾は舌のみに存在するわけではなく，口の中（口蓋や咽頭）と唇にも存在する。口の中に入った物質が化学的に溶解することで味蕾の味細胞が反応し，それによって味覚が生じる。

(5) 嗅　　覚

　嗅覚の感覚器は鼻腔の嗅上皮，受容器は嗅覚受容細胞，適刺激は揮発性物質である。図2-6が鼻腔の構造の模式図である。鼻腔というのは，外鼻孔（いわゆる鼻の穴）と内鼻孔（外鼻孔から続く空間が口や喉へとつながる部分の穴）との間の空間である。この鼻腔の壁面は粘膜で覆われており，この粘膜の中でも鼻腔上部部分の粘膜が嗅上皮と呼ばれる部位である。嗅上皮には嗅覚受容細胞があり，この細胞が嗅覚の受容器である。鼻腔内に入った揮発性物質の分子が嗅覚受容細胞に触れて化学的に反応することで嗅覚が生じる。

◆4．感覚・知覚情報の統合

(1) 一次感覚野と連合野

　各感覚器が受け取った外界からの情報は，脳にも送られて処理が行われる。特に大脳の表面層を形成する，多くの皺が刻まれた大脳皮質と呼ばれる層で行

4. 感覚・知覚情報の統合　23

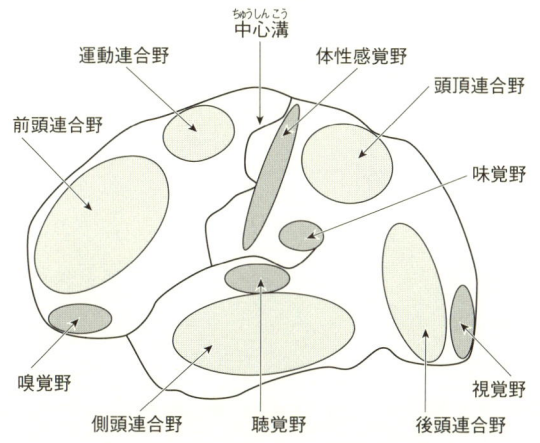

図2-7　一次感覚野と連合野の位置の模式図

われる感覚情報の処理が重要であるとされている（図2-7）。図2-7は図の左側を身体前部として，大脳皮質上の一次感覚野と連合野の位置イメージを簡単に表した図である。大脳皮質へと送られた各感覚器からの感覚情報は，感覚の種類に応じて最初の処理が行われる領域がある程度特定されている。このような領域のことを一次感覚野と呼ぶ。視覚情報は視覚野，聴覚情報は聴覚野，触覚情報は体性感覚野，味覚情報は味覚野，嗅覚情報は嗅覚野が，それぞれの感覚情報の一次処理を行う。さらに，各感覚情報は連合野と呼ばれる領域において，他の感覚情報や記憶情報との照合，統合など，より高次の処理を受けるとされている。前頭連合野は思考，学習，行動制御などの高次認知機能に関わる。運動連合野は身体各部位の運動順序の統制などの運動情報制御に関わる。側頭連合野は視聴覚認知，図形や顔などの形態認識に関わる。頭頂連合野は空間情報処理全般に関わる。後頭連合野は視覚情報を統合して何が見えているのかを認識するなど，主として視覚情報の高次認知処理に関わる。以上のように大脳皮質において特定領域で特定の情報処理が行われるという性質のことを，機能局在性と言う。

(2) 感覚情報の相互作用

　人が外界から受け取る情報は，必ずしも常にある1つの感覚器だけで処理で

きるものではない。たとえば，映画を見ている場合には，視覚情報と聴覚情報が同時に伝達される。最近の映画館であれば，映像や音声と連動してシートが振動することで触覚情報も同時に伝わるということもあるだろう。こうした外界から同時に受け取る様々な感覚情報は，感覚器レベルでは相互に独立したものとして処理されると考えられている。たとえば，映画を視聴する際に眼は音の情報を処理することはないし，耳が映像の情報を処理することもない。また，異なる感覚器で処理された情報は，それぞれが独自で固有な感覚的現象として経験される。すなわち，視覚機能によって対象を「見た」や「見えた」と感じる視覚固有の現象的経験が生じたり，聴覚機能によって対象を「聴いた」や「聞こえた」と感じる聴覚固有の現象的経験が生じるということである。このような，各感覚に応じた個別独自の現象的経験のことを，感覚モダリティ（sensory modality）と呼ぶ。しかし，感覚情報が統合される過程において，そのどこかで異なる感覚情報同士が相互に影響し合う可能性が高いことを示す現象が確認されており，そうした現象のことをクロスモダリティ（cross-modality）と呼ぶ。以下に紹介する腹話術効果，マガーク効果，ダブルフラッシュ錯視などの現象は，クロスモダリティの具体例である。

　一般に人の場合には視覚モダリティが他の感覚モダリティと比べると優位になることが多いとされる。腹話術で声が人形の口から聞こえるように感じることなどは，視覚情報と聴覚情報が同時提示された場合に視覚モダリティが優位になる典型例である。また，同様に，コンサートやライブ会場などで実際に自分の耳に聞こえる音はスピーカーから出ている音であるにもかかわらず，音源をステージ上のボーカルの口の位置として認識したりする現象も，視覚モダリティが優位になっている例と言える。こうした現象は総じて腹話術効果と呼ばれる。

　この他に視覚モダリティが聴覚モダリティに対して優位になる現象として有名なものに，マガーク効果というものがある（McGurk & MacDonald, 1976）。これは，「が・が・が…」と「が」だけを人が断続的に発声しているときの映像の口の動きに合わせて，「ば・ば・ば…」という「ば」だけを断続的に発声している音声を重ね合わせた映像を視聴した場合，つまり，「が」を発する口の動きに合わせて「ば」の音が聞こえてくる映像を視聴した場合，視聴者には

「だ・だ・だ…」と聞こえるという現象である。口の動きという視覚情報が，聴覚情報である音声情報の認識に影響するのである。

　以上に対して，聴覚モダリティが視覚モダリティに対して優位になる場合もある。その一例がダブルフラッシュ錯視と呼ばれる現象で，これは一瞬一回だけ光の点滅を提示すると同時に2回短い音を鳴らすと，光の点滅が2回生じたように感じる現象である（Shams et al., 2000）。

　視覚情報と聴覚情報が同時に処理される場合であっても，腹話術効果やマガーク効果のような音源位置の視空間的定位が問題になる場合には視覚モダリティが優位となり，ダブルフラッシュ錯視のように光と音の提示回数という時間的な要素が問題になる場合には聴覚モダリティが優位となる。これらのことから，複数の感覚情報が同時に処理される場合には，音源の視空間的定位や刺激提示回数の把握など，そのときに処理しようとする認知課題にとって親和性の高い感覚（その認知課題にとって通常は適切であることが多い感覚）のモダリティが優先的に生じる傾向があるのではないかという仮説が提唱されている。このような仮説を適切モダリティ仮説と呼ぶ。

　本項の最後に，クロスモダリティと関連したキーワードとして，クロスモダリティマッチング（cross-modality matching）を紹介しておく。クロスモダリティマッチングとは，異なる感覚モダリティ同士を対応づけることである。たとえば，コンピュータが出力する音量を大きくしたり小さくしたりするために，ディスプレイ上に表示される音量調整用のスライダーをマウスやキーで上下させることは，聴覚モダリティ（音量），視覚モダリティ（スライダーの上下），そして触覚モダリティ（マウスやキーの操作）などとのクロスモダリティマッチングの例である。他にも，痛みの程度を叫び声の大きさなどから推定したり，家電量販店などでデモ機のビデオカメラによるライブ映像がテレビ画面に映し出されている場合，テレビ画面に映る自分の姿が本当に自分のものであるのかを確認するために，テレビ画面を見ながらビデオカメラの前で身振り手振りをしてみることなども，クロスモダリティマッチングの例である。このように，クロスモダリティマッチングは日常の様々な場面で行われている。

(3) 共感覚

　感覚情報同士が特殊な形で結びつく現象を共感覚（synesthesia）と呼ぶ。この共感覚という結びつきには，同種の感覚内での結びつきの場合と異種感覚同士の結びつきの場合がある。文字や数字に色がついて見えるという共感覚は，文字も色も視覚情報であるから，前者の例である。対して，音を聞くときに色が見える色聴（colored hearing）などの共感覚は，音（聴覚）と色（視覚）であるから，後者の例である。共感覚という現象の存在も，複数の感覚情報が処理される場合には相互に影響する可能性があるということを推察させるものであると言えるだろう。

　ただし，このような共感覚は誰にでも生じる現象ではなく，また，感覚の質的側面を問題とするため，厳密に検証することは非常に困難である。共感覚は，人が感じる赤色の赤さ加減を示すことが非常に困難であり，はたして誰もが赤色を見た際に同じような赤さ加減を感じているのかは不明であるという，感覚質（クオリア）（第4章参照）に含まれる問題と同じような問題を含んでいる。

◆5．錯覚と注意

　感覚器に外界から入力された情報は常に外界の物理的状態と一致するわけではなく，また，常にそのすべてが処理されているわけではない。このような事実を端的に示す現象に関わるものとして，本節では錯覚と注意をあげて簡単に説明する。

(1) 錯　　覚

　錯覚（illusion）とは，認識対象に対して特定の基準（多くの場合は特定の物理的指標による観察事実）に基づいて認識される状態とは異なる状態を認識しているとみなされるような現実体験のことである。そのため，いわゆる錯覚というものは決して感覚や知覚の誤りではなく，体験者にとっては紛れもない現実そのものということになる。ただ，一般的には，錯覚は対象を実際とは異なる状態で認識することという簡便な捉え方をすることが多いだろう。

　ここで錯覚の例として，ミュラーリヤー錯視と呼ばれるものを紹介しておく

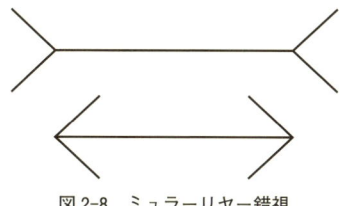

図2-8 ミュラーリヤー錯視

（図2-8）。上下の2本の水平線分を比較すると，実際にはどちらも同じ長さであるのだが，上の水平線分の方が長く見えるだろう。この錯視が生じる理由については諸説あるが，ここで重要なことは，人が外界の対象を認識する際には感覚や知覚の情報処理レベルでも物理的事実とは異なる状態で認識をする可能性が少なからず存在するということである。様々な錯覚という現象の存在は，こうした事実を私たちに気付かせてくれるだろう。

しかしながら，同時に，上下の2本の水平線分の長さは，水平線分両端の矢羽（＞＜と＜＞）の部分を隠せば同じ長さであることが確認できるけれども，矢羽を隠した状態での上下の水平線分長の認識というのは，決して元の（矢羽を隠さない）図形の状態とは異なるという事実の意味についても，私たちは重々注意をしなければならない。

(2) 注　意

まず，図2-9を見てみよう。この画像は五稜郭と函館の街並みの一部を五稜郭タワーの展望台から撮影したものである。おそらく読者の眼には視覚情報としてのこの画像のすべての情報が入力されているだろう。しかし，この画像に含まれる情報のすべてを認識しているわけではない。たとえば，「五稜郭内に建てられている建築物は全部でいくつ？」と質問された場合，質問内容に対して注目すべき部分を処理する（五稜郭内の建築物の数を数える）ことで質問に該当する部分の視覚情報を認識して質問に答えることはできるだろう。けれども，図2-9を最初に見ただけでは，おそらく図そのものの全体像は眼に視覚情報として入力されていても，ひとまず「五稜郭の写真だ」程度の認識しかしていないことが多いだろう。この図には膨大な量の情報が含まれているが，それらの情報の大半は人にとって認知されず，必要に応じてどこかに注目すること

図2-9　五稜郭

で適宜特定の情報が処理されるというのが実際のところだろう。このような，外界から感覚器に入力される膨大な情報の中から処理すべき情報を取捨選択し，取捨選択した情報を必要な範囲で管理する認知機能のことを注意（attention）と呼ぶ。注意についての詳細は本章では扱わないが，ここで重要なことは，人は感覚器が受け取った情報をすべて認識するわけではないということと，注意という認知機能によってトップダウン的に感覚器からの入力情報は選抜されると考えられていると言うことである。

◆6．教授・学習に関わる研究例

　感覚，知覚，そして知覚認知に関わる多くの心理学研究の成果は，どのようにして教授・学習場面に活用されたり応用されたりしているのだろうか。最終節である本節では，教授・学習場面において，感覚，知覚，知覚認知に関する知見を応用している研究事例についていくつか簡単に紹介する。

(1) テキスト理解と視覚認知特性に関する研究事例

　教授・学習活動において，テキストの読解という視覚認知活動を伴うことは非常に多い。そこで，本項ではテキスト読解時の有効視野に関する研究事例をいくつか紹介する。

　第2節（1）の視覚の項で述べたように，中心窩に入力される視覚情報がもっとも精細に認識される。言い換えれば，中心窩はもっとも視力が高い部位で

あり，この部位に情報が入力される場合には，他の部位に入力される場合よりも認識の度合いが高くなりやすい。中心窩で対象を見ることを中心視と呼び，中心窩以外の部位で対象を見ることを周辺視と呼ぶ。ただ，中心視の範囲は，視野内で視角にして約 1.5～2°程度に過ぎない。これは，一般的な成人が片腕を伸ばして親指を立てたときの親指の指先の幅程度の領域と一致する。したがって，テキスト読解時には，逐次中心視でテキスト読むようにすればよいのではないかということが予想できるだろう。

　中心視を含めて人が対象を視覚的に認識できる視野のことを有効視野と呼ぶ。有効視野は認知課題の種類によっても異なり，テキスト読解時の場合にはおよそ 7 文字から 17～19 文字程度であるとされている（Ikeda & Saida, 1978; McConkie & Rayner, 1976; Osaka, 1992; Rayner & Bertera, 1979; Rayner et al., 1980）。また，単語の長さや行頭と行末の文字などに関する情報がテキストの読みの効率性に関わることも指摘されている（Gibson & Levin, 1975）。

　近年では，情報端末による電子テキストの普及や，街頭および公共交通機関内での電子掲示板の普及により，日常生活において多種多様なテキスト情報提示形式が見られるようになったこともあり，テキストの強調表示やハイライトの視覚的効果がテキスト理解にもたらす影響についての研究（成井・中山，2011；齋藤ら，2009）や，テキストがスクロール提示される場合の認知過程に関する研究（中條ら，1993；森田ら，2007；八木・菊地，2010）などの多様な研究が行われている。こうしたテキストに対する視覚認知特性の知見は，これからの情報技術を用いた教材や教授法の開発・改善にとって重要な指針となるだろう。

(2) 図形や空間認識に関する視覚認知特性に関する研究事例

　算数や数学教育における図形や空間の理解を促進するための教材作成に関しては，人の視空間認知特性を加味した教材開発が望まれるだろう。また，図形や空間認識に関する能力は，算数や数学の他にも，物理，化学，地理などの科目においても重要なものであるため，様々な教育科目・分野への応用が可能である。

　基礎的な立体図形に対する空間学習に関しては，近年では吉井ら（2009,

2013）が奥行き知覚の認知特性を考慮した立体図形を学習するための教材を開発している例がある。また，AR（augmented reality：拡張現実）と呼ばれる技術を利用して，コンピュータグラフィクスで生成された図形による空間認識課題を用いた学習が，学習者の空間認識能力向上に及ぼす影響なども検討されている（秦野ら，2012）。ARによる空間認識学習のための教材では，視覚だけではなく，対象物に対する触覚などの要素も積極的に利用可能であるため，今後は視覚と触覚の両方の特性を考慮したARによる空間学習のための教材開発も期待される。

(3) 英語リスニング教材と視聴覚認知特性に関する研究事例

中野ら（2004）は，コンピュータによるマルチメディア英語教材でのリスニング学習において，学習者に英語テキストとそのテキストに対応した英語特有のリズムパターンをガイドとして聴覚的に提示したり，アクセント部分を視覚的に提示したりするリスニング用学習教材を開発して，それぞれの視聴覚要素の学習効果を検討した。その結果，視聴覚要素の付加が学習者のリスニング学習成績を向上させることを示した。特に，視覚的要素については，リスニング音声と連動させて単語のアクセント部分を次々と視覚的にマーキングしたり，次の単語を読み始めるまでの時間間隔をアニメーションで画面上に表示するという動的提示要素が効果的であることも示された。

また，鄒ら（2012）は，音素（各言語における言語音として認識される音の最小単位）の知覚と英単語認識との影響関係についての先行研究の知見（Rost, 2000）と，リスニングにおける学習者の誤りは単語の1つか2つの音素の聞き取り間違いに起因していることを示す自身らの調査データとに基づいて，リスニング学習の学習履歴から学習者が聞き取れなかった単語の音素を抽出し，音素レベルでの誤りパターンを分析して教授者へフィードバックするというシステムを開発している。

◆7．まとめと展望

本章では第2節から第6節を通して，感覚，知覚，知覚認知に関わる基礎的

な事項を確認した。そして，第6節では視聴覚認知特性を中心に知覚認知特性と教育に関わるテーマとが結びついた認知心理学的応用研究の実例をいくつか簡単に紹介した。読者のみなさんが本章を最初の足がかりにして，感覚や知覚に関する教育認知心理学研究に興味をもっていただければ，と思う。第6節で紹介している近年の研究については，本書がターゲットとする読者層を考慮して，インターネットから無料で入手可能なオープンアクセスの和文論文を中心としているので，興味をもたれた方は是非原著論文にアクセスしてほしい。

■Further Reading
Gesheider, G. A. (1997). *Psychophysics: The fundamentals*. Mahaw, NJ: Erlbaum.(ゲシャイダー，G. A. 宮岡 徹・金子 利佳・倉片 憲治・芝崎 朱美（監訳）(2002). 心理物理学―方法・理論・応用〈上巻・下巻〉北大路書房）
北岡 明佳（編）(2011). 知覚心理学―心の入り口を科学する（いちばんはじめに読む心理学の本）ミネルヴァ書房

■文　献
中條 和光・納富 一宏・石田 敏郎 (1993). 横スクロール表示の読みの速度に及ぼす文字数の効果 心理学研究, *64*, 360-368.
Gibson, E. J., & Levin, H. (1975). *The psychology of reading*. Cambridge, MA: MIT Press.
秦野 真衣・米澤 朋子・吉井 直子・高田 雅美・城 和貴 (2012). AR を用いた空間認識能力向上のための学習方法 情報処理学会研究報告数理モデル化と問題解決 (MPS) 2012-MPS-87 (33), 1-6.
Ikeda, M., & Saida, S. (1978). Span of recognition in reading. *Vision Research*, *18*, 83-88.
McConkie, G. W., & Rayner, K. (1976). Asymmetry of the perceptual span in reading. *Bulletin of the Psychonomic Society*, *8*, 365-368.
McGurk, H., & MacDonald, J. (1976). Hearing lips and seeing voices. *Nature*, *264*, 746-748.
森田 ひろみ・八木 善彦・菊地 正・椎名 健 (2007). 周辺刺激が横スクロール表示の読みに及ぼす影響 心理学研究, *78*, 486-494.
中野 秀子・奥田 裕司・Williamson, R. (2004). コンピュータを利用した英語リズムパターン学習におけるリズム提示の視覚・聴覚効果の分析 コンピュータ&エデュケーション, *16*, 95-101.

成井 智祐・中山 実（2011）．着色文字の色情報が語句探索時間に与える効果の一検討　日本教育工学会論文誌, 35, 95-98.
Osaka, N. (1992). Size of saccade and fixation duration of eye movements during reading: psychophysics of Japanese text processing. *Journal of Optical Society of America A, 9*, 5-13.
Rayner, K., & Bertera, J. H. (1979). Reading without a fovea. *Science, 206*, 468-469.
Rayner, K., Well, A. D., & Pollatsek, A. (1980). Asymmetry of the effective visual field in reading. *Perception and Psychophysics, 27*, 537-544.
Rost, M. (2002). *Teaching and researching listening*. Harlow, England: Pearson Education.
齋藤 大輔・斎藤 恵一・斎藤 正男・東 吉彦・犬井 正男（2009）．眼球運動解析による可読性評価—文字色と背景色の組合せによる比較—　バイオメディカル・ファジィ・システム学会誌, 11, 23-28.
Shams, L., Kamitani, Y., & Shimojo, S. (2000). What you see is what you hear. *Nature, 408*, 788.
八木 善彦・菊地 正（2010）．スクロール提示された文章の読み特性　心理学研究, 81, 388-396.
吉井 直子・Ward, P.・高田 雅美・吉住 秀・城 和貴（2013）．教材開発（奥行き学習教材（特許第5226821号））の報告と今後の課題　日本教育情報学会年会論文集, 29, 406-407.
吉井 直子・石川 千里・高田 雅美・城 和貴（2009）．視覚特性（オクリュージョン効果）を利用した教育への試み　日本教育情報学会年会論文集, 25, 156-159.
鄒 亜亨・柏木 治美・大月 一弘・康 敏（2012）．リスニング学習履歴データに基づく誤りパターンの検出システム　日本教育工学会論文誌, 36 (Suppl.), 49-52.

コラム2　自己・身体・知覚
石橋　遼

　私たちは自分の体の存在を常に感じている。これはどのような感覚によるものだろう？　実は体を感じる感覚モダリティは1種類ではない。皮膚表面で感じる触覚や温度感覚だけでなく、身体深部における筋肉の伸張度の感覚や、耳の奥の三半規管で知覚する平衡感覚など多数の感覚が統合して自己の体の感覚、すなわち自己身体感覚が生まれると考えられている。この感覚には、実は「視覚」さえも重要であることが示唆されている。

　事故や手術などで手足の一部を失った人のうち、かなりの割合で失った手足がまだ存在しているように感じる人たちがいる。このような現象は幻肢（phantom limb）と呼ばれる。幻肢保持者の一部にとって大変悩ましいのは、その幻の手足が自由に動かせないばかりか、意思に反した極端な姿勢をとって（たとえば固く握りこんで指先が手のひらに食い込むなど）痛む場合があることである。これは幻肢痛（phantom limb pain）と呼ばれる症状で、他の多くの痛みの訴えと異なり、痛みの患部そのものが全く存在しないため、医療関係者も対応に苦慮してきた。アメリカの医師・神経学者であるラマチャンドラン（Ramachandran, V. S.）は1990年代初めに、この幻肢痛の画期的な除去方法を考案した。これはミラーボックスと呼ばれる簡易な装置を使う方法で、麻酔もメスも使用しない。ミラーボックスは中央が鏡で仕切られた箱で、その一方の側面に2ケ所の穴があり、鏡で仕切られた左右の空間に手を入れることができるようになっている。患者はここに両方の手（幻肢側も含めて）を入れ、鏡の中の手の像―失う前の健常な手のように見える―を見ながら、左右の手で同じ動作をするように求められる。このとき多くの患者が、幻肢が再び意思通りに動いたように感じると報告する。この「治療」を定期的に行うことで幻肢痛が改善・消失し、ケースによっては幻肢そのものが消失することが報告されている（第17章参照）。

　ミラーボックスの使用によるこのような劇的な幻肢体験の変化は、自己の身体を知覚するときに、筋肉や皮膚感覚の情報に加えて、自分の手（の形をした映像）の視覚体験が重要であることを示唆している。健常者でも、ある種の実験条件下では、視覚と触覚の同期によって自分の手ではないマネキン人形の手などを自分の手として知覚する場合があり、ラバーハンド錯覚と呼ばれている。私たちの自己身体感覚は常に確固としたものではなく、その時々の様々な感覚の統合によって生成され続けているもののようである。

3 認知心理学と脳科学の方法

上野　泰治

◆1. はじめに

　心理学の手法については，各章にて詳細に取り上げられていることと思う。そこで本章では，心理学に関連の深い側面に絞りつつ，脳科学手法を紹介する。心理学研究の成果が，いかに脳科学に寄与し，翻って心理学に寄与するかを伝えたい。

◆2. 脳損傷患者と脳画像化技術：構造的画像

　心理学との関連という点では，脳科学は行動・認知メカニズムを支える脳基盤を解明する学問であり，認知神経科学とも呼ばれる。その歴史は古く，19世紀にはウェルニッケ（Wernicke, C.）らが，言語機能の低下を示す患者の脳を死後解剖することで，機能（以下，言語に限らず様々な認知機能を示す）と脳部位を対応させてきた（Shallice, 1988）。その後，20世紀には生存中の患者の脳を画像化する技術が発展し，脳部位と機能の対応づけがさらに進んだ。たとえば，X線を用いたコンピュータ断層撮影（computed tomography: CT）に始まり，最近では単一光子放射断層撮影（single photon emission computed tomography: SPECT），陽電子放射断層撮影（positron emission tomography: PET），磁気共鳴画像（magnetic resonance imaging: MRI）などがある（表3-1）。

　SPECT, PET, fMRI・MRI は，神経‐血管カップリングという考え（Roy & Sherrington, 1890）に基づいている。これは，神経細胞が活動するときにはエネルギーが消費されて酸素供給を必要とし，近隣の血管の血流量が増大すると

表3-1 個々の脳画像撮影手法と刺激法の相対的な比較

	脳画像手法						脳刺激法	
	CT	SPECT	PET	fMRI	NIRS	EEG	tDCS	TMS
利点	鑑別（構造）診断での利便性		機能的画像に優れる		多少の動き可・乳幼児にも使用可		相対的に簡便	相対的に効果大
空間分解能	（低）EEG＜NIRS，SPECT＜PET＜fMRI，CT（高）						（中）tDCS＜TMS（高）	
時間分解能	（低）CT＜SPECT＜PET＜NIRS，fMRI＜EEG（高）						（中）tDCS＜TMS（高）	
侵襲性	（微量の被曝性）CT，SPECT，PET						なし（使用細則遵守）	

分解能が高いほど，細かい測定が可能なことを示す。

いう仮定である。言い換えると，血流量の増減が推定できれば，間接的に，近辺で活動している神経細胞の存在（つまり構造）を推定できる。たとえば，PETやSPECTでは，血管内に注入された放射性同位元素が血液の循環を介して体内に拡散し，放射線を体外に向けて放出する。この放射線を体外から測定することにより，間接的に，活動中の神経細胞の場所（構造）が推定され，可視化される。MRIの場合は，神経細胞の活動に伴って血中の酸化ヘモグロビンが脱酸素化ヘモグロビンに変化する，血中酸素レベル依存（blood-oxygenation level dependent; BOLD）に注目している。このBOLDによる磁場変化を測定することで，近隣の活動神経の存在（構造）が推定される。

このような技術発展に伴い，脳損傷部位と機能低下を関連づける有益な研究が出てきた。特に，特定の機能が低下する一方，その他の機能は保たれているような例は乖離例と呼ばれ，心理学にも多大な影響を与えてきた。たとえば，てんかん病巣部位の除去手術を受けたヘンリー・モライソン（Henry, Molaison：没後に発表された症例H. M.の本名，Carey, 2008）である。近年の死後解剖により，前頭前野や前部海馬，海馬への入力部位の切除・あるいは萎縮が確認されたことは記憶に新しい（Annese et al., 2014）。彼は術後も短期記憶や手続的記憶は正常である一方，新しいエピソードや宣言的知識を形成できなくなったことは有名である（Scoville & Milner, 1957）。このような例から，長期記憶と短期記憶の区別（Baddeley & Hitch, 1974）や，宣言的記憶と手続的記憶の区別（Squire, 1987; Tulving, 1983）などの心理モデルが洗練されてきた。

◆3．ボクセルを基底とした損傷部位と症状のマッピング

しかし，患者の損傷部位は広範囲にわたることが多く，依然として機能の局所化は困難であった。そこで，脳画像の一単位ごとに，機能と脳部位を対応づけする手法が発展してきた。ここで，脳はある単位（通常は数 mm 単位）で3方向からスライスして撮影され，立方体の組み合わせとして画像化される。この撮影最小単位の立方体のことを，ボクセル（voxel）と呼ぶ。ボクセルを基底とした損傷部位と症状のマッピング（voxel-based lesion-symptom mapping; VLSM）は，ボクセルごとの損傷の有無から患者を群分けし，認知課題成績を群間比較することで，そのボクセルと機能の関連を検証する手法である（Bates et al., 2003）。このようにして，様々な患者群をまとめて分析することが可能になる。最近は，検出力向上のために，複数のボクセルを同時分析する手法もある（multivariate LSM; MLSM, Zhang et al., 2014）。

このようにして，脳損傷患者の研究から機能と脳部位の対応づけが可能になってきたが，その成功には，機能を推定する心理実験の質の向上が大きく貢献する。たとえば，島皮質（insular）の損傷の有無は，発話失行（apraxia of speech）をもっとも正確に予測するという説（Dronkers, 1996）と，むしろ他の部位が正確に予測する（Hillis et al., 2004），という論争があった。結局，発語における島皮質の役割を解明したのは，心理実験の洗練の結果であった。バルドーら（Baldo et al., 2011）は，音節長，舌の移動距離などの，構音（articulation）の複雑性を操作した単語刺激を考案した。その結果，音節間で複雑な構音が求められるときに島皮質が関与していること（つまり，Dronkersを支持）がわかった。それ以外の簡単な刺激では島皮質は関与せず，その影響が低く見積もられていたのであった（その後の論争としては，Fedorenko et al., 2015; Richardson et al., 2012 を参照）。

◆4．脳画像化技術：機能的画像

機能と脳の対応づけを可能にするもう1つの方法は，健常者の認知課題中の脳活動量変化を可視化することである。ここで，上述の神経-血管カップリン

グの考え方に基づいて，特定の認知課題中に相対的に強く活動する脳部位を推定する MRI を，機能的磁気共鳴画像法（functional MRI; fMRI）と呼ぶ。PET も同様の目的に使用可能である。これらの手法は，使用する心理尺度の信頼性と妥当性に比例して，心理学理論への大きな寄与をなしている。たとえば，課題 A・B 間で，認知機能 X のみが独立に操作されているとしよう。すると，BOLD 信号の相対値を課題間比較することで，認知機能 X が必要な課題において，より活性化する脳部位を特定できる。ここで，ある条件に特異的に反応する脳部位の存在は，課題 A と課題 B の遂行が完全に同一の認知システムによって成り立つのではない，という議論をも可能にする（後述の Henson, 2006a 参照）。もちろん，ある課題中に賦活しているという事実によってその部位がその課題に必須とは一義的に決められないが，有益な手法である。

その他の神経 - 血管カップリングに基づいた手法として，近赤外光脳機能画像（functional near-infrared spectroscopy: fNIRS）がある（玉木・梅津, 2007）。これは，近赤外光が生体を通過する一方で，上述の酸化・脱酸素化ヘモグロビンの 2 つによって異なった率で吸収されることを利用している。吸収された近赤外光量の測定により，ヘモグロビン濃度変化を推定し，神経活動を推定できるのである。この手法は，動きのある課題でも実施可という利点（表 3-1）の一方，空間分解能の低さも指摘される。しかし，*Neuroimage* 誌 2014 年 85 巻 1 号にて NIRS 特集号が組まれ，多くの改良法が発展されている（Boas et al., 2014）。

最後に，複数の機能的画像研究をまとめるメタ分析のための ALE 分析（activation likelihood estimation）にも触れたい（Turkeltaub et al., 2002）。通常，個々の機能的画像研究論文では，ある認知課題中に有意に賦活する脳部位のみが，3 次元空間の座標点を用いて報告される。このため，有意でなかった脳部位の賦活推定値（t 値など）は読者には不明である。ALE 分析では，賦活推定値はガウス分布に従って 3 次元方向に広がっていると仮定し，報告された有意な座標点はそのガウス分布の中心であるとみなされる。言い換えると，有意でなかったために報告されていない近くの空間座標にも，ある程度の賦活があったと仮定して個々の論文結果を統合していく。ガウス分布という確率分布に従うと仮定することで，各ボクセルが有意に賦活する確率を推定することが

可能になる。つまり，ボクセルごとに有意な賦活が検出されたか否か（2値的）という観点で，当てはまる論文数を単純にカウントするようなメタ分析ではない，ということである。ボクセルごとの賦活の確率をより正確に推定した後は，ノンパラメトリックテストを用いてボクセルごとの有意性が検定されていく（詳しくは Laird et al., 2005）。これらの説明からもわかるとおり，ALE 分析は，脳科学手法を使わずとも，サーベイのみで脳科学論文を書ける優れた手法である。脳科学に興味をもつ心理学者に勧めたい。

◆5．脳刺激法

　脳刺激法は，健常者の脳を一時的かつ可逆的に刺激し，その間に影響される機能を調べる方法である。これにより，機能と脳の因果関係をより確からしく議論できる。たとえば経頭蓋磁気刺激法（transcranial magnetic stimulation: TMS）は，頭皮に近づけたコイルに電気を通すことで，急激に変化する磁場を発生させる。磁場は骨を通過し，真下の脳部位にて電場を誘導する。その結果，非侵襲的に一部の神経活動を抑制あるいは促進できる（松本・宇川，2011）。この手法も心理学との関連が強い。たとえば，脳部位Aの刺激が機能Xのみに影響し，脳部位Bの刺激が機能Yのみに影響した場合（二重乖離），機能XとYの独立性が示唆される（Cai et al., 2014）。患者の二重乖離は患者間比較に基づく一方，TMS の二重乖離は実験参加者内比較に基づくため，より確かな因果推論ができるのである。ただ，安全性のためにも，刺激強度・時間は抑える必要があり，効果が検出・再現しにくいと言われる[1]（Walsh & Cowey, 2000）。よって，使用する心理尺度の敏感性や，剰余変数を統制する実験手続きの洗練が重要である。

　経頭蓋直流刺激法（transcranial direct current stimulation: tDCS）は，TMS より簡便な手法である。tDCS については，ニッチら（Nitsche et al., 2008）のレビューが詳しい。TMS は磁場による電場誘導である一方，tDCS は頭皮にあてた2つの電極間で微弱な電流を直接流すことで，大脳皮質の神経活

---

[1] サンプルサイズが15人程度の論文が多いため，実際の効果量は大きいと言うべきだろう。あくまで，脳損傷の影響と比較して効果が小さいだけである。

動を抑制・促進する。TMS よりも効果量が小さい（かつ，空間解像度が低い）ため，より高感度の心理尺度や洗練された実験手続きを使う必要のある手法である。TMS も tDCS も注意事項が多すぎるため，専門書（松本・宇川，2011；臨床神経生理学会，2011）の熟読を勧めたい。

◆6. 脳電図・事象関連電位：神経活動の時間的情報

　これまでは，機能と脳部位（空間情報）という観点から，心理学との関連を見てきた。次に，各機能がどういう時間的機序で成立するかという問いも，心理学にとって重要である。ここで，頭皮上に置いた複数の電極から大脳皮質の神経活動（の電位）の変化を捉える技術が，脳電図（electroencephalogram: EEG）である。時間分解能が高いため，刺激提示から数十ミリ秒後にどういった電位変化が起きるか，という事象関連電位（event-related potential: ERP）も捉えられる。その事象関連電位の心理学的意味が解釈可能であれば，どういった働きがどういった時間的機序で起きるか，という問いを神経レベルで検証できる。

　たとえば，提示された文から意味的に逸脱する単語が文末に現れると，約 400 ms 後に，意味的逸脱のない文末単語と比較して陰性方向の電位が観測される。これは N400 と呼ばれる（Kutas & Hillyard, 1980）。この時間的情報と心理学的解釈（意味処理）だけでも心理学にとって有益であるが，特にその後の発展が重要である。長らく，この N400 は語彙参照（lexical look-up）を反映すると考えられた（Kutas & Federmeier, 2000）。しかし，疑似語（例：pank, horm）や，ありえない綴りの語（例：bxnk, rqct）を文末提示しても，それらの文末刺激が，文章から期待されるターゲット語（例：bank）と綴りの一部を共有していない場合（horm や rqct）は，共有している場合（pank や bxnk）と比べて N400 が観測された（Laszlo & Federmeier, 2009）。ちなみに課題は，文の自然さの二択判断で，ほぼ完全正答であった。語彙参照できない非実在刺激同士の比較で N400 が観測されるという結果は，N400 が語彙参照を反映するという考えとは折り合いが悪い。また，実在語を用いた場合でも，ターゲット語との綴り共有の有無が N400 に影響したため，ターゲット語以外の綴り類

似単語も活性化されていると解釈された。以上からたとえば，ターゲット語以外の単語の活性化を押さえてターゲット語の活性化（あるいは検索）を効率的にするメカニズム（側方抑制：lateral inhibition と呼ばれる）を仮定する言語心理モデルは妥当ではない，といった議論も可能になるのである。あるいは以下のように，言語モデルにおいて単語をどのように表現するかという議論にも寄与できる。上述のように，長らく N400 が語彙参照を反映していると考えられていたため，N400 の存在は「（あたかも辞書を開くように）語彙を参照する」というプロセスを仮定する心理・言語モデルの妥当性を支える証拠とされてきた。しかし，サイデンバーグとマックレランド（Seidenberg & McClelland, 1989）やプラウトら（Plaut et al., 1996）の心理・言語モデルのように，語彙を参照するというプロセスを仮定せずとも言語機能は説明可能であるとした節約性の高い言語心理モデルもあり，長らく論争が続いてきた。N400 が必ずしも語彙参照を反映しないという上記の事実は，節約性を犠牲にしてまで語彙参照というプロセスを仮定する必要はないという主張を支持しており，どちらの心理・言語モデルがより優れているかという心理学議論にも寄与するのである。このように洗練された実験刺激を用いることで，行動データから検出されなかった差が神経レベルで検出され，心理・言語モデルの議論が可能になるのである。

◆7．脳部位と脳部位の情報連絡：解剖学的結合・機能的結合

隣接していない脳部位は，白質神経線維を通じて情報を連絡し，機能を実現している。すると，脳のどの部位とどの部位が神経線維で結ばれているか（解剖学的結合），という問いが生まれる。ここで，神経線維の中では，線維の向きに沿った方向に水分子が拡散しやすい（拡散異方性）という性質（Basser et al., 2000）がある。拡散テンソル画像（diffusion-tensor imaging）は，ボクセルごとに水分子の拡散異方性の方向・強さを推定する技術である。すると，この拡散テンソル画像から，ボクセルごとにもっともありえそうな神経線維方向を推定できる。結果，その神経線維の向きに従ってボクセル間をつなぐことで神経線維束を推定再現できる。これが神経線維追跡（tractography; Mori et al.,

1999）である。こうして解剖学的結合（情報連絡）が推定できる。

心理学者にとって興味深いことは，この解剖学的結合の機能的意味である。ここで，神経線維追跡では，解剖学的結合の確からしさの指標も得られるため，この指標と行動指標を関連づける試みもある。グレイヴズら（Graves et al., 2014）は，単語を読む際の反応潜時に，その単語の意味の豊富さ（心象性）が及ぼす影響を調べた。その結果，反応潜時への心象性効果には大きな個人差があった。そこで彼らは神経線維追跡を実施し，意味処理に重要な脳部位（例：角回）間の解剖学的結合を推定した。その結果，この解剖学的結合の確からしさにも大きな個人差があり，解剖学的結合の確からしさが高い者ほど，音読反応潜時への心象性効果（個人内回帰分析での β 係数）が大きかった。

この研究は，心理学にとって朗報である。行動指標において有意な効果が検出されない場合，理由の1つは個人差（剰余変数）の影響である。その剰余変数の説明として，脳科学が有用なのである。たとえば，興味のある機能と関連の深い脳部位間の神経線維追跡論文を読み，その結合の確からしさに個人差（分散）があるかを見てみよう。個人差があれば，自分の行動指標の個人差と相関するか，という問いを立てられる。あるいは，先に神経線維追跡論文を読み，大きな個人差を見つけたとしよう。すると，その脳部位に関連のある認知課題を考案し，分散の大きさを予測とした心理実験を理論的に導くことも可能である。

このように，神経線維による情報連絡のみならず，その情報連絡と機能（行動指標）との関連が心理学者の興味と言える。また，行動指標を用いずとも，fMRI・ERPの結果のみから，情報連絡の機能的意義を推定する手法もある（Friston, 2003）。興味のある方は参照されたい。

◆8．脳の各部位で計算される神経表象の質：多ボクセルパタン分析

これまでは，損傷部位・賦活量・活動電位などの条件間比較をもとに議論してきた。最近は条件間比較の他に，興味のある脳部位（region of interest; ROI）中のボクセル全体として，どのようなパタンとして情報が分散表現されている

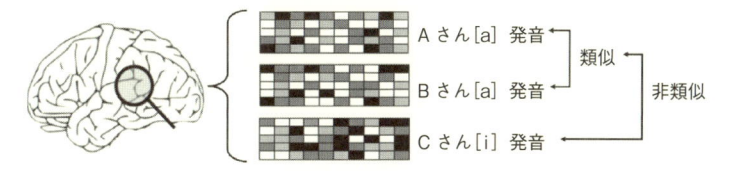

図3-1A　多ボクセルパタン分析の実例1（Formisano et al., 2008）
3人の話者による2種類の母音発音を聴覚提示した際の，初期聴覚野（図中の虫眼鏡）における100ボクセルにおける脳賦活強度（ボールド信号）を濃淡で表したもの（Formisano et al., 2008の結論に基づく，架空の活性値パタン）。同じ母音が似たようなパタンになる。

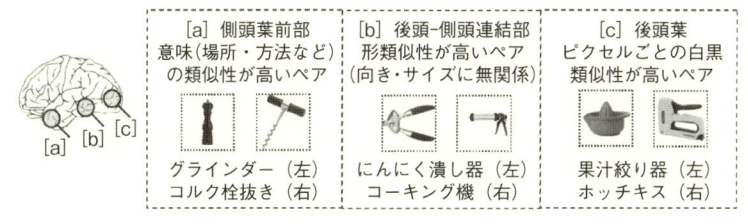

図3-1B　多ボクセルパタン分析の実例2（Peelen & Caramazza, 2012）
3つの脳部位のボクセル群において，ボールド信号のパタンが似ていたアイテムペアを図示（サンプル刺激は著者より）。

かが注目されている。たとえば図3-1Aでは，3人の話者による母音[a]・[i]を聴覚提示した際の，初期聴覚野におけるボクセルごとの活性パタンを濃淡で表現している（Formisano et al., 2008）。すると，異なる話者の発音であっても，同じ母音[a]はよく似た活性パタンとして分散表現されていた。ここから，初期聴覚野がたしかに言語音の特徴を捉えている，という解釈が可能になる。これが，多ボクセルパタン分析（multivoxel pattern analysis; Norman et al., 2006）である。

他にも，ペーレンとカラマッツァ（Peelen & Caramazza, 2012）は，物体認識（特徴検出－物体知覚－意味処理）という機能が後頭葉から側頭葉前部へと進むことを実証した。彼らは台所用品や大工道具などの写真を系列提示し（図3-1B），現在の刺激が，前の刺激と同じ場所で用いられる場合に反応する課題，あるいは同じ動作で用いる刺激の場合に反応する課題を実施した。パタン分類分析（Kriegeskorte et al., 2006）という手法を用いて，ボクセル間のfMRI活性値パタン類似性から刺激を分類したところ，後頭葉では（図3-1B右），ピク

セルごとの白黒濃淡類似性が高い刺激対ほど，よく似た活性パタンとして表現されていた。次に，後頭-側頭連結部は（図3-1B中），実験参加者の主観判断による形類似性が高い刺激対ほどよく似た活性パタンを示した。最後に側頭葉前部（図3-1B左）は，同じ場所・動作で用いる刺激対ほどよく似た活性パタンを示し，意味概念を捉えていると解釈された。つまり，後頭葉から側頭葉に向かって，特徴検出-物体知覚-意味処理へと進むことを示している。このように，各部位における神経発火パタン（神経表象）が，心理仮説構成概念を用いて解釈できるのである。この研究の肝は，3つの類似性指標がほぼ独立になる刺激を用意したこと，かつ，確かに独立であることを心理調査によって確認したことである。そういった洗練された心理実験刺激があって初めて，脳活動の心理学的解釈が可能になる。

　以上のように，ボクセル間に分散表現される活動パタンの類似性に基づいて，神経表象の心理学的意味を解釈する試みが流行っている（Kriegeskorte et al., 2008; Schapiro et al., 2013）。ちなみに，脳科学におけるこのような活性部位から活性パタンへのパラダイムシフトは，脳科学の中で生まれた考えではない。*Cognitive Science*誌2014年38巻6号（並列分散処理モデル特集号）でも強調されているように，心理学者が用いてきた並列分散処理モデル（parallel-distributed processing model; PDP model）というアプローチに触発されて生まれてきた考えである（Rogers & McClelland, 2014）。PDPモデルとは，入力に対して正しい出力を出すことを可能にするコンピュータシミュレーションの一例である。たとえば，文字をコンピュータに与え，その発音をコンピュータが正しく出力したならば，「読み」という認知活動を実現した計算機モデルと言える。Google®翻訳などは，翻訳の計算機モデルと言えよう。これまで様々な認知機能の実現に成功したPDPモデルにおいては，少数の計算処理ユニットが活動して認知機能を実現するというより，複数の処理ユニットが共同して活動し，認知機能を実現していることがわかった（Seidenberg & McClelland, 1989）。つまり，ある認知機能の実現に必要な内的表象とは，様々な処理ユニットに分散されて表現されているということである。こういったPDPモデル研究から着想を経て，実際の脳においても，情報は個別の神経で担われている（例：おばあさん細胞）のではなく，複数の神経間で分散表現されているのではないか

という考えが生まれ，それを解明するべく生まれた手法が多ボクセルパタン分析である。事実，PDPモデルを用いて多ボクセルパタン分析の結果を再現し，脳科学結果を解釈する試みもある（Schapiro et al., 2013; Ueno et al., 2014)。このように，心理学者によって発展させられてきた計算機モデルも，心理学者が脳科学と相互作用するための1つの手法である（上野，2015)。

◆9．深部埋め込み電極

最後に取り上げる手法として，てんかん患者の病巣摘出手術の過程で用いられる，脳内埋め込み電極について簡単に述べる。頭蓋を開いて病巣部位辺りに埋め込まれた電極は，開眼中に直接脳部位を電気刺激することを可能にし，機能と脳部位の正確な対応づけに貢献する。また，ERPを，高いSN比かつ空間分解能で測ることもできる。あるいは，電流が電極から電極に到着する時間を測定することにより，神経細胞による解剖学的結合の有無も推定できる。正確な病巣部位を特定するという臨床的な目的に沿って電極を配置するため，場所が限られることや，結果がてんかんによって影響されているかもしれないという問題，および患者の負担を大きくしないために試行数確保が難しいという点が指摘されるが，他の脳科学手法とともに，強力に科学を進歩させる手法である。

◆10．機能的画像の結果は心理学理論の区別に役立つか？

機能的画像研究は大きな期待を寄せられ，*Neuroimage*誌2012年62巻2号でも特集号が組まれた。一方，コルトハート（Coltheart, 2006）のように，機能的画像は機能と脳部位の対応づけには有益だが，対立する心理学理論の区別は不可能であり，高コストに見合わないと述べる者もいる。一方，ヘンソン（Henson, 2006a）は，再認の一過程説（Donaldson, 1996）と二過程説（Yonelinas, 2002）の区別を試みた自身の研究を引き合いに，「(賦活部位と心理機能が対応していると仮定できる限り）機能的画像は有益な従属変数の1つであり，行動指標と合わせて，対立する心理学理論の優劣を論じられる」と述べている。そ

れに対し，コルトハート（2006）は，別の心理学理論でもヘンソンのfMRI結果が説明できるため，心理学理論の優劣を決められないと反論した。しかしヘンソン（2006b）は，単一のfMRI結果から，対立する心理学理論の優劣を一義的に決められないという指摘は，単一の心理学研究結果にも当てはまると合理的に反論した。だからこそ彼は，fMRIを1つの従属変数としてのみ捉え，行動指標と合わせての議論を提案しているのである。

　ヘンソン（2006a）が述べているように，脳科学が心理学理論に寄与するためには，興味のある脳部位と機能との正確な対応の存在が前提である。そのためには，心理実験の洗練が欠かせない。その結果，脳科学研究を支え，翻って心理学に貢献するのである。条件差を出すことに固執する研究のみならず，繰り返し強調してきたように，心理尺度の信頼性・妥当性・感度を高める研究そのものや実験操作を洗練させる研究そのものが期待される（第15章参照）。心理学者は，ここに大きな期待を寄せられているのである。

■Further Reading

Elman, J. L., Bates, E. A., Johnson, M. H., Karmiloff-Smith, A., Parisi, D., & Plunkett, K. (1996). *Rethinking innateness: A connectionist perspective on development*. London: MIT Press.（エルマン，J. L.，ベイツ，E. A.，ジョンソン，M. H.，カルミロフースミス，A.，パリシ，D.，& プランケット，K.　乾　敏郎・山下　博志・今井　むつみ（訳）（1998）．認知発達と生得性―心はどこから来るのか―　共立出版）

■文　献

Annese, J., Schenker-Ahmed, N. M., Bartsch, H., Maechler, P., Sheh, C., Thomas, N., ... Corkin, S. (2014). Postmortem examination of patient H. M.'s brain based on histological sectioning and digital 3D reconstruction. *Nature Communications*, Article Number: 3122.

Baddeley, A. D., & Hitch, G. (1974). Working memory. In G. H. Bower (Ed.), *The psychology of learning and motivation: Advances in research and theory*. Vol. 8 (pp. 47-89). New York: Academic Press.

Baldo, J. V., Wilkins, D. P., Ogar, J., Willock, S., & Dronkers, N. F. (2011). Role of the precentral gyrus of the insula in complex articulation. *Cortex, 47*, 800-807.

Basser, P. J., Pajevic, S., Pierpaoli, C., Duda, J., & Aldroubi, A. (2000). In vivo fiber

tractography using DT-MRI data. *Magnetic Resonance in Medicine, 44*, 625-632.
Bates, E., Wilson, S. M., Saygin, A. P., Dick, F., Sereno, M. I., Knight, R. T., & Dronkers, N. F. (2003). Voxel-based lesion-symptom mapping. *Nature Neuroscience, 6*, 448-450.
Boas, D. A., Elwell, C. E., Ferrari, M., & Taga, G. (2014). Twenty years of functional near-infrared spectroscopy: Introduction for the special issue. *Neuroimage, 85*, 1-5.
Cai, P., Chen, N., Zhou, T., Thompson, B., & Fang, F. (2014). Global versus local: Double dissociation between MT+ and V3A in motion processing revealed using continuous theta burst transcranial magnetic stimulation. *Experimental Brain Research, 232*, 4035-4041.
Carey, B. (2008). H. M., an unforgettable amnesiac, dies at 82. *The New York Times*, December, 4th, page A1.
Coltheart, M. (2006). What has functional neuroimaging told us about the mind (so far)? *Cortex, 42*, 323-331.
Donaldson, W. (1996). The role of decision processes in remembering and knowing. *Memory & Cognition, 24*, 523-533.
Dronkers, N. F. (1996). A new brain region for coordinating speech articulation. *Nature, 384*, 159-161.
Fedorenko, E., Fillmore, P., Smith, K., Bonilha, L., & Fridriksson, J. (2015). The Superior Precentral Gyrus of the Insula does not appear to be functionally specialized for articulation. *Journal of Neurophysiology, 113* (7), 2376-2382.
Formisano, E., De Martino, F., Bonte, M., & Goebel, R. (2008). "Who" is saying "what"? Brain-based decoding of human voice and speech. *Science, 322*, 970-973.
Friston, K. J., Harrison, L., & Penny, W. (2003). Dynamic causal modelling. *Neuroimage, 19*, 1273-1302.
Graves, W. W., Binder, J. R., Desai, R. H., Humphries, C., Stengel, B. C., & Seidenberg, M. S. (2014). Anatomy is strategy: Skilled reading differences associated with structural connectivity differences in the reading network. *Brain and Language, 133*, 1-13.
Henson, R. (2006a). Forward inference using functional neuroimaging: Dissociations versus associations. *Trends in Cognitive Sciences, 10*, 64-69.
Henson, R. (2006b). What has (neuro)psychology told us about the mind (so far)? A reply to Coltheart (2006). *Cortex, 42*, 387-392.
Hillis, A. E., Work, M., Jacobs, M. A., Breese, E. L., & Maurer, K. (2004). Re-examining the brain regions crucial for orchestrating speech articulation. *Brain, 127*, 1479-1487.
Kriegeskorte, N., Formisano, E., Sorger, B., & Goebel, R. (2006). Information-based

functional brain mapping. *Proceeding of National Academy of Science of the United States of America, 103*, 3863-3868.

Kriegeskorte, N., Mur, M., Ruff, D., Kiani, R., Bodurka, J., Esteky, H., ... Bandettini, P. (2008). Matching categorical object representations in inferior temporal cortex of man and monkey. *Neuron, 60*, 1126-1141.

Kutas, M., & Federmeier, K. D. (2000). Electrophysiology reveals semantic memory use in language comprehension. *Trends in Cognitive Science, 4*, 463-470.

Kutas, M., & Federmeier, K. D. (2014). Thirty years and counting: Finding meaning in the N400 component of the event related brain potential (ERP). *Annual Review of Psychology, 62*, 621-647.

Kutas, M., & Hillyard, S. A. (1980). Reading senseless sentences: Brain potentials reflect semantic incongruity. *Science, 207*, 203-205.

Laird, A. R., Fox, P. M., Price, C. J., Glahn, D. C., Uecker, A. M., Lancaster, J. L., ... Fox, P. T. (2005). ALE meta-analysis: Controlling the false discovery rate and performing statistical contrasts. *Human Brain Mapping, 25*, 155-164.

Laszlo, S., & Federmeier, K. D. (2010). A beautiful day in the neighborhood: An event-related potential study of lexical relationships and prediction in context. *Journal of Memory and Language, 61*, 326-338.

松本 英之・宇川 義一・臨床神経生理学会脳刺激法に関する委員会 (2011). 磁気刺激法の安全性に関するガイドライン 臨床神経生理学, *39*, 34-45.

Mori, S., Crain, B. J., Chacko, V. P., & van Zijl, P. C. (1999). Three-dimensional tracking of axonal projections in the brain by magnetic resonance imaging. *Annals of Neurology, 45*, 265-269.

Nitsche, M. A., Cohen, L. G., Wassermann, E. M., Priori, A., Lang, N., Antal, A., ... Pascual-Leone, A. (2008). Transcranial direct current stimulation: State of the art. *Brain Stimulation, 1*, 206-223.

Norman, K. A., Polyn, S. M., Detre, G. J., & Haxby, J. V. (2006). Beyond mind-reading: Multi-voxel pattern analysis of fMRI data. *Trends in Cognitive Science, 10*, 424-430.

Peelen, M. V., & Caramazza, A. (2012). Conceptual object representations in human anterior temporal cortex. *The Journal of Neuroscience, 32*, 15728-15736.

Plaut, D. C., McClelland, J. L., Seidenberg, M. S., & Patterson, K. (1996). Understanding normal and impaired word reading: Computational principles in quasi-regular domains. *Psychological Review, 103*, 56-115.

Richardson, J. D., Fillmore, P., Rorden, C., LaPointe, L. L., & Fridriksson, J. (2012). Re-establishing Broca's initial findings. *Brain and language, 123*, 125-130.

臨床神経生理学会脳刺激法に関する委員会 (2011). 経頭蓋直流電気刺激 (transcranial direct current stimulation, tDCS) の安全性について 臨床神経生理学, *39*, 59-60.

Rogers, T. T., & McClelland, J. L. (2014). Parallel distributed processing at 25: Further explorations in the microstructure of cognition. *Cognitive Science, 6*, 1024-1077.

Roy, C. S., & Sherrington, C. S. (1890). On the regulation of the blood-supply of the brain. *The Journal of Physiology, 11*, 85-108.

Schapiro, A. C., Rogers, T. T., Cordova, N. I., Turk-Browne, N. B., & Botvinick, M. M. (2013). Neural representations of events arise from temporal community structure. *Nature Neuroscience, 16*, 486-494.

Scoville, W. B., & Milner, B. (1957). Loss of recent memory after bilateral hippocampal lesions. *Journal of Neurology, Neurosurgery, and Psychiatry, 20*, 11-21.

Seidenberg, M. S., & McClelland, J. L. (1989). A distributed, developmental model of word recognition and naming. *Psychological Review, 96*, 523-568.

Shallice, T. (1988). *From neuropsychology to mental structure.* New York: Cambridge University Press.

Squire, L. (1987). *Memory and brain.* Oxford, New York.: Oxford University Press.

玉木 宗久・海津 亜希子（2007）．NIRSによる脳機能測定　西牧 謙吾（編）　課題別研究報告「脳科学と障害のある子どもの教育に関する研究 平成16年度～18年度」（pp. 43-53）　独立行政法人国立特殊教育総合研究所

Tulving, E. (1983). *Elements of episodic memory.* Oxford: Clarendon Press.

Turkeltaub, P. E., Eden, G. F., Jones, K. M., & Zeffiro, T. A. (2002). Meta-analysis of the functional neuroanatomy of single-word reading: Method and validation. *Neuroimage, 16*, 765-780.

上野 泰治（2015）．言語：心理学と脳科学をつなぐ計算機アプローチ　北神 慎司・林 創（編）　心のしくみを考える：認知心理学研究の深化と広がり（pp. 147-159）ナカニシヤ出版

Ueno, T., Tsukamoto, S., Kurita, T., & Karasawa, M. (2014). Incorporating social psychological theories in the model training regime: How neural representations for social cognition emerge from interactions with others. In P. Bello, M. Guarini, M. McShane, & B. Scassellati (Eds.), *Proceedings in the 36th Annual Conference of the Cognitive Science Society* (pp. 2990-2995). Austin, TX: Cognitive Science Society.

Walsh, V., & Cowey, A. (2000). Transcranial magnetic stimulation and cognitive neuroscience. *Nature Reviews Neuroscience, 1*(1), 73-79.

Yonelinas, A. P. (2002). The nature of recollection and familiarity: A review of 30 years of research. *Journal of Memory and Language, 46*, 441-517.

Zhang, Y., Kimberg, D. Y., Coslett, H. B., Schwartz, M. F., & Wang, Z. (2014). Multivariate lesion-symptom mapping using support vector regression. *Human Brain Mapping, 35*, 5861-5876.

コラム3　質的研究の方法
石野　秀明

　質的研究とは，フィールドにおける個別具体の事象に焦点を当て，主に観察法や面接法によって協力者の行動や言葉などの質的データを収集し，その意味を理解し説明しようとするアプローチである。データ分析の方法としては，エスノグラフィーやエピソード分析など，データを素材に近いかたちで提示し，その意味の解釈を行うものがある。また，GTA（grounded theory approach）やSCAT（steps for coding and theorization）など，テキストを切片化したうえでコードを付す一方，全体的な視点から概念的モデルを構築することで，背後にある意味を捉えようとするものもある。具体的なデータ分析の方法については，テキストを参考にしてほしい（木下，2003；鯨岡，2005；大谷，2011）。

　ここではまず，いずれの方法にも共通するが，質的データの意味とは何かに焦点を当てる。たとえば，幼稚園での「友だちなんていない！」という幼児の言葉を取り上げよう。その意味を，文字どおりとれば，友だちの不在という〈事実の表明〉と受け取れる。一方で，今しがたまで遊んでいた友だちとトラブルになり強い口調で訴えたとしたら，相手に対する〈攻撃的な言動〉と解釈できるだろう。また，親友が転園したとか，家族が入院しているといった状況があり，保育者にそっと呟いたとしたら，その言葉には〈深い寂しさ〉が感受される。さらに，少子化など現代の子どもを取り巻く環境の変化にまで視野を広げて，そこに〈コミュニケーションの課題〉を読み取ることもできなくはない。

　つまり，特定人物の特定時点での言葉の意味は，周囲の人物との関係，前後の出来事などの時間的展開，社会文化的な状況など，重層的な文脈を踏まえなければ捉えられず，本質的には不確定である（佐藤，2008）。結局，研究者が示す意味の解釈が，その時点では他にありえないと間主観的に判断されることをもって妥当とするほかない。この判断を確かなものにするには，対象となる事象への高い問題意識と，フィールドへの深い参入と厚みのある記述，それらに基づく洞察が求められる。したがって，扱いうるサンプル数は限定的なものとならざるをえず，そこから導かれる理論は個別的でローカルな色合いを帯びる。

　こうした特性に自覚的である必要はあるが，そのこと自体は質的研究の価値を切り下げるものではない。個人や文化についての厚みのある記述に基づく質的な研究は，無自覚なまま通用している普遍的な言説に対して，「外部」を構成し，新たな視点からの対話と意味を生み出す力を有してきた。個別具体の事象にじっくりと付き合いつつ意味を明らかにし，従来の言説との対話を通して，理論的なインパクトをもたらすことをめざすことが，質的研究の方法の基本にある。

4 身体と意識

西尾　新

◆1. はじめに

　身体経験としての感覚は脳の活動（身体内部）の結果であるにもかかわらず，私たちはそれを生き生きとした質感を伴って身体外部に由来するものとして「知覚」する。「私たちの感覚（の意識）はどこに成立するのか」という「身体と意識」に関わる問いは，主に哲学の領域で古くから論じられ，今日では脳科学やコンピュータ科学から新たな知見も得られつつあるが，いまだ明確な結論には至っていない。

　その一方で，言語学，心理学，脳科学の研究領域では，私たちの言語や数量理解などの認知活動が，身体と環境との相互作用を基盤としていること，また意識の産物とも考えられていた動機や意図も，その意識が成立する以前の無意識的な過程で，私たちの身体と密接に関連することが示されている。

　このような新しい知見は「意識がどこに成立するか」，「意識と身体とどのように関連するか」という問いに加えて，「私たちはなぜ意識を必要とするのか」という新たな問いを生じさせる。

◆2.「身体に宿る心」という信念

　怪我や疾病など身体の変化は，私たちに痛みや倦怠感など感覚の変化を生じさせる。一方，緊張によって動悸が早くなったり安堵と同時に血圧が低下したりするように，心の変化による身体の変化を実感することもある。このような経験は「私の心は私の身体内部に宿り，身体と心は密接に関連している」という信念を生じさせる。

しかし「心が身体のどこに存在し，心と身体がどのように関連しているか」を考え始めると問題は途端に難しくなる。たとえば「色」である。色は物質とともにたしかに「外部」に存在しているように見える。しかし私たちが生きるこの物理的世界に「色」というものは存在しない。光は電磁波の一種であるから，光自体に色がついているわけではない。物理的世界にあって私たちに色を感じさせるのは，物質から目に届く反射光の周波数の差異である。光の周波数の差異は視細胞である赤，青，緑の3種類の錐体に興奮の差異を生じさせる（水野，1994）。たとえば，赤，青，緑の3つの錐体が等しく興奮したとき，私たちは対象に白を感じ，赤・青錐体が興奮し，緑錐体が興奮しなければ紫を感じることになる。当然のことながら，私たちの脳の「内部」にこのような「色」が存在しているわけではない。「色」は，私たちの意識の経験としてのみ成立しうる現象なのである。

　また，脳が作り出す「見え」の例にフィリングイン（filling-in）現象がある。網膜上には脳につながる視神経が，一ヶ所で束になる点（盲点）がある。ここ

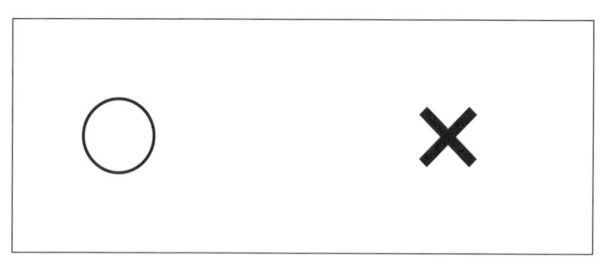

○×を10cm離して描き，両手で正面に持ち，右目をつぶり，左目で×点を見る。○が左目の盲点に入ると○が消える。

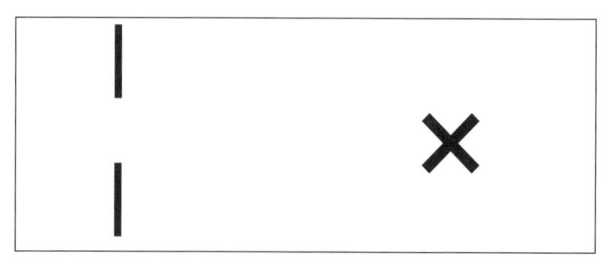

上の図で○が消える顔の位置が決まったら，○を2本の線分に替えて，上と同様に行う。2本の線分がつながって見える。

図4-1　フィリングイン現象によってつながって"見える"線分

には視細胞が存在しないため，盲点に光が当たっても情報は脳に送られない。つまり私たちの視野には情報が脳に送られていない領域が存在することになる。しかし両眼視をやめて片目をつぶってみても，私たちの「見え」に見えていない部分，すなわち穴はない。私たちに盲点の穴が「見えない」のは，脳が盲点周囲の情報から，盲点上にあるだろう情報を埋め込み，私たちに「見せている」ためだ（乾, 1993）。図4-1のような条件を整えれば，物理的に存在しない線分も私たちには「見えてしまう」。私にとって「見えている」という実感，すなわち「見え」の意識は私の身体内部にも，外部にも存在しないのである。

◆3．心身問題

　私の意識によって捉えられる世界の質感のことをクオリア（qualia；茂木, 1997）と呼ぶ。生き生きとしたクオリアを伴う私の意識はどこに成立するのか。脳を含めた身体と意識とはどのように関連しているのか。身体と意識（あるいは心）との関連を問うこのような問題は，心身問題として古くから哲学の領域で論じられてきた。

　この身体と意識との関連について現在では大きく分けて2つの立場がある。1つは，空間内の物理的事象である身体と非空間的事象である意識とは相互に還元不能である，とする心身二元論である。心身二元論では，意識が成立するための脳内のすべての物理的な過程が特定されたとしても，それらの物理的過程（神経細胞の活動）は，現に今，体験している私の意識を説明するものではなく，単に脳内部の物理的事象と，実感としてのクオリアとが随伴的に生じていることを示すに過ぎないとする（廣松, 2008）。一方，身体と意識との関連を問うもうひとつの立場は心身一元論である。心身一元論は，（現時点でそのメカニズムは不明であるが）脳のニューラルネットワークによって意識のクオリアを説明しうる，とする立場であり，脳神経科学，ロボット工学の研究者の多くは心身一元論の立場から，人工的に作り出されたネットワークも意識を持ちうると考える（前野, 2006）。すなわちコンピュータの意識である。

　心身二元論と一元論のいずれの立場をとるかは，現在のところ研究者の信念による（前野, 2006）。ただし，いずれの立場をとるとしても，心身問題として

提起される哲学的主題，すなわち世界に対して一人称の私が感じる生き生きとしたクオリアと，私と他者とにとって共通の了解としてある第三者的世界（＝物理的事象としての身体）との関連を問うこと（西川, 2011）は，主体が感じる心を1つの対象として，それを第三者的に説明しようとする心理学における主題そのものと言ってもよいであろう。

◆4．環境の中で生きる脳：情報処理モデルとその限界

　人間の心をコンピュータとのアナロジーで考える情報処理モデルでは，脳は身体をコントロールする中央制御装置であり，身体は外界の情報を脳に送り，また脳からの指令によって外界に働きかける入出力装置として人間を説明する。このモデルでは，私たちの精神活動はコンピュータと同様に一連の記号操作，すなわちアルゴリズムによって説明できるとする計算主義の立場をとる。実際，コンピュータ科学は，半導体の電気的な状態を利用して記号の形式的操作を実現し，チェスや将棋をはじめとする様々な領域において人間以上のパフォーマンスを示す人工知能を作り上げている。物理的な演算操作によって推論や判断を実現するコンピュータサイエンスの成果を敷衍して，人間の心の活動もコンピュータと同様に物質（神経細胞）の電気的な状態によって説明しうると考えるのも当然と言えよう。

　しかし，脳を含めた身体が環境内で実際に活動することを考える場合，脳を中央制御装置とする情報処理モデルでは対応できない問題が顕在化する。その1つが，ロシアの生理学者ベルンシュタイン（Bernstein, 1996）が指摘した「身体運動の謎」（ベルンシュタイン問題）である。ベルンシュタインは，身体が脳によって一元的に制御されると仮定した場合，その制御に膨大な計算が必要となることを指摘した。たとえば，対象物に手を伸ばす単純なリーチング運動ひとつとってみても，それに関わる最低4つの関節（肩，肘，手首，人差し指の付け根）に合計7方向の自由度（制御のために決定を要する変数）が存在する。個々の関節にはこれを制御する一対の拮抗筋が存在し，さらにこの筋繊維を制御する運動ユニットまで含めるとその自由度は2,600に上る（渡邉，2006）。全身運動となるとさらに膨大な計算を脳中枢に要求することとなり，

脳に過大な負荷がかかってしまう。しかし実際には人間は，リーチング以上の複雑な運動も難なくこなす。この事実を脳＝中央制御装置では説明できないのである。

この問題に対してベルンシュタインは「シナジー」（synergy）というアイデアを提案した。近年では，このアイデアは脳によらない身体による計算という意味で「形態による計算」（morphological computation; Pfeifer & Bongard, 2007）と呼ばれている。たとえば，中指を指先に近い第一関節から曲げてみる。すると，その下の第二関節だけでなく，隣の薬指や人差し指の関節まで同時に動く。私たちの把握動作は通常五指が連動して実行される。よって中指第一関節を曲げようとすると，他の指に対して命令を出さずとも，手の力学的構造よって筋肉と腱とが協働し，五指がスムーズに連動するよう構成されているのである（Barrett, 2011）。このような「形態による計算」により自由度を制限することで身体制御にかかる脳の負荷を軽減することが可能になる。実際，「形態による計算」は「認知の負担を軽減するための身体活用法」としてロボット工学と人工生命（artificial life: AL）における重要なテーマとなっている（Barrett, 2011）。

◆5．「考える力」の基盤としての身体

「身体の活用」は運動制御にとどまらず，ピアジェ（Piaget, 1964）が認知発達の第一段階に感覚－運動期を置いたように，認知発達の重要なテーマとなっている。ここでは特に，言葉の意味理解および数量概念の獲得において身体と環境との相互作用が果たす役割について述べる。

(1) 身体と言葉

「宮戸川」という古典落語の中に「飲み込み久太」の異名をもつ人物が登場する。「わかった，わかった，みなまで言うな。俺に任せろ」が口癖の人物で，早合点の失敗も多い。「宮戸川」はまた別の機会に聞いていただくとして，ここで問題にするのは「飲む」／「飲み込む」である。『大辞林』では，【のみこむ】「①口の中の物を腹の中へ送り込む。かみ砕かないでのどを通す」「②水や渦な

どの自然現象や巨大な施設などを大きな生き物に例えていう。例：「大観衆を飲み込んだ甲子園球場」」「③理解する。納得する。また十分に心得る」「④口から出そうになった言葉やあくびなどをぐっと抑える」「⑤承諾する。引き受ける」と以上6つの意味があげられている。もちろん「飲み込み久太」の異名はその口癖からもわかるように，③「理解する，納得する，十分に心得る」の意味で使われている。ここで，「理解する，納得する」ことが「飲む」という動詞で表現されていることに注目したい。「わかった，納得した」という主体にとっての実感が「かみ砕かずにのどを通して腹に入れる」という，きわめて身体的な言い回しで表現されている。理解することを「把握する」，すなわち「手で摑む」こととして表現するのも同様である。私たちは，「理解する／理解できた」という実感を「私の身の内に入れること」という具体的身体的な言い回しで表現し，またそのように理解している。

　この「理解する」ことの例で表されるように，抽象的な言葉の意味の基盤には必ず，私たちにとっての物理領域，身体領域における経験の基盤が存在する。たとえば私たちは，議論の前提を「土台」として物理的・空間的に表現したり，微妙な人間関係を「上から目線」などと身体的に表現したりすることもある。あるいは「人気」や「物価」などのようなきわめて抽象的な概念も，「人気上昇」や「物価の下落」のように物理領域での上下方向の変化として表現し，また理解している。これを発達的視点から考えれば，まず物理領域における私たちの身体と環境との相互作用の経験が先にあり，この身体－環境の相互作用の結果を言語表現や意味理解に用いているのである。言語表現の本質とは，いわば身体との相互作用を通して「環境がカテゴリー化され，その結果を既存の言語を借りて表現すること」(尼ケ崎, 1990)であり，意味理解とは，未知のものを，物理領域で形成された既知のカテゴリー（理解可能なカテゴリー）に当てはめることに他ならない(尼ケ崎, 1990)。物理的対象であれ概念であれ，あるものを別のもの（言葉，あるいは記号）を用いて表現すること自体，メタファーの構造である。その意味で，私たちの日常言語や表象操作による思考もメタファーを用いた活動とも言えるであろう（言語，思考とメタファーとの関連については5章を参照のこと）。

(2) イメージ図式と隠喩的投射

　このような，身体と環境との相互作用によってカテゴリー化された「結果」を，ジョンソン（Johnson, 1987）は言語哲学の立場から「イメージ図式」（image schema）と呼んだ。私たちが環境と関わるとき，そこにはいくつかのパターンが現れる。たとえば，積み木を積めば高くなる。砂場で砂を集めれば高い山ができる。コップに水を注ぐと水位が上がり，それを飲めば水位は下がる。これらの日常経験には "more is up（より多いは上）" という共通するパターンが存在する。この "more is up" は，重力と摩擦が働く地球上であれば，個々の事例を超えて常に成り立つ図式であり，私たちが日常の身体活動を通して何度も経験してきたことに他ならない。ジョンソン（1987）はこの身体と環境との相互作用から創発するイメージ図式こそ，言葉の意味の中核を担うイメージであるとした。

　先に例としてあげた「人気」や「物価」に関して言えば，より多くの人が支持すれば人気は上がり，貨幣で測られる価値がより少なくなれば物価は下がる。幼児が液量保存の課題に失敗するのも，子どもの判断が "more is up" に基づいてなされているからであり，逆に，1ドルが100円から95円になって「円高」と表現されたときに混乱してしまうのも，私たちが "more is up" に基づいて文意を理解しようとするからである。

　さらに，日常経験で獲得されたイメージ図式が未知の領域に当てはめられるとき新たな理解が成立することとなる。ジョンソン（1987）はこれを隠喩的投射（metaphorical projection）と呼び，抽象語も含めた言語理解の基盤に据えた。先の例で言えば，身体領域で獲得された "more is up" が「人気」や「物価」の概念に隠喩的に投射されることによって，それらは理解可能となる。また，「何かを身体内部に入れる」という経験から抽出されたイメージ図式が「了解した」という実感に対して隠喩的に投射されるとき「了解した」は「飲み込んだ」と表現される。私たちが「条件を飲む」や「短刀を飲む」など，物理的身体的には成立しない抽象的な表現をも生み出し，またそれを理解できるのも，身体領域での「飲み込む」経験がその意味の基盤に存在するからに他ならない。

(3) 共有される身体と環境との相互作用

　言葉の意味が，身体と環境との相互作用から創発するイメージ図式にあると考えることは，私たちの他者理解の基盤をも示すこととなる。たとえば先にあげた「飲む」の英語 swallow の意味は「①〈食べ物〉を飲み込む，飲み下す」「②〈地面，水などが〉〈人・物など〉を飲み込む」の他に「③〈話〉をうのみにする，たやすく信じる，早合点する」（『ジーニアス英和辞典』）とあり，古典落語"飲み込み久太"と同様の意味をもつ。あるいは，英語では"完了すること／終わること"を，up を用いて time is up や clean up などと表現するが，日本語でも「仕事が三日であがる」「双六のあがり」など，終了／完了に上方向の表現を用いる。調べればこのような例は枚挙にいとまがない。たとえ言語文化が異なっていても，重力や摩擦力など私たちを取り巻く環境の構造と私たち自身の身体構造が共通すれば，私たちが経験する相互作用のパターン（イメージ図式）も共通するものとなる。私たちが文化を超えて意味を共有できる可能性がここに示されるのである。私たちの，嚙まずに腹に収める身体感覚や，注がれた液体で容器が満ちる（それ以上は入らない＝終了）知覚は，この環境と身体をもつ限りにおいて文化，空間，時間を超えて共通であり，この共通性こそが他者理解の基盤となる。

(4) 身体と数量理解

　言語と同じく，社会生活上欠くことのできない数学的概念（の理解）もまた，身体と環境との相互作用を基盤として成立している（Lakoff & Núñez, 2000）。たとえば，グレアム（Graham, 1999）は，幼児が数の概念を獲得していくうえで身体を用いて対象に触れる，あるいは指さす行為の重要性を示している。対象の「数を数える（計数：counting）」とは，「対象それぞれに異なる数詞を1つずつ付与し，最後に付与された数詞を全体の数とする」という「対象‐数詞」の一対一対応の理解が不可欠となる。グレアムは，幼児が対象を数える際，3歳までの子どもは個々の対象に順に触れる／指さすことでより正確な計数が可能となり，4歳を過ぎると簡単な数であれば対象を指ささなくても「目で捉える」だけで正確な計数が可能になるものの，対象の数が増えると再び指さしが発現することを示した（Graham, 1999）。すなわち，計数にとって必要な

「対象‐数詞」の一対一対応関係が成立する前に，対象1つ1つに触れる／指さすという「接触／指さし‐対象」間の一対一対応が成立しているのである。

幼児は，個々の対象を正確に接触／指さし分けられるようになって初めて，シンボル（数詞）を対象に個別に付与する（つまり計数）ことが可能となるのである。グレアムは，「外言から内言へ」というヴィゴツキー（Vygotsky, 1986）のテーゼを援用する形で，「数の概念は，対象に触れる／指さすという行為によって外的表象（external representation）として外在化されることで，内面化が可能となる」（Graham, 1999）と述べている。またアリバリ（Alibali, M. W.）らは，幼児の計数の正確さに寄与する接触／指さし機能として，すでに数え終わった対象とこれから数えるべき対象との境界を保持する機能および，身体操作によって対象―数詞の対応関係を明確にする標識化機能をあげ，接触／指さしにワーキングメモリに対する補助的な機能があることを示している（Alibali & DiRuisso, 1999）。

(5) 身体操作と計算能力

身体を正確に動かすことと表象操作の正確性との関連は，幼児の手指の巧緻性と計算能力との関連として明らかにされつつある。浅川・杉村（2009, 2011）は，手指認識と計算能力の関係について検討したノエル（Noël, 2005）の研究を受け，幼児の手指の巧緻性と計算能力との関連を検討した。このとき，計算能力は一ケタの足し算で，また手指の巧緻性は，一定時間内にペグボードの穴に刺したピンの数で測られた。その結果，幼児の計算能力は，動作性知能や計算過程に直接関連すると思われる短期記憶の影響を除いても，年中児，年長児のいずれにおいても手指の巧緻性と有意な関連を示した（浅川・杉村，2009, 2011）。さらに浅川ら（2014）は小学1年生を対象として，手指の巧緻性の訓練が計算能力向上に寄与することも見出している。

浅川らの研究もまた，数概念が手指を通して表象されるものであり，計算という心的操作には手指の運動が伴う可能性を強く示している（浅川・杉村, 2011）。これまで別のものとして捉えられてきた認識能力と運動能力であるが，従来考えられてきた以上に両者の結びつきは強く，認識発達に対する運動能力の影響は無視できない（浅川・杉村, 2011）可能性が示された。

(6) 身体活動と認知

　伝統的な西欧哲学においては，言語の意味やあるいは論理学まで含めた数学的な様々な概念は，いわば人間存在とは無関係に存在すると考えられてきた (Johnson, 1987; Lakoff & Johnson, 1987; Lakoff & Núñez, 2000)。つまり，言葉の意味や数学的概念は，人間の「認知」という主観的過程から独立して，客観的に存在しているとみなされてきた。しかし，ジョンソンやレイコフらは，言葉の意味や数学的概念の成立そのものに私たちの身体と環境との相互作用が深く関わり，人間存在と離れて意味や概念が成立しないことを主張している。このように，言葉の意味や数学的概念の獲得の過程に身体が関わっていることを考えるならば，これらの概念獲得を促す学習あるいはその教授法は，身体経験に基づいたものであるべきであり，幼少期の遊びなど発達過程における身体活動の重要性は，その後の認知発達を促すものとしてより強調されるべきであろう。

◆6．身体と無意識

　17世紀半ばデカルト (Descartes, R.) は，意識は内省という心的活動の自明性によって存在し，身体に還元しえないとして心身二元論を唱え，その後の心理学の基盤を築いた (梅本，1992)。20世紀の初めにはフロイト (Freud, S.) により，意識化しえない心の領域として無意識が発見された (馬場，1992)。そして今日，身体はこの無意識と密接に関わっていることがいくつかの研究領域で示されている。

(1) 学習のレディネスが現れる身振り

　私たちが発話を行う際，その発話内容と密接に関連する「発話に伴う自発的身振り (spontaneous gesture during speech; McNeill, 1987)」が発現する。この身振りに関して，本人によって学習の状態が言語化されるより前に，それが身振りとして表現される現象，いわば，身体が行為者の気づきを先取りするような現象が報告されている。

　チャーチとゴールディン=メドウ (Church & Goldin-Meadow, 1986) は，ピ

アジェの液量保存課題を幼児（5歳）に与え，その判断の理由を説明する際に発現する発話と身振りを観察し，液量保存課題に失敗する子どもが2つの群に分けられることを見出した。一方は，発話として液量の高さのみに言及し，かつその発話に伴う身振りも液量の高さのみを表している群（発話-身振り-致群）であり，他方は，発話では液量の高さにしか言及していなくても，それに伴う身振りでは高さと広さすなわち容器の高さと底面積を表すような身振りが発現する群（発話-身振り不一致群）である。この2つの群に，液量保存課題の解決の手がかりとなる教示を与えた後，再び液量保存課題を行ったところ，一致群よりも不一致群で，課題通過した子どもの割合が多くなることが示された。すなわち，発話では液量保存課題に失敗していながら，容器の面積を表すような身振りを示した子どもらは，液量保存課題の移行段階にあったと考えられるのである。このような発話者本人の学習状態が，意識化された発話に先行して身振りとして発現する現象は，9歳から11歳の児童を対象とした数学的等価性（mathematical equivalence；等号の左辺と右辺が等しいこと。7＋6＋5＝□＋5などの形で問われる）の問題に関しても同様に確認されている（Alibali & Goldin-Meadow, 1993; Perry et al., 1988）。このように身体は，主体による言語化あるいは意識化を先取りするかたちで学習者のレディネスを示す指標となりうるのである。

(2) 閾下で動機づけられる身体

身体が意識に先んじて反応する現象は，単純な運動反応においても示されている。アーツ（Arts et al., 2008）らは，モニター上に閾下で文字列を提示した後，モニター上に表示した「握れ（grip）」を合図に，実験参加者にグリップを握らせその握力を測定した。このとき以下の3つの条件が設けられた。1つは閾下提示としてランダムの文字列が提示される条件（統制条件）である。2つ目は「力を尽くせ（exert）」や「勢いよく（vigorous）」など身体活動（physical exertion）を意味する単語を閾下提示する条件（閾下提示条件）である。3つ目は，上の身体活動を促す語の閾下提示の後に，「いいよ（good）」や「楽しい／気持ちいい（pleasant）」などのポジティブ語を視認可能なかたちで提示する条件である（閾下提示＋報酬条件）。結果は，ランダム語が閾下提示される統制

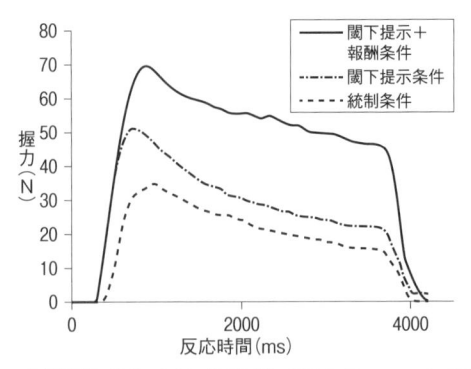

図 4-2 時間経過に伴う，握力（平均値）の変化（Aarts et al., 2008 より）

条件と比較して，身体活動を促す語の閾下提示後に報酬語が提示される閾下提示＋報酬条件において握力が2倍以上も強く，また「握れ」が提示されてから実際に握られるまでの反応時間もより短くなることが示された（図 4-2）。すなわち「いいよ（good）」などのポジティヴ語は，身体活動を促す言葉が閾下提示された場合でも動機を高める報酬として機能することが示された。

「力を尽くせ」「勢いよく」など，身体活動の要請によって形成される「よし，がんばるぞ」という動機は，まさに私たちの意思の作用によると考えられがちである。しかし私たちは，それらの身体活動を要請する言葉を意識する以前に，すなわち「見えた」という意識のクオリアが成立する以前に動機を形成し，それは報酬によってさらに高められ，結果として筋力の変化を生じさせるのである。

(3) 意識化の前に発動する意図

動機すなわち行為の意図も，それが意識化されるよりも前に，脳の活動レベルで行為のための準備が開始されることが明らかにされている。私たちが行為を行おうとする際，その行為の直前，脳には運動準備電位（motor readiness potential）が発生する。リベット（Libet et al., 1983）らは，この運動準備電位の開始時刻と行為者の意図が形成された時間とを計測した。具体的には，光が時計回りに点滅するモニターの前に座った行為者に，「指を曲げたい」と思ったときに曲げるよう指示し，行為者が指を曲げた後，光の点滅がどの時点で指

を曲げようと意図したかを行為者に報告させたのである。その結果，行為者が指を曲げようと意図した時点よりも 350 ミリ秒前に運動準備電位が開始されていることがわかったのだ。この実験は多くの研究者に驚きをもって迎えられ，その後何度も追試されたがその都度同様の結果が得られており，意図が意識されるよりも 7 秒前に脳の活動が開始されたという報告も示されている（Soon et al., 2008）。私たちが自分の自由意思を意識化する以前にその意図は形成され実行されているのである。

◆7. まとめ

　概念の理解や推論など高次の精神活動の基盤に，身体と環境との相互作用があるという主張は，認知発達の領域においては特に目新しい考え方ではない。しかしながら，意識の成立をヒトの進化という観点から考えた場合，意識が成立する以前に，私たちの身体はすでに環境に適応していたはずである。進化が，システムの新しい作り直しではなく，既存の材料を用いた「リフォーム」と考えると，進化の過程で現れてきた私たちの意識もまた，すでにある身体と環境との相互作用の影響をこれまで考えられてきた以上に色濃く残しているはずである。さらに，最後に示したように私たちの無意識が身体と密接に関連しており，私たちの意識がその影響下にあるとすれば，心身問題は，これまでとは異なる問題を提起する。すなわち，「私」の生存にとって意識はなぜ必要なのか，「私」が意識をもつことは適応的にどのような意味があるのか，という問いである（前野, 2004, 2006）。私たちは，身体と無意識との関連を意識することのできないまま，これを考え続けなければならない。

■Further Reading

Barrett, L. (2011). *Beyond the brain: How body and environment shape animal and human minds*. Princeton, NJ: Princeton University Press.（バレット，L. 小松 淳子（訳）(2013). 野生の知能―裸の脳から，身体・環境とのつながりへ　インターシフト）

廣松 渉（2008）. 心身問題　青土社

Clark, A. (1997). *Being there: Putting brain, body, and world together again.* Cambridge, MA: The MTI Press. (クラーク, A. 池上 高志・森本 元太郎（監訳）(2012). 現れる存在―脳と身体と世界の再統合 NTT出版)

■文 献 ─────────────────────

Aarts, H., Custers, R., & Marien, H. (2008). Preparing and motivation behavior outside of awareness. *Science, 319*(5870), 1639.

Alibali, M. W., & DiRusso, A. A. (1999). The function of gesture in learning to count: More than keeping track. *Cognitive Development, 14,* 37-56.

Alibali, M. W., & Goldin-Meadow, S. (1993). Gesture-speech mismatch and mechanisms of learning: What the hands reveal about a child's state of mind. *Cognitive Psychology, 25,* 468-523.

尼ケ崎 彬 (1990). ことばと身体 勁草書房

浅川 淳司・杉村 伸一郎 (2009). 幼児における手指の巧緻性と計算能力の関係 発達心理学研究, *20*(3), 243-250.

浅川 淳司・杉村 伸一郎 (2011). 幼児期における計算能力と手指の巧緻性の特異的関係 発達心理学研究, *22*(2), 130-139.

浅川 淳司・村上 太郎・杉村 伸一郎 (2014). 算数成績におよぼす手指の巧緻性の訓練の効果 日本発達心理学会第25回大会発表論文集, 488.

馬場 禮子 (1992). 精神分析学と臨床心理学 梅本 堯夫・大山 正（監修） 新心理学ライブラリー15 梅本 堯夫・大山 正（編著） 心理学史への招待 (pp.183-202) サイエンス社

Barrett, L. (2011). *Beyond the brain: How body and environment shape animal and human minds.* Princeton, NJ: Princeton University Press. (バレット, L. 小松 淳子（訳）(2013). 野生の知能―裸の脳から，身体・環境とのつながりへ インターシフト)

Bernstein, N. A. (1996). *On dexterity and its development.* Mahwah, NJ: Lawrence Eelbaum Associates. (ベルンシュタイン, N. A. 工藤 和俊（訳）・佐々木 正人（監訳）(2003). デクステリティ―巧みさとその発達 金子書房)

Church, R. B., & Goldin-Meadow, S. (1986). The mismatch gesture and speech as an index of transition knowledge. *Cognition, 23,* 43-71.

Graham, T. A. (1999). The role of gesture in children's learning to count. *Journal of Experimental Child Psychology, 74*(4), 333-355.

廣松 渉 (2008). 心身問題 青土社

乾 敏郎 (1993). Q&Aでわかる脳と視覚―人間からロボットまで― サイエンス社

Johnson, M. (1987). *The body in the mind.* Chicago, IL: The University of Chicago Press. (ジョンソン, M. 菅野 盾樹・中村 雅之（訳）(1991). 心のなかの身体 紀伊國屋書店)

Lakoff, G., & Johnson, M. (1987). *Women, fire, and dangerous things.* Chicago, IL: The University of Chicago Press.（レイコフ, G.・ジョンソン, M. 池上 嘉彦・河上 誓作（訳）(1993). 認知意味論—言語から見た人間の心 紀伊國屋書店）

Lakoff, G., & Núñez, R. E. (2000). *Where mathematics comes from.* New York: Basic Books.

Libet, B., Gleason, C. A., Wright, E. W., & Pearl, D. K., (1983). Time of conscious intention to act in relation to onset of cerebral activity. *Brain, 106,* 623-642.

前野 隆司（2004）. 脳はなぜ「心」を作ったのか 筑摩書房

前野 隆司（2006）. 意識の起源と進化 現代思想, *34*(2), 224-239.

McNeill, D. (1987). *Psycholinguistics: A new approach.* New York: Haper and Row.（マクニール, D. 鹿取 廣人・重野 純・中越 佐智子・溝渕 淳（訳）(1990). 心理言語学—ことばと心への新しいアプローチ— サイエンス社）

水野 有武（1994）. 光・眼・視覚—絵のように見るということ 産業図書

茂木 健一郎（1997）. 脳とクオリア 日経サイエンス社

西川 アサキ（2011）. 魂と体, 脳—計算機とドゥルーズで考える心身問題 講談社

Noël, M-P. (2005). Finger gnosia: A predictor of numerical abilities in children? *Child Neuropsychology, 11,* 413-430.

Perry, M., Church, R. B., & Goldin-Meadow, S. (1988). Transition knowledge in the acquisition of concepts. *Cognitive Development, 3,* 359-400.

Piaget, J. (1964). *Six études de psychologie.* Paris: Denoël.（ピアジェ, J. 滝沢 武久（訳）(1999). 思考の心理学 みすず書房）

Pfeifer, R., & Bongard, J. (2007). *How the body shapes the way we think: A new view of intelligence.* Cambridge, MA: MIT Press.（ファイファー, R.・ボンガード, J. 細田 耕・石黒 章夫（訳）(2010). 知能の原理—身体性に基づく構成論的アプローチ 共立出版）

Soon, C. S., Brass, M., Heinze, H-J., & Haynes, J-D. (2008). Unconscious determinants of free decisions in the human brain. *Nature Neuroscience, 11*(5), 543-545.

梅本 堯夫（1992）. 近代哲学と心理学 梅本 堯夫・大山 正（編著） 心理学史への招待（新心理学ライブラリー 15）(pp. 17-40) サイエンス社

Vygotsky, L. S. (1986). *Thought and language.* Cambridge, MA: MIT Press. (Original work published in 1934)（ヴィゴツキー, L. S. 柴田 義松（訳）(1962). 思考と言語 明治図書出版）

渡邊 一弘（2006）. 義肢とベルンシュタイン問題—行為における不自由と自由について— 京都大学文学部哲学研究室紀要: *Prospectus, 9,* 10-20.

コラム4　熟達の過程　　　　　　　　　　　　　　　　　　　　安藤　花恵

「誰でも最初は初心者だった」。よく言われる言葉である。しかし，プロスポーツ選手のスーパープレイ，何手も先を読むプロ棋士，何百年たっても色あせず見る人の胸を打つ芸術作品，そういった熟練者たちの技を目にすると，彼らも最初は初心者であったなんて信じられない気持ちになるかもしれない。

この，初心者（novice）と熟達者（expert）の違いが何なのかを調べているのが，熟達化（expertise）研究であり（第16章参照），これまでに様々な領域において両者の差が明らかにされてきた。たとえば，熟達者には，同じものを見ても，私たち素人や初心者には見えないものが見え，わからないことがわかるようだ。音楽を聴くとき（大浦，1996）や芸術作品を見るとき（Hekkert & Wieringen, 1996），初心者と熟達者では良いと思う作品，好きだと感じる作品が違う。熟練した医者がレントゲン写真を見るとき（Donovan & Litchfield, 2013）や，熟練した審判やコーチが選手を見るとき（Ste-Marie, 1999），同じものを見ても初心者とは判断が異なる。これは，熟達者たちがその分野において何が一番重要かという「本質」をよく知っているからである。絵画を見るとき，初心者は「何が描かれているか」を重視するが，熟達者は「どのように描かれているか」を重視して，表現技法やオリジナリティに着目して絵画を評価する（Belke et al., 2006）。初心者は絵画において「どのように描かれているか」が重要であるということを知らないし，たとえそれがわかっても，表現技法にどのようなものがあって，それはどこを見れば判別できて，どのような描かれ方であればオリジナリティが高いと評価されるのか，知識をもたない。このように，熟達者は「本質」が何かを知っており，その「本質」についての構造化された知識をもっているのである。

熟達者がもつ知識は，絵画の表現技法にどのようなものがあるかといったような，言葉で言い表せるものばかりではない。身体を動かすことで身につけた知識（身体知）は言葉で説明することが難しく，主に「わざ言語」（生田・北村，2011に詳しい）と呼ばれる，独特の表現で伝えられる。たとえば和太鼓の熟達者は「へそを真下に落とすように打て」といった独特の表現で身体感覚を伝え，学習者はその感覚を理解しようと自ら身体を動かしながら，身体知を身につけていく。

こういった知識や，それに裏打ちされた技を獲得するために，熟達者たちはどのくらい努力してきたのだろうか。エリクソン（Ericsson, 2006）によると，世界レベルの熟達者になるためには，どんなに才能のある人であっても10年以上は，日々よく考えられた練習（deliberate practice）を積まなければならず，もちろん，その後も技の維持・向上のための訓練は欠かせない。熟達の境地に達した人というのは，「常に努力をし続けることができる人」と言えるかもしれない。

5 言語と思考

中本　敬子

◆1. はじめに

　言語と思考は，どのように関連しているのだろうか。使用する言葉の違いが思考の違いをそのまま反映するのだろうか。たとえば，様々な色を使って配色を決定するなど，色に関する思考を要するデザイナーのような専門家は，素人に比べて，多くの色名を使って色彩を表現している。このことは，色彩について豊富な語彙をもつ者は，そうでない者に比べて，色をより細かく区分し認識できることを意味するのだろうか。これまでの心理学的研究からは，言語と思考は密接に関連するものの，単純に言語が思考を規定するわけではなく，言語表現が私たちの思考のあり方を直接反映しているわけでもないことが示されてきている。そこで，本章では，どのような場合にどのような形で言語が思考に影響を与えるかについて，名づけと物事の認知，および慣習的メタファー表現を中心に検討する。また，アナロジー（コラム5参照）を，新たにたとえを構成することによる思考と捉えて論じる。

◆2. 名づけと認識

　人間は，直接には知覚できないような事象をカテゴリー化したり概念化したり思考したりする。カテゴリー化とは，対象を何らかの類似性に基づいてカテゴリーとして分類し認識するプロセスをさす。また，概念化とは，それらのカテゴリーがどのような物かという認識に基づき，思考の操作対象とするプロセスと言える。たとえば，虹の色は連続的に変化しており明確な境界線があるわけではないが，赤，オレンジ，黄色などの何色かの色に分かれるように認知さ

れる。また，1日の時間は途切れ目なく経過するが，未明，明け方，朝，昼，夕方，夜というように概念化して認識している。

しかし，すべての言語が日本語と同じような色名をもつわけではないし，同じように時間を区切る語をもつわけでもない。日本語では基本的な色名は11程度（白，黒，赤，黄，緑，青，紫，ピンク，オレンジ，茶，灰）存在すると言われているが，パプアニューギニアのダニ族の言語では2つの色名（白，黒）しかない（Berlin & Kay, 1969）。では，これらの色名数の違いは色の認識の違いをもたらすのだろうか。

「日常的に使用されている言語によって人の認知や思考が影響される」という可能性は，2人の研究者の名前をとってサピア・ワーフ仮説（Sapir-Whorf hypothesis）と呼ばれ，これまでに様々な検討が加えられてきた。ハイダーが行った色名と色の認知に関する研究では，ダニ族に対して様々な色のついたチップを提示し後に再認を求めたところ，英語話者と同じく，英語の色名に対応する典型的な色では典型的でない色に比べて，再認成績が良いことが示された（Heider, 1972）。この結果は，色名を有するかどうかにかかわらず，色を区別して認識できることや再認しやすい色とそうでない色があることを示しており，サピア・ワーフ仮説に反すると解釈できる。

しかし，この結果から直ちに言語は思考に影響を与えないとは結論できない。ケイとケンプトンは，青と緑の区別に関して，それらに対応する色名をもつ英語話者とそのような色名をもたないメキシコのタラフマラ語の話者を比較した（Kay & Kempton, 1984）。彼らの実験では，物理的には英語で言う「緑」と「青」のちょうど中間にあたる色のチップが規準色として英語話者とタラフマラ語話者に示された。そして，そのチップと物理的にほぼ等距離にある青と緑のチップを示し，どちらとより似ているかを判断させた。その結果，英語話者では，規準色が英語で「緑」と呼ばれるときには，青のチップよりも緑のチップを似ていると判断した。同様に，規準色が「青」と呼ばれるときには，緑よりも青のチップをより似ていると判断した。これに対して，タラフマラ語話者では，このような偏りは見られなかった。

これらの研究から，あるものをさす名前をもたないことによってそのものを知覚できなくなるのではなく，名前があることによって知覚したものを概念化，

カテゴリー化する際に影響を受けることがわかる。名前による区別の有無が思考に影響を与える例は色名と色の認知にとどまらない。たとえば，可算名詞と不可算名詞の文法上の区別を持つ英語話者と区別をもたない日本語話者では，どのような機能をもつのかわからない新奇な対象物をカテゴリー化する際に物体としての属性を規準とする（つまり，新奇な対象物がどのような形かに着目して類似した形の物と同じカテゴリーに属するとみなす）のか，物質としての属性を規準とする（つまり，対象物がどのような材質でできているかに着目して類似した材質でできた物と同じカテゴリーに属するとみなす）のかが異なる場合があることが示されている（Imai & Gentner, 1997）。また，その言語における空間を切り分ける語が自己中心的相対的座標によるもの（たとえば，右，左，前，後）か，絶対的座標によるもの（たとえば，東，南，西，北）かによって，空間配置の記憶に影響を与える可能性を示唆する研究もある（Pederson et al., 1998）。

以上の研究は，言語は対象の知覚や認知を一義的に規定するわけではないが，対象のカテゴリー化や概念化の仕方に影響を与え思考を形成していくことを示していると言ってよいだろう（サピア・ワーフ仮説の心理学的評価の詳細については，今井（2000, 2010）を参照のこと）。

◆3．概念メタファー理論

言語と思考の関係に関する問題の1つに，メタファー的な言語表現がある。認知言語学における概念メタファー理論では，私たちがもつ様々な抽象概念はより具体的で知覚可能な具体的概念からの写像によって構造化され理解されていると論じられてきた。ここで，メタファーによって構造を与えられる側の抽象概念はターゲット領域，構造を与える側の知覚可能な具体的概念はソース領域と呼ばれる。

概念メタファー理論の端緒となったレイコフとジョンソンの著作『レトリックと人生』では，日常的に使用される慣習的表現の中にメタファーとみなしうるものが多数存在すること，その種の慣習的メタファー表現にはある程度の一貫性が見られることが指摘された（Lakoff & Johnson, 1980）。たとえば，「怒

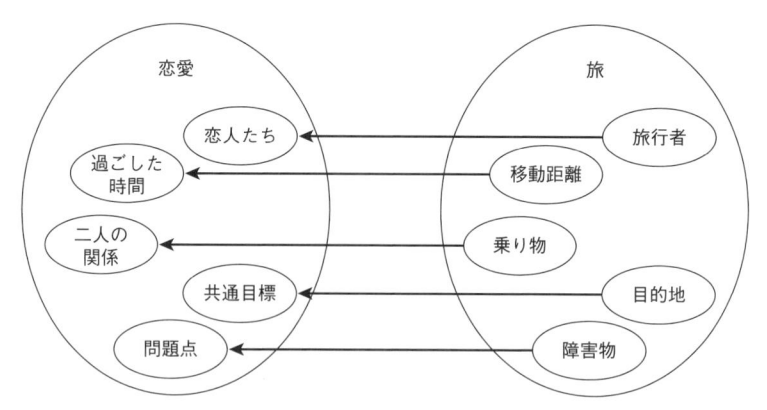

図5-1 概念メタファー「恋愛は旅である」における写像による概念化

り」を表す表現には「はらわたが煮えくりかえる」「頭を冷やせ」「湯気を立てて怒る」などがある（Lakoff, 1987）。これらの表現は通常はメタファーとしては意識されない。しかし，「煮えくりかえる」「冷やす」などは，本来，熱あるいは熱された液体について言及する表現であり，これを怒りに転用している点でメタファーの一種とみなしうる。もちろん，これらの表現は，かつてはメタファーだったが，現在では比喩らしさを失い普通の言葉となった（つまり死喩になった）という見方もできる。しかし，死喩であるとみなした場合にも，「怒り」を表すために熱に関する表現が数多く用いられること，あるいは「死喩」から拡張したと思われる新奇な表現（彼は怒りの沸点が低い，怒りが体から蒸発する）が使用されたり理解可能だったりすることへの説明が必要とされる。

　レイコフらは，このことについて次のような説明をしてきた。メタファー表現が存在すること，そしてメタファーが使用され理解されることは，私たちの思考それ自体がメタファー的なことの結果である。たとえば，「恋愛」という概念は，「恋愛は旅である」という概念メタファーによって，旅人から恋愛関係にある2人に，移動上での障害物から関係の維持・発展に関する問題にといった写像が行われることで概念化されていると論じるのである（図5-1）。

　しかし，概念メタファーそのものがメタファー表現の分析から提案された説明概念である。そのため，概念メタファーが存在するという証拠としてメタファー表現が用いられる一方，メタファー表現が存在するのは概念メタファーが

あるためと説明されるため，循環論に陥っていると批判されてきた（Murphy, 1996, 1997）。また，概念メタファー研究者の取り上げる言語表現が概念メタファーに支持的なものに偏っており，反例に関する考察がほとんどなされていないという問題点もある（Ortony, 1988）。さらに，人は自分が学習した意味と言語表現との間に対応関係を見出そうとする傾向があることから（Keysar & Bly, 1995），このような分析だけに頼った議論には限界がある。

そのため，認知心理学的手法を用いて，レイコフらの主張のように抽象概念が具体概念とのメタファーを通して理解されているかに関する検討が行われてきた。ここでは，「人生は旅である」や「犯罪は病気である」などの複雑な構造をもつメタファーと，上下や前後，距離の遠近といった空間に基づく比較的単純な概念メタファーに分けて論じる。

◆4. 慣習的メタファー表現と思考

複雑な構造をもつ概念メタファーでは，慣習的メタファー表現を理解する際に，ソース領域が活性化されているかどうかが検討されてきた。しかし，これに関しては，一貫した結果は得られていない。たとえば，概念メタファー理論にとって支持的な証拠としては，同一のメタファーによって統合された文章を読んだ場合には，そうでない文章を読んだ場合に比べ，その後，その文章に含まれる語や文の再認判断が促進されたり（Allbritton et al., 1995），一貫した概念メタファーを反映した言語表現からなる文脈に続いて，同じメタファーを反映した慣用表現を読んだ場合，その理解が促進されたり（Nayak & Gibbs, 1990）することが示されてきた。また，概念メタファー（たとえば，Time is money：時間はお金だ）やその具現例（He spent his time foolishly：彼は愚かな時間の使い方をした）をプライムとして提示することにより，その後提示される慣習的メタファー比喩表現の理解が促進されることを示した研究もある（Kemper, 1989）。

その一方で，慣習的メタファー表現の理解に関する研究全般を通して見ると，ターゲット領域を理解する際のソース領域の活性化については疑問を呈する研究が多い。たとえば，慣習的メタファー表現を含む文に対してパラフレーズを

求めても，同じ概念メタファーを具現化した語彙が現れることは少なく，このような表現がソース領域の知識を活性化している可能性は低いことが指摘されている（McGlone, 1996）。さらに，言語表現理解の際にソース領域の活性化は，新奇なメタファー表現でのみ生じ，慣習的な表現では生じないことが示されている（Keysar et al., 2000; Gentner et al., 2001）。たとえば，同じ概念メタファー（たとえば，Argument is a journey：議論は旅だ）を具現化した言語表現であっても，新奇なメタファー表現（You pinpoint out your coordinates（君の指摘は座標を外れている））で構成された文章ではメタファーの一貫性による読解の促進効果が見られるのに対し，慣習的表現（You explain your position）ではそのような効果が見られない（Keysar et al., 2000）。また，慣習的な知識領域間の対応づけ（A debate is a journey：論争は旅だ）と新奇な対応づけ（A debate is a race：論争はレースだ）を比較し，後者でのみメタファー的な一貫性（同じ知識領域に属する語彙の使用）が理解に対して促進的な効果をもたらすことも示されている（Gentner et al., 2001）。これらの研究は，慣習的なメタファー表現の理解ではなく，むしろ新奇なメタファーの理解において，2つの領域間の写像がなされていることを示唆しており，抽象概念を理解するために常に概念メタファーが利用されているという実証的な証拠には欠けるといってよいだろう（McGlone, 2007 も参照のこと）。

　では，上下や前後，距離の遠近といった空間に基づく概念メタファーについてはどうであろうか。言語表現を調べてみると，多くの抽象概念が空間に関する言語表現を用いて表されていることがわかる。たとえば，評価を上下と対応づけた表現（成績が上がる，低品質の商品）や，時間経過を前後と対応づけた表現（目の前にある問題，過去を振り返る），親密さを距離と対応づけた表現（近い間柄，遠縁の親戚）などがあげられる。このようなメタファーに関しては，抽象概念の理解・利用とソース領域である空間表象との強い関連を示す研究が蓄積されてきている。

　まず，時間概念に関する研究を見てみよう。英語でも日本語でも，時間は前後の空間軸に即した言葉によって表現される。このような表現には，「未来は前，過去は後ろ」として時間と空間が対応づけられているもの（学園祭は目前に迫っている，昨日の試合を振り返る）と，「未来は後ろ，過去は前」として対応づ

4. 慣習的メタファー表現と思考　73

静止した自己　　　　　　**移動する出来事（対象）**

過去 ← 　　　　　　　　　　　　　　　→ 未来
対象移動視点

移動する自己　　　　　　**静止した出来事（対象）**

過去 ← 　　　　　　　　　　　　　　　→ 未来
自己移動視点

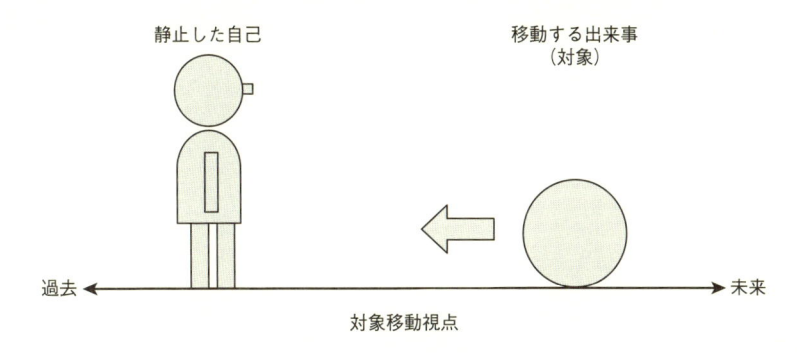

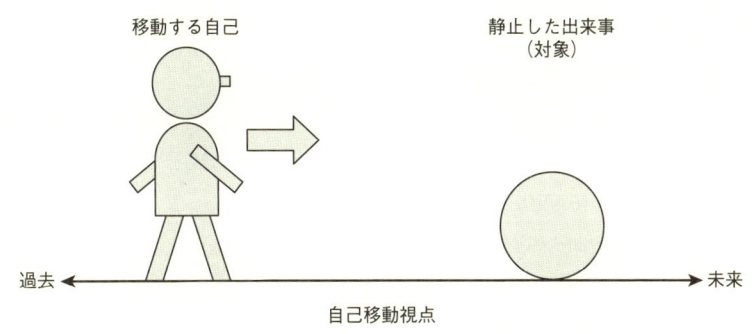

図 5-2　時間 – 空間メタファーにおける対象移動視点と自己移動視点

けられているもの（今から2週間後，今から2日前）とがある。前と後ろのどちらを未来あるいは過去に割り当てるかによって，一見矛盾した対応づけが存在するように見える。しかし，これは「動いているのは時間」と見るか「動いているのは自分」と見るかの視点取得の違いによると考えられる（図 5-2）。

　もし，時間概念が空間とのメタファー的対応づけによって理解されているならば，次のようなことが予想される。（1）時間表現理解のときには，「自己移動」あるいは「出来事移動」の視点の取得が介在している，（2）視点取得が空間的表象と関連しており，それが時間表現理解に影響するならば，空間的表象上での視点取得が時間表現の理解に影響する。（1）に関しては，どちらか一方の視点を反映した時間表現を直前に読んでいた場合，それに続く文が異なる方の視点による表現を理解する方が，同じ視点による表現を理解するよりも困難

であるという切り替えのコストが示されている (Gentner et al., 2003; McGlone & Harding, 1998)。また，視点取得の違いによって解釈内容の異なる多義的な文 (The meeting originally scheduled for next Wednesday has been moved forward two days：水曜の会議は 2 日先になった) を提示した場合，直前に提示されていた時間表現文がとっている視点に応じた解釈バイアスが生じる (McGlone & Harding, 1998)。同様のバイアスは，事前に空間の移動や位置に関する文を読み，それらの文に対する判断を行った後にも生じ (Boroditsky, 2000)，これが (2) の問題に対する証拠の 1 つになっている。さらに，このようなバイアスは，言語表現の理解ではなく，実際に身体的な移動を行うことや移動をイメージすることも上記の多義文の解釈にバイアスを与えること (Boroditsky & Ramscar, 2002) が示されており，時間表現の理解に空間的な表象が介在していることを示唆している。

　時間概念以外についても，評価や権力などの概念と上下の空間的表象との結びつきを示す研究がある。たとえば，ディスプレイ上に提示された語がポジティヴな意味をもつかネガティヴな意味をもつかを判断するよう求めると，ポジティヴな意味をもつ語は上部に提示されたときの方が下部に提示されたときよりも素早く判断されるし，否定的な意味をもつ語では逆になる (Meier & Robinson, 2004)。また，社会的役割やグループの力の強さを判断させる課題では，より力の強い方を見つける課題ではターゲットがディスプレイ上部に，より力の弱い方を見つける課題ではターゲットがディスプレイ下部に提示されているときに反応が早くなる (Schubert, 2005)。これらの結果も，直接には空間とは関連しない抽象概念を理解する際に空間表象が関連していることを示唆する。

　このように空間的な位置関係をもとにしたメタファーについては，抽象概念について理解・判断する際にソース領域としての空間表象が活性化されることを示す研究が多い。また，空間的な位置関係だけでなく，温度 (「親密さは温かさである」など) や明るさ (「道徳性は明るい／不道徳性は暗い」など) のように身体的感覚の経験に基づく概念メタファーに関しては支持的な実験結果が蓄積されつつある (レヴューとして，Landau et al., 2010 を参照のこと。また関連する書籍として Landau et al. (Eds.), 2014 を参照のこと)。

これらの結果は，知識表象は，視覚や聴覚などの感覚や運動などといった身体的で状況的な認知に基づいて構成されていると考える身体化認知 (Grounded Cognition; Barsalou, 1999, 2008) の考え方とも軌を一にしている (4章参照)。しかし，身体運動に関する語を読んだときに運動系の活性化が見られたり，情景を描写する文を読んだときに視覚的イメージが想起されたりといったことに比べると，抽象概念と身体的感覚的経験との間には直接的な関連性は見出しにくい。抽象概念の理解や判断の際に身体的感覚的な表象からの影響が見られるのはなぜかについては今後検討の必要があろう。

◆5. アナロジーによる思考

上述のような慣習的メタファー表現とは別に，私たちは物事を理解したり説明したりするために意図的にたとえを用いることがある。たとえば，原子の構造を太陽系になぞらえたり，電流を水流でたとえたりする説明はよく見られる。このようなたとえは言語表現上は比喩として現れるが，2つ以上の知識領域の類似性に基づくアナロジー（コラム5参照）を表現していると捉えうる（楠見, 2001）。たとえば，原子構造と太陽系のたとえは「原子は太陽系のようだ」のように比喩として表現しうるが，その解釈には原子核を太陽に，電子を惑星に，というように原子構造に含まれる要素同士の対応づけが含まれる（表6-1）。このような比喩やアナロジーは，科学や政治などにおいて，概念の説明，仮説の生成，説得などのために利用されることが指摘されている（Dunbar, 2001）。

このようにアナロジーが説明や仮説の生成にとって有用なものになるには，適切な対応づけが行われた場合に限られる。「原子は太陽系のようだ」で言えば，原子核と太陽系の対応づけが有効なのは，共にその系の中心に位置していること，電子あるいは惑星に比べて質量が大きいことといった重要な点で類似しているからである。しかし，2つの知識領域間の対応づけが不適切なときには，アナロジーは適切な説明や推論を生み出さない。先の例で言えば，電子を太陽に，原子核を衛星に対応づけるなどのような不適切な対応づけが行われてしまうと，原子核の周囲を電子が回っているのではないか，原子核が1つであるのに対して電子は複数存在しうるのではないかなどのような説明や仮説を生み出

表5-1 「原子は太陽系のようだ」におけるターゲットとベースの対応づけ

	ターゲット（原子構造）		ベース（太陽系）
対象	原子核	⟷	太陽
	電子	⟷	惑星
			衛星
属性			黄色い（太陽）
関係	より重い（原子核，電子）	⟷	より重い（太陽，惑星）
	ひきつける（原子核，電子）	⟷	ひきつける（太陽，惑星）
	周りを回る（電子，原子核）	⟷	周りを回る（惑星，太陽）
			より熱い（太陽，惑星）

すことはできない。

　では，2つの知識領域の間の要素の適切な対応づけは，どのように行われるのだろうか。ゲントナー（Gentner, 1983, 1988）によれば，アナロジーでは，2つの領域間の構造を可能な限り全体的整合性を保つように対応づけが行われる（表5-1）。このとき，それぞれの知識領域は，対象とその属性，対象間の関係，そして関係間の関係を含むように構造化され表象されていると仮定する。その上で，一対一対応と並行結合性の制約に基づき2つの領域の対応づけがなされると考える。一対一対応は，一方の対象の表現に含まれるある要素が，他の対象中のただ1つの要素に対応づけられることを示す。並行結合性は，もしある関係や属性が対応づけられるならば，その関係や属性をもつ対象もまた対応づけられることを意味する（Holyoak & Thagard, 1989も参照のこと）。これらの制約によって対応づけが確立された後，たとえる側の知識領域には存在するがたとえられる側には存在しない要素が転移され，仮説の生成や推論がなされる。

　では，アナロジーによる思考にはどのような下位プロセスが含まれるのであろうか。ゲントナーらによれば，(1) たとえられる側（ターゲットとなる問題）の理解，(2) たとえる側（ベースとなる知識）の検索，(3) ターゲットとベースとの対応づけ，(4) 対応づけの正当性の確認，(5) ターゲットとベースの共通部分の抽出による学習といった下位プロセスが含まれる。たとえば，理科において全く未習の状況で電流に関する問題を解こうとする場合を考えてみよう。まず，(1) ターゲットとなる電流の問題がどのようなものかを理解

する。次に（2）電流に関する問題を解くために使えそうな既有知識がないかを探してみる。教師等からどのような既有知識が有効かの教示がない場合には，ターゲット問題を手がかりとして長期記憶からの検索がなされることになる。そして，有効そうな知識（たとえば，道路における車の流れに関する知識）が見つかった場合には（3）電流に関して理解したことと，車の流れについて知っていることを対応づけ，（4）その対応づけで良さそうかを確認したうえで，車の流れについて知っていることを電流問題に当てはめて問題を解決する。そして，（5）電流と車の流れに共通する部分を，たとえば経路内での流れに関する知識といった形で抽出し，後に利用できるようにする。

　アナロジーの下位プロセスをこのように捉えた場合，重要なのは（2）ベースの検索と（3）対応づけである。ターゲット問題に関して有効な推論を働かせるには，ターゲットとベースの類似性が表面的なものにとどまるのではなく，構造的に類似性があり対応づけが可能でなければならない。しかし，実際には，ターゲットに対して構造的にのみ類似したベースを自発的に検索することは困難であり（Gick & Holyoak, 1980），出現する対象の一致性や属性面での類似性による表面的類似性によってベースの検索がなされる傾向があることが示されてきた（Ratterman & Gentner, 1987; Ross, 1989 など）。これらの研究からは，適切なベースを検索するためのヒントが与えられればアナロジーによる解決が可能なターゲット問題であっても，自発的にはアナロジーによる思考が行われなかったり，失敗に終わったりしがちであろうことが示唆される。しかし，このことは，科学研究等で仮説や説明構築のためにアナロジーが利用されること（たとえば，心をコンピュータとみなすこと）や，教育場面で学習者が自発的な比喩を利用し新奇な学習内容を意味づけようとすること（たとえば，電流を水流や車の流れで理解しようとすること）といった，日常的に観察される事柄とは一致しないように思われる。この不一致をどのように捉えればよいのだろうか。

　1つには，熟達化との関連があげられる（コラム4参照）。物理学の熟達者と初心者の間で物理の問題の理解がどのように異なるかを検討した研究（Chi et al., 1981）によると，初心者は問題に記述されている状況やそこに含まれている物体などの表面的な類似性に基づいて問題のグループ分けを行うのに対し，

熟達者ではどのような物理法則によって問題が解けるかといった構造的な類似性に基づいて問題のグループ分けを行うことが示された。ここから，科学研究などの場面で熟達者によるアナロジーの利用では，ターゲットやベースの構造的な側面が重要視される可能性が考えられる。

　もう1つには，ターゲットとベースの直接的な対応づけではなく，ある種のカテゴリー化によって，アナロジーや比喩に相当する思考が行われるという可能性である（鈴木，1996）。この考え方によれば，たとえば「水流を道路での車の流れにたとえる」という思考は，まず水流と車の流れの両方を「経路内の流れ」といった抽象化されたカテゴリーの事例とみなすことから始まる。そのうえで，「ものが流れる経路」や「経路を流れるもの」などが，水流と車の流れのそれぞれで何にあたるかを照らし合わせ対応づけることで，思考が進められ問題が解決されることになる。

　これと類似したプロセスを仮定してメタファー理解を説明するモデルとして類包含モデル（Glucksberg & Keyser, 1990）がある。類包含モデルでは，「AはBだ」という形式のメタファーは，たとえられる側の概念（A）がたとえる側の概念（B）をプロトタイプとするメタファー的なカテゴリーに属することを表す文として理解されると説明する。たとえば，「タバコは時限爆弾だ」というメタファーは，「タバコ」は「時限爆弾的な物（時間を経て危害を及ぼす物）のカテゴリー」に属するものとして理解されるとする。

　このような考え方に基づけば，熟達者とは言い難い学習者であっても，新たな知識について学習する際には，その中に含まれる用語やすでに断片的に知っていることなどに基づいて何らかの形で構造を抽象化したうえで，同じようにその構造をもつとみなしうるベースを想起して思考を進めていくと考えられる。

◆6. まとめ

　言語は思考に影響を与えることは確かだが，その実態は複雑である。慣習的メタファー表現であっても，表現のタイプによって思考との関連の仕方は異なる。また，全く同じ言語表現であっても，それに対してどのような認知的処理を求めるかによっても思考に影響を与えると言えるかどうかは異なってくると

考えられる。したがって，言語は思考に影響を与えるかどうかといった漠然とした問いではなく，言語表現のタイプや問題とする思考の側面を明確にした上で，言語と思考がどのように関わり合っているかを明らかにしていく必要があるだろう。

■Further Reading
今井 むつみ（2010）．ことばと思考　岩波書店
辻 幸夫（編著）（2001）．ことばの認知科学事典　大修館書店
Gibbs, R. W., & Colston, H. L. (2012). *Interpreting figurative meaning*. Cambridge, MA: Cambridge University Press.

■文　献
Allbritton, D., McKoon, G., & Gerrig, R.(1995). Metaphor-based schemas and text representations: Making connections through conceptual metaphors. *Journal of Experimental Psychology: Learning, Memory, and Cognition, 21*, 612-625.
Barsalou, L. W. (2008). Grounded cognition. *Annual Review of Psychology, 59*, 617-645.
Barsalou, L. W. (2010). Grounded cognition: Past, present, and future. *Topics in Cognitive Science, 2*, 716-724.
Berlin, B., & Kay, P. (1969). *Basic color terms: Their universality and evolution*. Berkeley, CA: University of California.
Boroditsky, L. (2000). Metaphoric structuring: Understanding time through spatial metaphors. *Cognition, 75*, 1-28.
Boroditsky, L., & Ramscar, M. (2002). The role of body and mind in abstract thought. *Psychological Science, 13*, 185-189.
Chi, M. T. H., Feltovich, P. J., & Glaser, R. (1981). Categorization and representation of physics problems by experts and novices. *Cognitive Science, 5*, 121-152.
Dunbar, K. (2001). The analogical paradox: Why analogy is so easy in naturalistic settings, yet so difficult in the psychological laboratory. In D. Gentner, K. J. Holyoak, & B. N. Kokinov (Eds.), *The analogical mind* (pp. 313-334). Cambridge, MA: The MIT Press.
Gentner, D. (1983). Structure-mapping: A theoretical framework for analogy. *Cognitive Science, 7*, 155-170.
Gentner, D. (1989). The mechanisms of analogical learning. In S. Vosniadou & A. Ortony (Eds.), *Similarity and analogical reasoning* (pp. 199-241). Cambridge,

MA: Cambridge University Press.
Gentner, D., Bowdle, B., Wolff, P., & Boronat, C. (2001). Metaphor is like analogy. In D. Gentner, K. J. Holyoak, & B. N. Kokinov (Eds.), *The analogical mind: Perspectives from cognitive science* (pp. 199-253). Cambridge, MA: MIT Press.
Gentner, D., Imai, M., & Boroditsky, L. (2002). As time goes by: Evidence for two systems in processing space→time metaphors. *Language and Cognitive Processes, 17*, 537-565.
Gentner, D., & Markman, A. B. (1994). Structural alignment in comparison: No difference without similarity. *Psychological Science, 5*, 152-158.
Gick, M. L., & Holyoak, K. J. (1980). Analogical problem solving. *Cognitive Psychology, 12*, 306-355.
Glucksberg, S., & Keysar, B. (1990). Understanding metaphorical comparisons: Beyond similarity. *Psychological Review, 97*, 3-18.
Glucksberg, S., & McGlone, M. S. (1999). When love is not a journey: What metaphors mean. *Journal of Pragmatics, 31*, 1541-1558.
Heider, E. R. (1972). Universals in color naming and memory. *Journal of Experimental Psychology, 93*, 10-20.
Holyoak, K. J., & Thagard, P. (1989). Analogical mapping by constraint satisfaction. *Cognitive Science, 13*, 195-355.
今井 むつみ (2000). サピア・ワーフ仮説再考：思考形成における言語の役割，その相対性と普遍性　心理学研究，*71*, 415-433.
今井 むつみ (2010). ことばと思考　岩波書店
Imai, M., & Gentner, D. (1997). A cross-linguistic study of early word meaning: Universal ontology and linguistic influence. *Cognition, 62*, 169-200.
Kay, P., & Kempton, W. (1984). What is the Sapir‐Whorf hypothesis? *American Anthropologist, 86*, 65-79.
Kemper, S. (1989). Priming the comprehension of metaphors. *Metaphor and Symbolic Activity, 4*, 1-17.
Keysar, B., & Bly, B. M. (1995). Intuitions of the transparency of idioms: Can one keep a secret by spilling the beans? *Journal of Memory and Language, 34*, 89-109.
Keysar, B., Shen, Y., Glucksberg, S., & Horton, W. S. (2000). Conventional language: How metaphorical is it? *Journal of Memory and Language, 43*, 576-593.
楠見 孝 (2001). アナロジーとメタファー　辻 幸夫 (編) ことばの認知科学事典 (pp. 364-370) 大修館書店
Lakoff, G. (1987). *Women, fire, and dangerous things: What categories reveal about the mind*. Chicago, IL: The University of Chicago Press. (レイコフ, G. 池上 嘉彦・河上 誓作・辻 幸夫・西村 義樹・坪井 栄治郎・梅原 大輔・大森 文子・岡田 貞之 (訳) (1993). 認知意味論　紀伊國屋書店)

Lakoff, G., & Johnson, M. (1980). *Metaphors we live by*. Chicago, IL: The University of Chicago Press. (レイコフ, G. & ジョンソン, M. 渡部 昇一・楠瀬 淳三・下谷 和幸 (訳) (1986). レトリックと人生　大修館書店)

Landau, M. J., Meier, B. P., & Keefer, L. A. (2010). A metaphor-enriched social cognition. *Psychological Bulletin, 136*, 1045-1067.

Landau, M. J., Robinson, M. D., & Meier, B. P. (Eds.) (2014). *The power of metaphor: Examining its influence on social life*. Washington, DC: American Psychological Association.

McGlone, M. S. (1996). Conceptual metaphors and figurative language interpretation: Food for thought? *Journal of Memory and Language, 35*, 544-565.

McGlone, M. S. (2007). What is the explanatory value of a conceptual metaphor? *Language & Communication, 27*, 109-126.

McGlone, M. S., & Harding, J. L. (1998). Back (or forward?) to the future: The role of perspective in temporal language comprehension. *Journal of Experimental Psychology: Learning, Memory, and Cognition, 24*, 1211-1223.

Meier, B. P., & Robinson, M. D. (2004). Why the sunny side is up: Association between affect and vertical position. *Pscychological Science, 15*, 243-247.

Murphy, G. L. (1996). On metaphoric representation. *Cognition, 60*, 173-204.

Murphy, G. L. (1997). Reasons to doubt the present evidence for metaphoric representation. *Cognition, 62*, 99-108.

Murphy, G. L., & Wisniewski, E. J. (2006). Familiarity and plausibility in conceptual combination: Reply to gagne. *Cognition, 32*, 1438-1442.

Nayak, N. P., & Gibbs, R. W. (1990). Conceptual knowledge in the interpretation of idioms. *Journal of Experimental Psychology: General, 119*, 315-330.

Ortony, A. (1988). Are emotion metaphors conceptual or lexical? *Cognition & Emotion, 2*, 95-103.

Pederson, E., Danziger, E., Levinson, S., Kita, S., Senft, G., & Wilkins, D. (1998). Semantic typology and spatial conceptualization. *Language, 74*, 557-589.

Ratterman, M. J., & Gentner, D. (1987). Analogy and similarity; Determinants of accessibility and inferential soundness. *The proceedings of the Ninth Annual Conference of the Cognitive Science Society*, 23-35.

Ross, B. H. (1987). This is like that: The use of earlier problem and separation of similarity effects. *Journal of Experimental Psychology: Learning, Memory, and Cognition, 13*, 629-639.

Schubert, T. W. (2005). Your highness: Vertical positions as perceptual symbols of power. *Journal of Personality and Social Psychology, 89*, 1-21.

鈴木 宏昭 (1996). 類似と思考　共立出版

コラム5　アナロジーの発見機能　　　　　　　　　羽野　ゆつ子

　アナロジーは，ある領域の要素間の関係性をそれと類似の別の領域の要素間の関係性と対応づける思考である（子安，1980）。たとえば，物理学者ラザフォード（Rutherford, E.）は，惑星が太陽のまわりを回る太陽系の構造を，電子が原子核のまわりを回る構造と対応づけるアナロジーから，原子構造の科学的発見を導いたと言われる。このようにアナロジーには，仮説や理論の形成という発見機能があると考えられてきた。

　太陽系と原子構造の例のような異なる領域間を対応づける遠隔（long-distance）アナロジーの利用や，化学者ケクレ（Kekulé, A.）のベンゼン環の構造の発見に関わる「絡みつく6匹のヘビの夢」のような視覚イメージの利用は，アナロジーの発見機能の歴史的事例として検討されてきた（Holyoak & Thagard, 1995; Thagard, 2012）。

　ダンバー（邦訳1999）は，生物学の共同研究をオンラインで記録し，身体器官における細胞増殖に関する仮説発見の瞬間をとらえた。人間とウサギとハムスターの自己免疫疾患が似ているという，生体同士を対応づける近接（local）アナロジーから，心臓と関節では疾患を誘引する細胞は異なるが，細胞の侵入と疾病を誘引する機構は1つと予想された。しかし，動物実験の結果から，心臓と関節各々に両方の疾患を誘引する細胞が存在するという，仮説と矛盾する結果が生じ，器官への細胞の侵入と疾病の開始は，2つの異なる機構がつかさどるとする概念変容が起こり，各器官に両方の細胞が存在するという矛盾を解消した。その後，この概念は，人間の疾病へのアナロジー写像によって人間の疾病にも適合するように修正された。アナロジーは概念変容を導く重要な要素だと確認され，その特徴として，歴史的分析が示す特徴とは異なり，複数の近接アナロジーの利用が示された。

　知識領域間の拡散的移動による知識の拡張も，アナロジーの発見機能の特徴である。アインシュタイン（Einstein, A.）の思考過程を分析すると，特殊相対性理論はガリレオ（Galileo Galilei）の相対性原理を力学から物理学へ，一般相対性理論は相対性原理を慣性系から加速度へと，拡散的に拡張するアナロジー利用と見ることができる（Hofstadter & Sander, 2013）。

　アナロジーの発見機能の研究は，科学から工学や社会技術，デザイン分野へと発展し（Chan & Schunn, 2015），イノベーション教育の一環としてアナロジー思考を教育する試みも始まっている（堀井，2012）。研究対象領域の拡張および研究と教育の往還による，アナロジーの発見機能の統一的認知機構の解明が期待される。

6 メタ認知と批判的思考

田中　優子

◆1. はじめに

　21世紀に入り教育の動向は知識伝達型から思考育成型に移りつつある。本章で焦点を当てるメタ認知と批判的思考は、いずれも近年の教育分野において着目されている高次の思考（higher-order thinking）にあたる。本章では、それぞれの概念やこれまでの研究動向について教育的な観点から振り返りながら、メタ認知と批判的思考という高次認知がこれまでの批判的思考研究においてどのように関連づけられてきたのかについて概観する。

◆2. メタ認知

(1) メタ認知とは

　メタ認知とは、「その人自身の認知プロセスに関する認知」のことである。この「メタ（meta-）」という接頭辞は、ギリシャ語から来ており「高次の」や「超えて」などの意を表す。最初にメタ認知を紹介したフレイヴル（Flavell, 1976）は、次のような例をあげながら説明している。「自分にとってAを学習することがBよりも難しいことに気がついたとき、Cを事実として受け入れる前に再確認したほうがよいと思ったとき、複数の選択肢からもっともよいものを選ぶ際には事前に各選択肢をよく調べた方がよいと思いついたとき、Dを忘れるかもしれないのでメモをした方がよいと気がついたとき、Eについて正しく理解しているか確認するために誰かに聞いてみようと思ったとき、私はメタ認知（メタ記憶、メタ学習、メタ注意、メタ言語など）を行っている」。このような側面は、対象となる認知を補完する働きをするため、児童・生徒・学生の

学習を改善することを目的としながら，これまでに多くの研究者たちがメタ認知を教育しようと取り組んできた。

(2) メタ認知の構成要素

メタ認知は，「知識」「モニタリング」「コントロール」という3つの主な構成要素に分けられる。

メタ認知的知識（metacognitive knowledge）とは，自分自身の認知や認知全般に関する知識のことである。メタ認知的知識は，さらに「宣言的知識」「手続的知識」「条件的知識」に分けられる。宣言的知識には，認知活動を行う主体としての自分や他者に関する知識（例：自分が何を知っていて何を知らないか，何を知る必要があるか），課題に関する知識（例：問題を解くために必要な情報は何か，どのような文脈で提示されているか），課題に適用する方略に関する知識（例：適用可能な方略は何か，効果的な方略は何か）が含まれる。手続的知識とは，宣言的知識を適用し目標を達成するうえで手続きを実行するために必要な「どのように行うのか」に関する知識である。条件的知識とは，いつ，どこで，なぜ宣言的知識や手続的知識を使うのかに関する知識で，方略を効果的に使用するうえで重要な役割を果たす。

これらのメタ認知的知識に対して，モニタリングやコントロールはメタ認知的活動と呼ばれる。メタ認知的モニタリング（metacognitive monitoring）とは，自分が行っている認知プロセスの進度に関する認知である。モニタリング研究においては，既知感の判断（FOK; feeling of knowing judgment. あることがらについて知っているという感覚），既学習判断（JOL; judgment of learning. 学習したことがあるか，どの程度習得しているかについての判断），学習容易性判断（EOL; ease of learning judgement. どの程度容易に学習できるか），自分の学習パフォーマンスにどの程度自信があるかに関する判断，パフォーマンスがどの程度正確であるかに関する判断などがこれまでに測定されており，メタ認知的判断（自信や正確性の自己評価）と実際の学習パフォーマンスの関連が研究されてきた。

メタ認知的コントロール（metacognitive control）とは，メタ認知的知識やモニタリング結果に基づく認知的制御のことである。学習内容の選択，学習時

間の割り当て（例：苦手な単元の学習時間を多めにとる），方略選択（例：効果的な学習教材を選ぶ，効果的でなかった学習方略を変更する）などが該当する。

(3) メタ認知と教育

　メタ認知的コントロールは，メタ認知的知識やメタ認知的モニタリングに基づくため，これらがどの程度正確であるかによって影響される。誤った知識やモニタリングに基づけば，間違ったメタ認知的コントロールを導きかねないため（例：理解したつもりになって，十分勉強をしない），学習者が自分の勉強をより効果的にコントロールしてくためには，自身のパフォーマンスを正確にモニタリングすることが必要である。

　しかしながら，これまでの研究結果では，自身のパフォーマンスをメタ認知的に予測・評価する際，人はシステマティックなエラーを起こすことが示されてきた。このような現象の1つに「キャリブレーション（calibration）」があげられる。キャリブレーションとは，もともと「測定，調整」などを意味する言葉であるが，メタ認知研究ではパフォーマンスの予測と実際のパフォーマンスの差に言及するときに用いられる。たとえば，算数のテストを受ける前に，「80％は得点できるだろう」と予想したとする。しかし，実際にテストを受けた結果，得点率が62％であったとすると，キャリブレーションスコアは＋18％となる。この例では，実際の成績よりも高く予測しているが（自信過剰），逆に低く予測する場合（自信過少）もある。これらはいずれもメタ認知的なバイアスであり，「ミスキャリブレーション」と呼ばれることもある。

　キャリブレーションに関するライエル（Leal, 1987）の研究では，試験でのパフォーマンスをあらかじめ大学生に予測させ，実際のパフォーマンスとの関連を分析した。その結果，それらの間には正の相関関係が見られた。このように，予測と実際の成績が全体としては相関することを示す研究がある一方で，キャリブレーションの個人差に着目した研究もある。たとえば，ハッカーら（Hacker et al., 2000）が大学生を対象に行った研究では，成績の低い学生は自信過剰な予測をする傾向があったのに対して，成績の良い学生は実際の得点により近い予測をする傾向にあった。また，成績の良い学生の予測はテストを繰

り返すにつれてより正確になった。成績の予測と実際の成績に大きな差がない場合，現実に即した予測をしているので「良い」キャリブレーションを示していると言われる。

このような予測に関する判断だけでなく，既学習判断の正確さもメタ認知的コントロールに影響を及ぼすと言われている。たとえば，実際に学習したかどうかにかかわらず，すでに学習したと判断した場合には再び学習しようとしないし，逆に学習していないと判断した場合には再び学習しようとする傾向がある（Metcalfe & Finn, 2008）。また，既学習判断と学習時間の割り当てには負の相関関係があることが報告されており（例：あまり学習していないと判断するほど多くの学習時間を割り当てる），既学習判断が不正確であると，すでに学習している内容について不必要な時間を割いてしまうということが生じることになる。

学習をより効果的なものにするためには，これらのメタ認知的判断の正確性を高め，よく学習しているものと学習していないものを区別し，学習が不十分な事柄により多くの時間を割くなどの工夫が必要である。

◆3. 批判的思考

(1) 批判的思考（critical thinking）とは

「批判」という言葉には，「誤りや悪い点を指摘すること，あげつらうこと」という意味があるため，批判的思考と聞くと否定的な印象をもつ人もいるかもしれない（第8章参照）。しかし，英語のcriticalには「注意深く物事を熟慮・検討したり，何が良い面で何が悪い面か判断する」という意味があり[1]，批判的思考の「批判」は主に後者の意味で用いられている。批判的思考研究の「父」と言われているデューイ（Dewey, J.）は，もともと「反省的（reflective）」という用語で表現していたように，批判的思考は誰かを非難・中傷したりするという意味ではなく，自身の思考を反省的に振り返りながら注意深く検討する意味合いが強い。

---

(1) Macmillan dictionary（http://www.macmillandictionary.com/）（2015年4月30日確認）

表 6-1 批判的思考の内容

	エニス（1987）	ファシオン（1990）
能力（認知的側面）	**問いに焦点を当てる**：問いの明確化，判断基準の明確化 **議論の分析**：結論や根拠の明確化，暗黙の根拠の明確化，議論の構造の探求，議論の要約 **情報源の信頼性評価**：専門家，確立された手法，利害関係，評判へのリスク，情報源間の合意 **演繹推論**：形式論理，条件つき論理 **帰納推論**：一般化，仮説や結論の導出 **価値判断**：事実の背景，代替案の考慮，重みづけ **定義づけ**：形式，定義方法，内容 **行動の決定**：試験的決定，全体的状況の考慮，実施のモニタリング	**解釈**：状況，データ，判断，信念，規準などの意味や重要性の理解 **分析**：意見，問い，概念，根拠などの関係の明確化 **評価**：人の判断や経験などの信頼性の評価。意見，問い，概念，根拠などの関係の論理的強さの評価 **推論**：適切な結論を導くために必要なことがらの明確化，仮説の構築，証拠や原理などに基づく結論の導出 **説明**：説得力のある議論の生成 **自己制御**：自己検証，自己修正
態度（情意的側面）	**詳しい情報を探す** **信頼できる情報源を使う** **全体的状況を考慮に入れる** **根拠や代替案を探す** **オープンマインドネス**：複数の視点からの考慮（対話的思考），仮定的思考，根拠が不足しているときの判断の保留 **批判的思考能力を使う**	**一般的生活へのアプローチ**：幅広いことがらへの知識欲，批判思考を使用する機会への注意深さ，推論する能力への自信，代替案を考慮する柔軟性，自身の偏見や自己中心性に直面したときの正直さ **特定の問題へのアプローチ**：明確な表現，関連情報を探索する勤勉性，規準選択における分別

　批判的思考の定義としてもっともよく引用されるものの1つに，エニス（Ennis, R.）の「何を信じ，何を行うかの決定に焦点を当てた合理的で反省的な思考」があげられる（Ennis, 1987）。批判的思考の捉え方は研究者や教育者によって異なっており統一された定義はないが[2]，これは，批判的思考が後述のように複数の要素から構成される高次認知であり，人によってどこに重きを置くかが異なっているためと考えられる。しかし，批判的思考が能力的側面と態度的側面を含むと考えられている点については多くの批判的思考研究者間で共通している。

　1990年にアメリカ哲学会が行ったデルファイ・プロジェクト[3]では，専門家

---

[2] 批判的思考の概念の多様性については道田（2003）を参照。

の意見に基づき，それぞれの側面について次のように包括的に述べている。まず，認知的側面としては，解釈，分析，評価，推論，説明，自己制御の6つが中心的なスキルとされる。次に，情意的側面は一般的生活への取り組みと特定の問題への取り組みの2つに分けられる。情意的側面は態度（attitude）や傾向性（disposition）と言われることもある。

表6-1は，批判的思考に関する主要な分類研究のなかから，エニス（Ennis, 1987）とファシオン（Facione, 1990）の分類を抜粋して示したものである。いずれも能力と態度に分けて批判的思考が捉えられており，能力には議論の分析や推論など類似した特徴も多く含まれる。

(2) 批判的思考の測定

これまでに批判的思考を測定するための様々なテストや課題が開発されてきた。テストによって形式（多肢選択式・自由記述式）や測定する批判的思考の概念も異なる。平山・楠見（2011）は，批判的思考テストを測定する概念の内容に基づいて（a）狭義の批判的思考力を測定する論理的思考に重点を置いたテスト（例：ワトソン・グレーザー批判的思考力テスト，カリフォルニア批判的思考スキルテスト），（b）広義の批判的思考力を測定する論理的思考および省察的思考に重点を置いたテスト（例：ミネソタ批判的思考力テストⅡ，洞察問題，読解リテラシー課題），（c）拡張的批判的思考力を測定する他者への共感や理解および創造性に重点を置いたテスト（例：人物特性評定，対人認知の推論文評価）の3種類に分類している。（a）から（c）にいくにつれて，テストが測定する批判的思考の概念はより多様なものとなる。測定にあたっては，それぞれのテストが測定する批判的思考の概念とテスト利用者の目的との整合性に注意する必要がある。

具体例として，狭義の批判的思考力を測定する論理的思考に重点を置いたテストである，大学生の批判的思考の成長を測定することを目的としたカリフォ

---

(3) 批判的思考についてコンセンサスを確立するためにアメリカ哲学会が北米で調査（デルファイ・プロジェクト）を行った。人文科学，社会科学，科学，教育の分野から46名の批判的思考の専門家が参加したこの調査には，批判的思考研究で著名な Ennis, H. R., Paul, R., Lipman, M. らも参加者に含まれている。

ルニア批判的思考スキルテスト［大学レベル］（California critical thinking skills test; CCTST: College level; Facione, 1992）は，上述のデルファイ・プロジェクトに基づいて開発された標準化テストで，表6-1の批判的思考能力のうち「解釈，分析，評価，説明，推論」の5つの認知的スキルを測定する。制限時間45分の間に34項目の多肢選択式問題に回答することが求められる。

批判的思考の能力テストと同様に，批判的思考態度を測定する尺度の開発も行われてきた。たとえば，CCTSTに対応するものとしてカリフォルニア批判的思考態度尺度（California critical thinking disposition inventory; CCTDI）がある。CCTDIは「知識欲，オープンマインドネス，計画性，分析性，真理探求，批判的思考への自信，成熟性」の7つの下位尺度，計75項目から構成される。ジャンカルロとファシオン（Giancarlo & Facione, 2001）がアメリカの大学生を対象に実施した研究では，CCTDIのうちいくつかの下位尺度においてGPA（grade point average）と正の相関が見られたことや大学の4年間を通じて上昇が見られたことが報告されている。

(3) 批判的思考の教育

批判的思考教育の方法は，「普遍アプローチ」「インフュージョンアプローチ」「イマージョンアプローチ」「混合アプローチ」という4つに分けられる（Ennis, 1989）。表6-2は，各アプローチの特徴について表したエニス（Ennis, 1989）の表を改変したものである。

普遍アプローチでは，批判的思考の能力や態度を学校や大学で学ぶ教科・科目と分けて教えることを目的とする。「批判的思考」や「非形式論理」と名のつく独立した授業やコースなどがこれにあたる。この授業では批判的思考に関連する原理を明示的に教える。その際，政治や広告などの具体的事例が用いられることもあれば原理のみを教える場合もある。前者は，普遍アプローチの中でも，具体的アプローチと呼ばれ，後者は抽象的アプローチと呼ばれる。

インフュージョン・イマージョンアプローチでは，いずれも通常の教科や科目を教える授業の中で批判的思考を育むことを目的とする。インフュージョンアプローチでは，授業の中で批判的思考能力や態度の一般的原理を明示的に教える点が特徴である。一方，イマージョンアプローチでは，一般原理は明示的

表6-2 批判的思考を教えるアプローチ（Ennis, 1989を改変）

	普遍		インフュー ジョン	イマージョン	混合
	具体的	抽象的			
原理を明示的に教えるか	○	○	○	×	○
内容を用いるか	○	×	○	○	○
教科に関連した内容のみを用いるか	×	×	○	○	×
教科に関連した内容と他の内容を用いるか	△	×	×	×	○

に扱われないものの、教科について学ぶなかで批判的なものの見方や考え方を身につける。たとえば、「心理学」という授業で論文の読み方や適切な実験計画法を学ぶプロセスにおいて、学生が批判的に考えることができるようになることをめざす教育はイマージョンアプローチに該当する。

最後の混合アプローチは、普遍アプローチとインフュージョンアプローチまたはイマージョンアプローチを合わせたものである。ここでは、批判的思考を教えるための独立した授業やコースにおいて、具体的な領域に関連する内容を用いながら批判的思考の教育が行われる。どのアプローチを用いるかは、批判的思考教育の目的、対象、既存のカリキュラムの中での位置づけなどによって異なる。

◆4．メタ認知と批判的思考

(1) 批判的思考の領域固有性

上述の批判的思考教育のアプローチの違いの根底には、批判的思考の領域固有性に対する捉え方の違いが存在する。領域固有（domain specific）とは、ある特定の課題やトピック内で機能するという意味である。批判的思考については、それが領域固有のものなのか、それとも領域普遍的な思考なのかという論争が行われてきた。

たとえば、何かについて批判的に考えるためには、対象に関する具体的な情報が必要である（McPeck, 1981）。具体的な教科教育の中で、教科に関する知

識を用いながら行われるインフュージョンアプローチやイマージョンアプローチは，批判的思考を領域固有性の高いものと捉える立場である。

一方で，普遍アプローチでは，批判的思考がある程度領域普遍（domain general）なものであると考える。仮に批判的思考が完全に領域固有の思考であるとするならば，上述の批判的思考能力テストや批判的思考態度尺度は具体的な背景知識を必要とせず，特定の領域に特化したものではないため意味をなさないことになる。エニス（Ennis, 1989）は，ある人が陪審員として刺殺事件に関する判断を求められた場面を例にあげながら，学校では「刺殺」というトピックが科目の中で扱われることはなくても，陪審員として参加した市民は批判的に考えることを求められると述べている。

批判的思考が完全に領域固有のものであるとするならば，学校での批判的思考教育の効果は限定的なものとなるだろう。実際に批判的に考えるためには対象に関する領域固有の知識は必要にはなるだろうが，批判的思考教育が「21世紀型スキル」やジェネリックスキルなどとの関連のなかで重視される傾向を見ると，特定の領域に限定されず学校教育を終えたあとも生涯にわたって社会で活用できる思考力として捉える傾向が強まっているように思われる。

(2) 批判的思考とメタ認知

批判的思考が授業などの限られた領域を超えて，将来的に活用されるためには何が必要だろうか。ディーンとクーン（Dean & Kuhn, 2003）はメタ認知が重要であることを次のように主張する。特定の文脈で特定の手続きで行うことを子どもに教えることはそれほど難しくはない。重要なのは，その子どもが，そこで使ったスキルを将来教師の手助けなく異なる環境において使い続けられるかどうかで，それはメタ認知的機能によって決定されるという。クーン（Kuhn, 2001）のモデルでは，「問い，分析，推論，議論」などの批判的思考スキル（論文中では「知るための方略」と名づけられている）は，「メタレベルの手続的認識（meta-level knowing: procedural）」と関連づけて描かれている。たとえば，議論を聞きながらその妥当性について分析することが1次レベルの認知機能だとすると，そのようなスキルを「いつ，どこで，なぜそれらを使うのか」や「そのスキルで何が達成できるのか」について検討することがメタレ

ベルの認知機能である．先ほどの陪審員の例で言えば，「刺殺」という領域固有の知識はなくても，陪審員が批判的に考えることを求められる状況であるというメタ認知的知識があれば，授業で学習した批判的思考スキルを刺殺事件の具体的内容に適用しようとすることが可能となる．

このように批判的思考をメタ認知と関連づけながらモデル化しているのは，クーン（Kuhn, 2001）に限らない．上述のデルファイ・プロジェクトから導かれた批判的思考コンセンサスにおいて，「自己制御」は「自身の認知活動を意識的にモニタリングすること」と定義されており，メタ認知的な意味合いが強い．同様に，エニス（Ennis, 1987）では，批判的思考態度の中に「可能な解決策を判断する基準を選択すること」や「実施状況をモニタリングすること」が含まれている．また，ハルパーン（Halpern, 1996）の批判的思考プロセスモデルにおいても，状況から批判的思考の必要性を判断したり，批判的思考スキルを選択したり，望ましい結果が得られているかモニタリングする機能としてメタ認知が位置づけられている．

「メタ認知と教育」の節において，メタ認知が正確でない場合があること，その場合メタ認知的コントロールに影響を及ぼすことについて述べたが，これは批判的思考においても当てはまる．たとえば，陪審員であるという状況を批判的思考が求められる状況として認識できなければ，学校教育において批判的思考スキルの学習をしていたとしても，それらは適用されずに感情にまかせて意見を言ってしまうということが起こるだろう．また，陪審員として判断する上では，批判的思考スキルのうち「信頼できる情報源を使う」ことだけでなく，「根拠や代替案を探す」などの複数のスキルを並行して適用する必要があるにもかかわらず，モニタリングが十分機能しなければ，単一のスキルの適用で判断を完了してしまいかねない．

スタノヴィッチ（Stanovich, 2005）は，このようにアルゴリズムレベルは十分認知活動が行われているにもかかわらず意図レベルでの認知活動が不十分であるために，日常生活で愚かな行為をしてしまうことを「賢いのに愚かパラドックス」と呼んでいる．批判的思考において，その位置づけは研究者によって異なるもののメタ認知が重視するモデルが多く提唱されているのは，「分析，議論，推論」といったアルゴリズムレベルの認知活動をどのように使うのかメ

タ認知的に考えながら行うことも含めて批判的思考だと考えられているからだと思われる。批判的思考とメタ認知の関連については，理論的関連づけは進んできているが，実証実験に裏づけされたモデル構築は今後の課題である（第16章参照）。

◆5．まとめ

批判的思考に対する複数の教育アプローチの背景には，批判的思考の領域固有性に対する立場の違いが存在する。生徒や学生が学校教育を終えた後も，生涯にわたって批判的に考えられるように教育するためには，既存の領域で学習したことを新たに出会う領域に適用することが求められる。メタ認知は，批判的思考スキルをいつ，どのように，なぜ使うのか判断するために必要な思考であり，批判的思考にとって欠かせない機能である。

■Further Reading
楠見 孝・子安 増生・道田 泰司（編）(2011). 批判的思考力を育む―学士力と社会人基礎力の基盤形成　有斐閣
Perfect, T. J., & Schwartz, B. L. (2002). *Applied metacognition*. Cambridge, UK: Cambridge University Press.
Stanovich, K. E. (2005). *The robot's rebellion: Finding meaning in the age of Darwin*. Chicago, IL: The Chicago University Press. （キース・E・スタノヴィッチ　椋田直子（訳）(2008). 心は遺伝子の論理で決まるのか―二重過程モデルでみるヒトの合理性　みすず書房）

■文　献
Dean, D., & Kuhn, D. (2003). *Metacognition and critical thinking*. New York: Teachers College, Colombia University (ERIC Document Reproduction Service No. ED 477930).
Ennis, R. H. (1987). A taxonomy of critical thinking dispositions and abilities. In J. B. Baron & R. J. Sternberg (Eds.), *Teaching thinking skills* (pp. 9-26). New York: W. H. Freeman.
Ennis, R. (1989). Critical thinking and subject specificity: Clarification and needed

research. *Educational Researcher, 18*(3), 4-10.
Facione, P. A. (1990). *Critical thinking: A statement of expert of consensus for purposes of educational assessment and instruction.* American Philosohical Association (ERIC Document Reproduction Service No. ED315423).
Facione, P. (1992). *The California critical thinking skills.* Millbrae, CA: California Academic Press.
Flavell, J. H. (1976). Metacognitive aspects of problem solving. In L. B. Resnick (Ed.), *The nature of intelligence* (pp. 231-236). Hillsdale, NJ: Erlbaum.
Giancarlo, C., & Facione, P. (2001). A look across four years at the disposition toward critical thinking among undergraduate students. *The Journal of General Education, 50*(1), 29-55.
Hacker, D., Bol, L., Horgan, D. D., & Rakow, E. A. (2000). Test prediction and performance in a classroom context. *Journal of Educational Psychology, 92*, 160-170.
Halpern, D. F. (1996). *Thought and knowledge: An introduction to critical thinking* (4th ed.). Mahwah, NJ: Lawrence Erlbaum Associates.
平山 るみ・楠見 孝（2011）．批判的思考の測定―どのように測定し評価できるか　楠見 孝・子安 増生・道田 泰司（編）　批判的思考力を育む―学士力と社会人基礎力の基盤形成（pp. 110-138）　有斐閣
Kuhn, D. (2001). How do people know? *Psychological Science, 12*(1), 1-8.
Leal, L. (1987). Investigation of the relation between metamemory and university students' examination performance. *Journal of Educational Psychology, 79*(1), 35-40.
McPeck, J. E. (1981). *Critical thinking and education.* Oxford, UK: Martin Robertson.
Metcalfe, J., & Finn, B. (2008). Evidence that judgments of learning are causally related to study choice. *Psychonomic Bulletin & Review, 15*(1), 174-179.
道田 泰司．（2003）．批判的思考概念の多様性と根底イメージ　心理学評論, *46*(4), 617-639.
Stanovich, K. E. (2005). *The robot's rebellion: Finding meaning in the age of Darwin.* Chicago, IL: The Chicago University Press.
田中 優子・楠見 孝（2011）．批判的思考の抑制―なぜ発揮されないか　楠見 孝・子安 増生・道田 泰司（編）　批判的思考力を育む―学士力と社会人基礎力の基盤形成（pp. 87-109）　有斐閣

コラム6　日本人の心理
エマニュエル・マナロ

　日本人の心理的特徴について，私たちが過去10年間にわたって取り組んできた教育心理学的研究の知見に基づき，特に大学生の学習意欲と批判的思考（第6章参照）に関連する心理学的な特徴に着目して以下に述べたい（文献は巻末参照）。

　悪いニュースから述べることとしよう。日本人の学生（少なくとも日本で学んでいる学生）は，高いレベルの「無気力」状態にある。すなわち，日本人の学生は，行動と自分が成し遂げた結果の随伴性にあまり気がつかない傾向にある。このことは，一般的に多くの日本の大学生の特徴として考えられている学習意欲の低さ―ときに「学生無気力症」と呼ばれるもの―をうまく説明するだろう。

　日本の大学生は，大学入学のためにきわめて熱心に勉強するが，一度大学に入ると，すべてとは言えないにしても多くのの学生が学習意欲を失ってしまうように見える。日本の教育環境は，この状況に大きく寄与している。日本の子どもたちは，非常に幼い頃から「受験地獄」に追い込まれるため，遊ぶ時間が比較的少ない。そして大学に入ったとき，大多数の日本の学生は，もう必死で勉強する必要がないことに気がつき，勉学の意欲を失うのである。多くの場合，学生がいかに成績不振であっても，大学は学生の在籍の維持と卒業に全力を尽くすためである。

　学習意欲に関する良いニュースとして，私たちは，日本の大学生が自己改善と知識獲得において，海外の学生と同じレベルの意欲をもつことを見出した。このことは，日本の学生が，学習行動に問題を抱えているにもかかわらず，なお自分自身を改善し，より多くを学ぶことに熱心であることを意味している。

　私たちはまた，批判的思考の使用においても，日本の学生と海外の学生の間に違いがないことを見出している。日本の学生は，海外の学生と同程度に批判的思考を用いることを報告した。しかし，欧米の学生が，自分自身の目標達成に向けた迅速な行動をとるために批判的に思考する傾向にあるのに対し，日本の学生は，代案について注意深く検討したり，自分自身の過去のパフォーマンスを評価したりするために批判的思考を用いる傾向にある。

　日本の学生と海外の学生の批判的思考に違いがないとはいえ，別の重要な知見も明らかになっている。第二外国語の熟達度が，第二外国語を用いた批判的思考の能力に影響しうることである。たとえば英語の熟達度が低い場合，英語そのものが脳において思考のリソース（処理資源）の大半を使用することになり，批判的思考を含む他の活動のためのリソースが残らないのである。近年ますますグローバル化しつつある教育・職場環境のことを考えるとき，日本の学生にとって，英語の熟達度をより効果的に高めていくことがきわめて重要であると考える。

7 知能と創造性

西垣　順子

◆1．はじめに

　知能も創造性も一般に重要視されることがらであるが，いずれも捉えにくい概念である。現代社会における労働の多くは高い知的能力を要求するが，実際に必要なことがらは状況によって異なる。創造性も同様で，それが称えられることもあれば，「変な人だ」「調和を乱す」などと疎まれることもある。本章では知能と創造性についての心理学研究の歴史を振り返りつつ，教育認知心理学研究の未来を展望したいと思う。

◆2．「頭の良さ」をどう理解するか：知能をめぐる研究

(1) 知能検査の誕生

　18〜19世紀における自然科学の発達に影響を受け，心理学が哲学から分化して成立する[1]頃になると，「頭の良さ」である知性や知能を科学的に探究する試みが始まった。たとえばゴルトン（Galton, F.）は感覚の閾値の個人差に注目し，それを測定するテストを開発した。だがそのテストは期待された予測力を示さず，頭の良さを感覚への敏感さで説明することの妥当性は否定されるが，彼らの研究は，知能を科学的に捉えようとした最初の一歩として評価される。

　現在使われている知能検査の基盤を築いたのは，ビネー（Binet, A.）とシモン（Simon, Th.）が1905年にフランスで開発した「知的水準の診断法」，現在は一般にビネーテストやビネー式知能検査などと呼ばれるものである。

---

[1] ヴント（Wundt, W.）がライプツィヒ大学に心理学実験室を開設した1879年を起点とすることが多い。

1882年に初等教育を義務化したフランスでは，学業についていけない「異常児」への対応が問題になっていた。1904年に文部科学大臣が「異常児教育の利点を確実なものとするための方策を研究するという任務を負った（Binet & Simon, 1905/1982, p. 4)」委員会を作り，その委員になったビネーは，知的障害のある児童を適切に診断し，教育方法を改善して問題の深刻化を防ごうとした。

ビネーは「ちゃんと判断すること，よく理解すること，よく推理すること，これらが知能の本質的活動なのである（Binet & Simon, 1905b/1982, p. 55)」として，感覚や知覚ではなく，より複雑な認知過程を評価する検査を開発した。具体的には，「あなたの耳はどこ？」といった質問に対する反応を見たり，紙上に描かれた2本の棒の長さを比較させたりする課題を用意し，それらが難易度に沿って配列された個別面接によるテストを作成した。そしてそれを障害のない多くの子どもたちに実施し，何歳でどの課題に正答するかを調査して，「精神年齢（mental age)」を測定できるようにした（ただし「精神年齢」という言葉を用いたのは次項で述べるシュテルンである）。

ビネーの知能検査の意義と限界を，中村（2013）は次のように論じている。「今8歳だ」ということは，「来年は9歳になる」ことを含意するが，ビネーが児童の知的水準を年齢で表記することにしたのは，子どもたちが未来に向けて発達することを見通してのことであった。しかし，その未来に向けての発達と教育方法の理論を完成させることはかなわず[2]，1911年に彼はこの世を去った。

(2) 知能テストの変遷

実年齢が同じ子どもでも，ビネーテストで測定される精神年齢は各自で異なる。この点をどう理解するかについて，1912年にシュテルン（Stern, W.）が精神年齢と実年齢の比率に注目するという考え方を発表した。それを1916年にターマン（Terman, L. M.）がアメリカで，スタンフォード・ビネー検査を開発した際にIQ（知能指数）(intelligence quotient) と呼ぶようになった。

---

[2] ビネーの弟子であり共同研究者であったシモンのところで働いていたジャン・ピアジェ（Piaget, J.）が，発生的認識論を構築して現在の発達心理学の基盤を築くことになるのだが，知能検査の開発から発達研究へと進む流れについては，第16章などを参照されたい。

IQという概念は本来的に，ビネーが当初想定していたはずの「未来に向けての子どもの発達」という視点を薄め，知能の個人差を示すものである。そしてこの方向性は，1939年にウェクスラー（Wechsler, D.）が新たな知能検査を開発し，偏差知能指数が用いられるようになることで決定的になった。ウェクスラー式知能検査[3]は，成績が年齢ごとに平均100，標準偏差15の正規分布になるような標準化手続きを経て作成された知能検査であり，検査結果は知能の個人差を記述するものとして位置づいている。

　他方でウェクスラー式知能検査は，言語性IQと動作性IQを区別して知能の多面性を扱うという新しい特徴を有していた。知能が複数の要素から構成されると考え[4]，かつ個別検査法で丁寧な診断を行うことにより，子どもたちの多様な個性を示すことができるようになった。そして個人差のみではなく個人内差を把握できるようになり，一人ひとりの個性を尊重して配慮した教育の実施へと道を拓いた。実際のところ，改良が重ねられて現在はWISC-Ⅳとなっているウェクスラー式知能検査は「世界最強の知能検査」（上野，2011）として，学習障害のある児童生徒の診断と教育などの場面で欠かせないものとなっている。

　なお，WISC-Ⅳは次の2つの点において大幅な改訂となった。1つは理論的基盤としてCHC（Cattell-Horn-Carroll）理論と呼ばれる知能の理論を積極的に採用していることであり，もう1つは，言語性IQと動作性IQという2つの得点を算出することをやめ，全般的な知的発達水準を表すFSIQ（Full Scale IQ）と，VCI（言語理解指標）・PRI（知覚推理指標）・WMI（ワーキングメモリ指標）・PSI（処理速度指標）の4指標の，合わせて5つの合成得点をもとに個人

---

(3) 成人用のWAIS（Wechsler Adult Intelligence Scale），児童用のWISC（Wechsler Intelligence Scale for Children），幼児用のWPPSI（Wechsler Preschool and Primary Scale for Intelligence）がある。
(4) ウェクスラーは「知能を機械的に定義すれば，自分の環境に対して，目的的に行動し，合理的に思考し，効果的に処理する個々の能力の集合的または全体的な（aggregate and global capacity）ものである。集合的または全体的なものであるという理由は完全に独立しているのではないが，質的に異なるいくつかの要素または能力によって構成されているからである（Wechsler, 1958/1972, p. 9）」と述べており，1つの知能がいくつかの要素から構成されるという立場であるところが，「複数の知能が存在する」と主張する後述のガードナーらとは異なっている。

の知能を評価するという方法を採用したことである[5]。

(3) 知能の多重性

20世紀における統計法や計算機技術の進歩にも支えられ、知能テストは改良が重ねられて発展してきた。また第1次世界大戦中に米国で大量の兵士を採用する必要が生じ、兵士として必要な知的能力を効率的に診断する方法が求められたことも、知能テストの開発と改良を後押しした。

一方で「知能とは何か」に関する議論の深まりは、多くの人を納得させるものでは必ずしもなく、その状況を反映した「知能は知能テストが測定するもののことだ (Intelligence as the tests test it)」という1923年にボーリング (Boring, E. G.) が述べた有名な言葉がある (Gardner, 1999/2001)。入学許可や採用など、人を選抜し評価する場面が社会の中にはあり、そういう場面で知能テストは一定程度以上の有用性を発揮してきた。その一方で、基本的には学業に関わる能力を中心に測定してきた知能検査が、本当に個人の頭の良さを測定しているのかという疑問は、比較的広く共有されてもいたと言えるだろう。

このような中、より幅広い領域にわたる能力を知能の概念に加えて検討しようという動きが起こり始めた。代表的なものとして、ガードナー (Gardner, H.) の多重知能理論 (theory of multiple intelligences) とスタンバーグ (Sternberg, R. J.) の知能の鼎立理論 (triarchic theory of intelligence) をあげることができる。

ガードナーは、人間は比較的相互に独立な複数の知能を有していると考えた。彼は知能の存在を同定するための8つの基準[6]を設定し、最初に7つの知能（言語的知能、論理-数学的知能、音楽的知能、身体運動的知能、空間的知能、対人的知能、内省的知能）の存在を提唱し、後に博物的知能を加えて8つの知

---

(5) 詳細は上野 (2011)、繁桝・リー (2013)、三好・服部 (2010)、松田 (2013)、上野ら (2015) などを参照。

(6) 脳損傷によって当該能力が固有に障害されること、進化的妥当性があること、1つ以上の中核的操作があること、独自のシンボル体系を有していること、当該能力に特に熟達している状態があること、サヴァンや天才児などの特殊な人々が存在すること、実験心理学的課題からの支持があること、精神測定学の知見からの支持があること、の8つの基準である。詳しくはガードナーの著書の他、子安 (1997a, b) などを参照。

能が存在すると主張している（Gardner, 1999/2001; 1993/2003; Gardner, 2006）。そして従来の知能検査は言語的知能，論理 - 数学的知能，空間的知能の3知能の一部を測定しているに過ぎないとする。ガードナーによると，8つの知能の高低を組み合わせたプロフィールを描くことで十人十色の知能の個性が記述できる。なお彼は，知能は個々人が生活や学習，労働において示すパフォーマンスに現れるものと考え，知能検査のような脱文脈化された方法を使うことにはきわめて慎重である[7]。

スタンバーグもまた，従来の知能テストが測定していたのは知能の一部に過ぎないとし，知能は分析的知能（問題を捉え様々な思考の質を測る），創造的知能（問題を提起し思考を形成する），実践的知能（思考とそれに対する分析を日常生活において効果的に活用する）の側面から成り，これらの3側面が調和し，環境とのバランスがとれているときにもっとも優れた効果を発揮すると主張している（Sternberg, 1996/1998）。

スタンバーグによる研究のウィングは，認知スタイル（Sternberg, 1997/2001）や後述の創造性などに幅広く広がっている。他方のガードナーは，「知能であるものとそうでないもの」を厳密に区分した議論をし，創造性や道徳性は知能とは別のものと考える。たとえば対人的知能の高さは，他者を思いやるという方向にも，欺いたり不当に支配したりするという方向にも機能する。それに対してスタンバーグは知能を，個人や社会にとってより価値あるものを生み出す力，個人がより良く生きる力として広く価値的に捉えているように思われる。

◆3．創造的であることの意味と意義

(1) 創造性と知能

創造性や創造性教育を長年研究してきた弓野によれば，創造的なことが高く

---

(7) なお，ガードナーの理論は彼の著書がいくつか日本語に翻訳されている他，子安（1999a, 1999b），松村（2008），永江（2008）らによって紹介されている。またガードナーが最初に提唱した7つの知能の相互関係を検討したヘプタ＝ヘクサゴン・モデル（子安，1999a, 1999b）やオクタゴンモデル（永江，2008）もある。

評価される文化の米国においてさえ，創造性が科学的に研究されるようになったのは知能に比べると新しく，1950年にギルフォード（Guilford, J. P.）がアメリカ心理学会会長に就任した際に行った講演がきっかけであった。ギルフォードは第2次世界大戦中に緊急事態に臨機応変に対応できるパイロットを弁別するテストの開発を要請され，収束的ではなく拡散的な思考が深く関わる創造性について研究していた。戦後の東西冷戦期における米ソの軍備競争もまた，米国における創造性研究への予算投入を促し，研究が拡大するきっかけとなった（弓野，2005b）。

そのような中でトーランス（Torrance, E. P.）は，トーランス創造的思考検査（Torrance Test of Creative Thinking）という創造性の測定テストを開発した。このテストは，線や図形が描かれた紙を被検査者に示して，その図形を使って自由に絵を完成させるといった課題から構成されており（Torrance, 1962/1966），現在でも広く使用されている。また1970年代に入って認知心理学が隆盛になると，慣れ親しんだ方法では解決できない問題に取り組む創造的問題解決の研究もさかんになり（鈴木，2010），それらの研究においても様々な測定課題が使われている。一方で，創造性検査や実験室実験で使われる課題に応答することと実際に何かを創造することとの間には，溝があることも指摘されている（岡田・横地，2010）。

いわゆる「知能の高さ」と創造性の高さは同じではないということは，一般的に広く認識されていることだろう。だからこそ，知能研究とは別に創造性の研究が求められたとも言える。

知能の項でも登場したスタンバーグは，創造的な人とは「アイデアを安く買って高く売る」ことができる人だと表現している（Sternberg, 2010）。彼によれば，多くの人が見過ごすような小さなアイデアの潜在的可能性を見抜き，付加価値を付けて世間に示すことが創造的活動の基本である。それができるためには，高い知的能力，豊富な知識，熟考型の思考スタイル，創造的パーソナリティ（困難や危険に挑戦しようとする傾向，曖昧さに耐える傾向，高い自己効力感などを含む），高い内発的動機，新しいアイデアの創出を歓迎する環境の6つがそろう必要があるとしている。また知能の鼎立理論では，創造的知能が知能の1つの側面として含みこまれている一方で，現実社会における創造的問

題解決に際しては，状況を適切に理解する分析的知能と解決策を実行に移す実践的知能が，創造的知能とバランスよく機能する必要があり，創造的知能だけで創造性が実現するとは考えない。

他方のガードナーは，多少なりとも新奇なことを考えたり作り出したりすることと，社会から価値を高く評価される創造活動（または創造者と創造物）を区別し，前者は知能が関与する領域であるのに対して，後者は知能のみでは実現しないとしている。そのうえで，「創造性」が知能のような個人特性として各個人に内在するという考えをとらず，創造的な作品が作り出されて社会に受け入れられ，社会を変化させるような影響を与えたかどうかをもって「創造性」を捉えるという立場をとっている（Gardner, 1999/2001）。

(2) 創造性の発達と教育

創造性が豊かに発達するためには，現実世界に関する豊富な知識と経験が欠かせない。他方で，発達心理学や教育心理学の諸研究ではほぼ否定されているが，年少の子どもの純朴な空想力を賛美して，創造性に関わる教育を否定する意見を耳にすることも少なくない。

上述のトーランスによる創造性テストの得点は年齢とともに高くなるわけではなく，学校間移行などの環境変化が大きい時期を中心に，ところどころの年齢で低下することが報告されている（Torrance, 1962/1966）。また，子どもの芸術的創造について精力的に研究したヴィゴツキー（Vygotsky, L. S.）は，青少年や大人が体験する「創造の苦しみ」について，空想は苦しみを伴わないが，創造は現実との循環（現実から出発し現実に働きかけて現実になろうとする）であるためにその要求と可能性のギャップが生じやすく，苦しみを伴うのだと主張している（Vygotsky, 1930/2002）。そのためもあり，創造性は一般に「自分は過去よりも創造性が高くなった」という実感をもたれにくいと考えられる。それが「子どもは大人より自由に想像力や創造力を発揮している」という誤解を呼びやすいのかもしれない。

創造性の育成をめざした教育実践は多様にあるが，創造の基盤となる実際の体験を豊かにすること，学習者が考えること，表現することなどが取り入れられている（弓野，2005a）。さらに，創造が苦痛を伴う活動であることを考慮す

ると，児童生徒が創造活動を続けていくように励まし，見守るような環境づくりも重要になるだろう。

必要は発明の母と言われるが，問題解決が急がれる状況が創造を促すことは確かにある。一方で，ある時期までに特定の水準のものを作り上げることを強請する環境のみで，創造性が十分に育つとも考えにくい。創造性の育成には，教育する側があらかじめ想定する以上の自由度が要求される。この点に関連して，現代社会において子どもの「時間，空間，仲間」の三間が減少していることを創造性の源の消失として懸念する指摘（田中，2015）が，学生相談研究の領域からもあがっていることには，留意しておく必要があると思われる。

◆4．21世紀を創る教育認知心理学となるために

(1) 21世紀という時代の特徴

本章の冒頭で，知能も創造性も重要視されていると簡単に述べてしまったが，このことは実は複雑な意味をもっている。現代社会または21世紀という時代をどのような時代と認識するかによって，知能と創造性に関する全く異なる研究の方向性が導き出されるからである。

21世紀は，グローバル化と低成長という特徴をもつ。グローバル化によって，企業などの営利活動や大学などの教育活動などが国境を越えて行われるようになると，結果的に国民国家の位置づけが変化する。また，異なる文化的背景をもつ人々どうしの距離が縮まることで，様々なコンフリクトが生じやすくなる。低成長は地球上に新しく開拓できる土地や資源が残りわずかになることによって必然的に生じる現象であり（高成長を維持するためには，環境破壊や戦争，搾取などの「無理」をしないといけない），資本主義社会がいずれは直面しなければならない問題として以前から指摘されていた。低成長時代になると高成長時代に機能していた社会システムなどが機能しなくなり，それが社会の不安を増大させ，政治的対立を激化させる（大西，2014）。

このような社会を「競争社会を生き抜く強い個人を育てるのが教育の使命である社会」と捉えるか，「多様性を相互に尊重しつつ連帯し，民主主義を深化させるための努力がより一層，教育に求められる社会」と捉えるかによって，

教育認知心理学の研究がどこへ向かうかは異なってくるだろう。筆者自身は後者の認識をもっているので，次項はその立場から論じることとする。

(2) 平和の文化を創造するために

平和心理学という，直接的暴力と構造的暴力（暴力を容認する社会制度など），文化的暴力（暴力を容認する世界観など）を予防，緩和させ，構造的平和と文化的平和へと転換していくための実践と理論構築をめざす学問がある。杉田・いとう（2014）は，構造的暴力を構造的平和へと転換していくうえでの創造性の役割に注目している。知能も同様に重要な役割を果たしうるだろう。

平和心理学において重視されているのは，暴力の文化を克服して平和の文化を構築するという目標との関係で，知能と創造性の研究のあり方を考えていくことである。知能についての研究成果である知能検査が，障害のある子どもたちのための療育や教育に活かされる一方で，戦争にも利用されてきたのは歴史的事実である。創造性研究の歴史も，戦争と切り離すことができない。残念ながらおそらくこれからも，同様の状況は存在し続けるだろう[8]。心理学は高度な測定法や分析法，さらには介入法をもっているため，様々な目的を追求する勢力から重宝される傾向がある。

教育認知心理学は科学的な学問として，偏りのない姿勢でデータを収集して分析する冷静な態度を崩してはならない。他方で，教育に関するあらゆる営みは，政治的な営みになることを免れることもできない[9]。「教育は各種の政治的主張から中立であるべき」という意見は一般的によく言われることだが，たとえば「一切の政治的意見を表明しない」などの方法で「中立的態度」を取ることは，実際には支配的な政治的意見に同調することになる。教育に関わる以上は「中立でいること」は不可能なのである。このようなことを深く自覚した

---

(8) 2015年には，「安全保障技術研究推進制度」が新設され，大学などが行う研究で防衛装備品への適用面から有望な研究を育成するファンディング制度が日本で始まった。対象となるのは民事利用も可能な技術（デュアル・ユース）であるが，軍事にも使われると知りながら軍事・防衛関係機関からの研究費を取得して研究開発を行うことは，教育機関である大学でなされることとして不適切であり，また科学者としての社会的責任にももとると池内（2015a，2015b）などは批判している。

(9) 教育と政治性の問題については，フレイレ（Freire, 1970/1979；1992/2001）などを参照。

研究姿勢と研究倫理が，21世紀においてすべての人の幸福を追求していくために，求められていると言えるだろう。

■**Further Reading** ─────────────────────────
Gardner, H.(1999). *Intelligence reframed: Multiple intelligence for the 21st century.* New York: Basic Books.（ガードナー，H. 松村 暢隆（訳）(2001). MI：個性を生かす多重知能の理論　新曜社）

ヴィゴツキー L. S.（著）(1930). 広瀬 信雄（訳）福井 研介（注釈）(2002). 新訳　子どもの想像力と創造　新読書社

■**文　献** ─────────────────────────
Binet, A., & Simon, T. (1905). Sur la nécessite d'établir un diagnostic scientifique des états inférieurs de l'intelligence. *L'Annee Psychologique, 11*, 163-190. （ビネー, A. & シモン，T. 中野 善達・大沢 正子（訳）(1982). 知的遅滞を科学的に診断する必要性　知能の発達と評価―知能検査の誕生（pp. 4-45）　福村出版）

Freire, P. (1970). *Pedagogia do oprimido.* Sao Paulo: Brazil, Paz e Terra. （フレイレ, P. 小沢 有作・楠原 彰・柿沼 秀雄・伊藤 周（訳）(1979). 被抑圧者の教育学　亜紀書房）

Freire, P. (1992). *Pedagogia da esperança.* Sao Paulo, Brazil: Paz e Terra. （フレイレ, P. 里見 実（訳）(2001). 希望の教育学　太郎次郎社）

Gardner, H. (1993). *Multiple intelligences: The theory in practice.* New York: Basic Books. （ガードナー，H. 黒上 晴夫（監訳）　中川 好幸・中原 淳・西森 年寿・一色 裕里（訳）(2003). 多元的知能の世界―MI理論の活用と可能性　日本文教出版）

Gardner, H. (1999). *Intelligence reframed: Multiple intelligence for the 21st century.* New York: Basic Books. （ガードナー，H. 松村 暢隆（訳）(2001). MI：個性を生かす多重知能の理論　新曜社）

Gardner, H. (2006). *The development and education of the mind.* Abingdon, UK: Routledge.

池内 了（2015a）．科学と社会をめぐる問題　現代社会と大学評価，*11*，69-88．

池内 了（2015b）．加速される軍学共同　世界，*867*，180-187．

子安 増生（1999a）．幼児期の他者理解の発達―心のモジュール説による心理学的検討　京都大学学術出版会

子安 増生（1999b）．子どもが心を理解するとき　金子書房

松田 修（2013）．日本版 WISC-IVの理解と活用　日本教育心理学年報，*52*，238-243．

松村 暢隆（2008）．本当の「才能」を見つけて育てよう―子どもをダメにする英才教育

ミネルヴァ書房
三好 一英・服部 環 (2010). 海外における知能研究と CHC 理論 つくば心理学研究, 40, 1-7.
永江 誠司 (2008). 教育と脳―多重知能を活かす教育心理学 北大路書房
中村 隆一 (2013). 発達の旅―人生最初の10年 旅支度編 クリエイツかもがわ
大西 広 (2014). 成長経済下の政権交代と右傾化―アベノミクスへの対抗軸 碓井 敏正・大西 広 (編) 成長国家から成熟社会へ―福祉国家論を超えて (pp. 27-48) 家伝社
岡田 猛・横地 早和子 (2010). 科学と芸術における創造 楠見 孝 (編) 思考と言語―現代の認知心理学 3 (pp. 161-188) 北大路書房
繁桝 算男・ショーン・リー (2013). CHC 理論と日本版 WISC-IVの因子構造―標準化データによる認知構造の統計学的分析―日本版 WISC-IVテクニカルレポート 8 日本文化科学社
Sternberg, R. (1996). *Successful intelligence: How practical and creative intelligence determine success in life.* New York: Plume. (スタンバーグ, R. 小此木 啓吾・遠藤 公美恵 (訳) (1998). 知脳革命―ストレスを超え実りある人生へ 潮出版社)
Sternberg, R. J. (1997). *Thinking styles.* Cambridge, UK: Cambridge University Press. (スタンバーグ, R. J. 松村 暢隆・比留間 太白 (訳) (2001). 思考スタイル―能力を生かすもの 新曜社)
Sternberg, R. J. (2010). The nature of creativity. *Creativity Research Journal, 18,* 87-98.
杉田 明宏・いとう たけひこ (2014). 平和心理学の理論 心理科学研究会 (編) 平和を創る心理学 [第2版] ―私とあなたと世界ぜんたいの幸福を求めて (pp. 1-22) ナカニシヤ出版
鈴木 宏昭 (2010). 問題解決 楠見 孝 (編) 思考と言語―現代の認知心理学 3 (pp. 30-58) 北大路書房
田中 健夫 (2015). 否定をくぐり, 経験する自分をつくる 窪内 節子・設楽 友崇・高橋 寛子・田中 健夫 (編) 学生相談から切り開く大学教育実践―学生の主体性をはぐくむ (pp. 65-82) 学苑社
Torrance, E. P. (1962). *Guiding creative talent.* Englewood Cliffs, NJ: Prentice-Hall. (トーランス, E. P. 佐藤三郎 (訳) (1966). 創造性の教育 誠信書房)
上野 一彦 (2011). 日本版 WISC-IVの改訂経緯と特徴 日本版 WISC-IVテクニカルレポート 1 日本文化科学社
上野 一彦・松田 修・小林 玄・木下 智子 (2015). 日本版 WISC-IVによる発達障害のアセスメント―代表的な指標パターンの解釈と事例紹介 日本文化科学社
弓野 憲一 (2005a). 世界の創造性教育 ナカニシヤ出版
弓野 憲一 (2005b). 創造性教育研究についての短い歴史 弓野 憲一 (編著) 世界の創造性教育 (pp. 73-77) ナカニシヤ出版
ヴィゴツキー, L. S. (著) (1930). 広瀬 信雄 (訳) 福井 研介 (注) (2002). 新訳 子

どもの想像力と創造　新読書社

Wechsler, D. (1958). *The measurement and appraisal of adult intelligence.* Baltimore, MD: Williams & Wilkins Company.（ウェクスラー，D. 茂木 茂八・安富 利光・福原 真知子（訳）(1972). 成人知能の測定と評価―知能の本質と診断　日本文化科学社）

コラム7　青年の創造性

中間　玲子

　明治20年，徳富蘇峰（猪一郎）は，新時代を切り拓く進取の気性に富む者を「青年」と呼んだ。過去の因襲にとらわれず先行世代におもねらない者。柔軟な発想をもち，まだ見ぬものを表象しそれに向かうことができる者（徳富，1887）。蘇峰の時代に限らず，社会は，青年をそのような創造性をもつ者とみなし，期待する傾向がある。子どもと大人の間に置かれる青年は，子どものもつ柔軟な思考と大人のもつ論理的な抽象的思考とを兼ね備えることができ，しかも社会的責任から相対的に自由な立場にあるため，創造性を発揮し，社会を変える力をもつと。

　だが青年は，その生活において創造性を阻害する様々な事態に直面する。児童期から青年期になるにつれ，彼らに対する社会化の圧力は強くなる。それによって自由な発想よりも社会に適応しうる発想に価値がおかれるようになる。自分の発想が適切であるかを気にしたり評価的観点から思考したりするようにもなる。また，青年は大人への同調を拒むことはできても，仲間関係での同調圧力から自由であることは難しい。独自であることよりも同調的であること，社会に適合的であることを求められることで，独自の発想や多様な考えを生み出す力は低下してしまう（Sheldon, 1999; Runco, 2007）。大規模サンプルによる創造性テスト（TTCT–Figural）の5得点と年齢との関係からは，テストで測定される5得点中3得点（発想，独創性，思考の粘り強さ）のピークは児童期にあり，青年期ではむしろ低いことが示された（Kim, 2011）。

　創造性の伸長や発現には，社会がそれをどう価値づけているのかが大きく影響する（Bender et al., 2013）。青年が周囲からの逸脱を恐れて創造性を低下させるといった上記の事態が生じるのは，彼らが自由な発想よりも既存社会の価値観に適合する発想が価値あることだと学んだからだ。創造性の高さは，時に，問題行動や不誠実さ，無責任さ，攻撃性など，反社会的な特性を伴うものとして（Cropley et al., 2008），あるいは精神病理的な特徴として（Furnham, 2015）議論される。創造的であるよりもみなと同じがいい。社会に受け入れられるため，仲間を得るため，青年は創造性を放棄するのだ。あるいは創造的な自分に苦しむのだ。

　だが近年，創造性を促進する教育プログラムが各国で開発され広がりつつある（Bronson & Merryman, 2010）。職業生活で有益となる創造性の質的多様性も議論されはじめている（Kerr & McKay, 2013）。創造的であることが社会でどのような意味をもつかが変わることで，青年の創造性の様相は変化するだろう。それはいかなる未来をつくるのだろう。創造性の議論は想像をかき立てる。

8

問題解決と意思決定

楠見　孝

◆1. はじめに

　私たちは，授業やテストでは，数学や英語の問題を解いたり，娯楽では，クイズを解いたり，ゲームで駒をどのように動かすかを考える。そして，人生においては，直面する問題（たとえば，友だちと仲直りをする）を解決し，就職や結婚を決めるときには，慎重に意思決定を行う。このように問題をうまく解決したり良い意思決定をすることは，短期的には快適な感情を引き起こす。そして，人は，良い問題解決や決定の積み重ねによって，人生の目標達成に一歩一歩近づき，それは，個人の幸福や，より良い社会の実現につながる。

　本章で取り上げる問題解決と意思決定は，思考（thinking）の構成要素である。思考とは，生得的反応による反射や習得的反応などではすぐに対処できない場面に，頭の中で情報の操作を行って解決を導くことである。人は，外部の環境（問題状況）を，感覚・知覚系を通して入力して，頭の中で操作できるように心的表象（問題表象）に変換する。心的表象には図8-1に示す3つのタイプ，(a) 実際の感覚・知覚に基づくイメージ的表象，(b) 外界の対象や問題の構成要素の関係・構造に基づくメンタルモデル，(c) 言語や数などのシンボル列に基づく命題的表象がある。さらに，他者との協同，外部の装置（紙やコンピュータなど）の利用をすることもある。そして，思考は，高度に進化したヒトの合理的，適応的な行動を支えている。

　そこで，本章では，第2節では問題解決，第3節では意思決定について述べ，最後により良い問題解決と意思決定のための批判的思考について取り上げる。

8　問題解決と意思決定

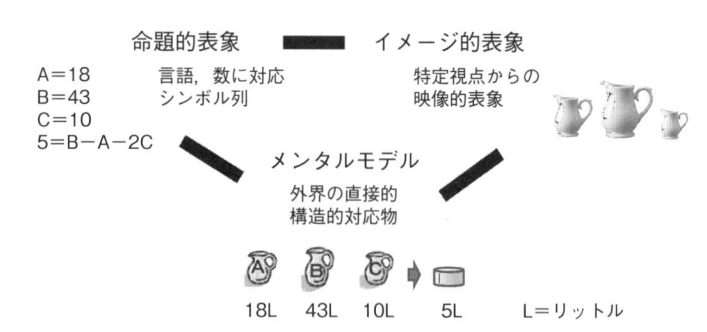

```
命題的表象            イメージ的表象
A=18     言語，数に対応      特定視点からの
B=43     シンボル列         映像的表象
C=10
5=B-A-2C
              メンタルモデル
              外界の直接的
              構造的対応物

              18L  43L  10L   5L    L=リットル
```

図8-1　思考を支える心的表象の3タイプ（図8-2の水差し問題4の例）

◆2．問題解決

　問題解決プロセスは，大きく4つに分かれる。①問題理解による問題表象（メンタルモデル）の形成，②プランニング，③実行，④実行や解が適切かどうかをモニターしたり，テストすることである。

　①の問題表象とは，人が，問題理解に基づいて次の4つの心的要素を表象したものである。すなわち，問題解決を，(a)初期状態（問題に直面した現在の事態）から(b)目標状態（問題が解決された事態）に，(c)操作子（オペレータ）によって状態を変換するための認知的処理として捉える。ここで(d)解決に至る道筋を制限する条件が制約である。たとえば，図8-2で示した水差し問題では(a)初期状態が，3つの水差しが並んだ状態であり，(b)目標状態は得る水の量である。(c)操作子（オペレータ）は，得る水の量にするために，水を汲んだり，捨てたりする操作である。(d)解決に至る道筋を制限する条件は，水差しを傾けて流して1/2の量にする操作はできないという制約である。このように問題における4要素が明確に定義された問題を良設定（定義）問題（well-defined problem），定義されていない問題を不良設定問題（ill-defined problem）と言う（Kahney, 1993）。たとえば，良い伴侶を見つける（目標状態）という問題は，利用可能な操作子，目標状態，制約が明確でない。人生の問題や社会的問題では，こうした不良定義問題が多く，解決には経験や背景知識が重要な役割を果たしている。類似した経験や背景知識を用いる問題解決にはアナロジーがある（コラム5参照）。

問題　A(29L)，B(3L)，C(6L) の3つの水差しを使って，指定された量の水を得ることが課題です。水はいくら汲んでもすくってもかまいません。答欄に，1(例)の通り，式で記入してください。読者の皆さんは，③の順序で回答してください。

グループ①②③ 問題	A 	B 	C 	得る水の量	答
③ 1(例)	29	3	/	20	A−3B
↓ 2	21	133	6	100	
② ↓ 3	14	163	25	99	
↓ ↓ 4	18	43	10	5	
① ↓ ↓ 5	20	59	4	31	
↓ ↓ ↓ 6	23	49	3	20	
↓ ↓ ↓ 7	18	48	4	22	

解説　③は，構え形成問題（B−A−2C）を4題解くため，判定問題（6と7）もB−A−2Cと解く。それぞれA−C, A+Cという柔軟な解法で解いた参加者は31名中1名。①は，すぐに判定問題（6と7）を解くため，それぞれA−C, A+Cと解く参加者が30人中13名。この問題は，仁平（2006）がもとの問題を教室デモンストレーション実験のために修正したもので，上記の正答率になったことを示している。

図8-2　ルーチンスの水差し問題（仁平，2006）

　問題解決における問題表象の別の捉え方としては，1で述べたメンタルモデル（mental model）がある。これは，外界の対象や状況（例：物の配置，人工物，組織），物理学や数学などの問題（例：電気回路），三段論法，談話などの構成要素の関係・構造を，心の中にモデルとして表現した心的表象である（第1章参照）。

　つぎに，問題表象（メンタルモデル）を構築した後は，その問題表象を用いて，心的操作や心的シミュレーションに基づく予測による②プランニングや③推論や問題解決を実行するプロセスについて説明する。ここでは，心理学の実験で用いられるパズル問題を，プロセスに基づいて3つに分類する。

　第一は，先に述べたように初期状態から目標状態への変換する変換型の問題である。図8-2の水差し問題やハノイの塔問題（大きさの異なる3つの円盤を1つずつ移動させ目標の形にする）は変換型である。

　第二は，構造（パタン，規則）発見型であり，系列完成，4項類推（アナロジー）がこれにあたる。たとえば，系列完成［ネズミ，イヌ，トラ，（　　）］では，大きさが増す規則を発見すれば，空欄に（ゾウ）は当てはまるが，（ネコ）は当てはまらないことがわかる。4項類推［教師：生徒：：母親：（　　）］では，「教師と生徒の関係は母親と子どもの関係に等しい」のように，［教師］

が［生徒］を育てる関係を［母親］に適用し，空欄には該当する（子ども）を発見する課題である。

　第三は，並べ替え型であり，既知の要素を並び替えるものである。たとえば，アナグラム（anagram）では，UAGRS を並び替えて SUGAR を発見する。

　以上の3つのタイプの問題は，いずれも4つの要素（初期 - 目標状態，操作子，制約）が明確な良設定問題である。

　人工知能に基づく問題解決の考え方では，①問題理解による問題表象（メンタルモデル）の形成においては，初期状態から目標状態までの変換可能なすべての状態を心的に表象した問題空間を構築し，②プランニングはその最短経路を探索するプロセスとして捉えることができる（この考え方をもとに，チェスや将棋ができるコンピュータプログラムが開発されている）。ここで，状態の数が少なければ，すべての経路を探索する悉皆方略がある。しかし，状態数が多い場合は，問題空間を構成して操作するのが難しくなる。そこで有効なヒューリスティック（発見的方法）の1つが，手段 - 目標分析である。

　手段 - 目標分析（means-end analysis）のプロセスは，①目標に到達するための手段を調べる，②手段を使うための状態を調べる，③②の状態を下位目標とする，④①に戻る——である。これは人工知能ではあらゆる問題を解くことができる一般的問題解決プログラム（general problem solver; GPS）において用いられている。これは，人生の問題解決にも使うことができる。たとえば，「留学する」が目標ならば，①そのための手段である「交換留学制度」を見つけ，②この手段を使うための状態「TOEFL の基準点」に自分は到達していないことを調べる。③基準点に到達することを下位目標として，④それに到達するための手段を調べることになる。

　また，問題解決においては，問題表象の再体制化に基づく洞察によって解が導かれることがある。これは連続的な問題解決（例：水差し問題）においては，構え（set）と呼ぶこれまで成功した方略を変更すること（図8-1ではB - A - 2C の解法），道具を使う問題解決においては，道具の本来の機能に基づく固着（機能的固着）から解放することなどによって起こる。たとえば，ペンチは針金を切る道具だという構えがあると，天井にぶら下がる2本の離れたひもを結びつける「2本のひも課題」で，ペンチを振り子のおもりとして使うことに

は気づきにくい。こうした問題解決において，問題の性質の深い理解やヒントによって，誤った前提（制約条件）を棄却したり，新たな手段を発見したりして，難問が突然，明快に解決されると感情的反応であるアハー体験を伴う。

　問題解決の①から④のプロセスを通して，メタ認知によって，実行のモニターと解のテストを行い，問題や文脈や状況に応じて，利用する情報・知識や規則，ヒューリスティックの選択をコントロールすることが重要である（コラム8参照）。

◆3．意思決定

　意思決定とは，選択肢群から最も良い選択を行うことを目標とする。意思決定は，個人的決定と集団決定の大きく2つに分かれる。個人的決定には，商品の選択や進路の決定などがあり，集団決定には，サークルのリーダーをみなで選んだり，会社の取締役会で経営方針を決めたりすることである。

(1) 意思決定のステップ

　意思決定は大きく6つの段階に分けることができる。

　①何について決定するかという課題を同定する（例：卒業後の就職先を決める）。

　②情報を収集する（例：就職先の情報を集める）。

　③選択肢を立てる。ここでは現実的な選択肢（例：志望する就職先）を網羅することが大切である。複数の選択肢を考えるためには，選択肢とそれぞれがもつ特徴を，紙に書きだして，比較をして，考え抜くことが大切である。

　④選択肢を検討し評価する。まず，判断のよりどころとなる規準を選ぶ必要がある。ここでは多面性が大事で，見かけに左右されないことも大切である。進路選択の規準には，自分自身の目的，関心や夢，就職先のもつ制約条件としての資格，専門などがある。ここでは決定によって起こる結果の確率や効用を評価する（例：就職できる可能性と就職できた場合の望ましさに基づいて総合評価を求めて，選択肢間の比較をする）。

　⑤選択肢から選択（決定）する。ここでは，期待効用（確率と効用の積）最

大化などの規則を用いる。仮の決定をして，何が足りないかを吟味することもある（たとえば，志望先を仮に決めて，情報が足りない場合には，さらに情報を集め，能力が足りない場合には，向上させるための方法を考え実行する）。

⑥本決定に基づく行動の計画，実行とその評価である。必要に応じて前のステップに戻ることも必要である。

(2) 良い決定の規準

良い決定をするためには，どのような決定が良いかを評価する必要がある。決定の評価規準には，以下のものがある。

第一は，(1)で述べた主観的期待効用最大化の規準である。たとえば，複数の商品から購入するものを決めるときには，商品の効用（主観的な望ましさ）を比較して，それが最大になるものを選ぶ。効用が不確実で，（主観的な）確率で表現できるときは，効用に（主観）確率をかけた（主観的な）期待効用を最大化することになる。たとえば，2つの宝くじのどちらかを選んだり，A社とB社のどちらに入社するかを決めたりするときである。

第二は，リスク最小化の規準である。損失の確率と損害の大きさが最も小さい選択肢を選ぶことである。これは，損失を避けたい場合や危険を避けたいという価値観をもつ人が，投資，経営，治療法の選択などにおいて用いる規準である。

第三は，満足化の規準である。これは，多数の選択肢が1つずつ出現するときに，その中から選ぶときにつかう規準である。これはあらかじめ適切な要求水準を設定し，その水準を上回る満足できる選択肢に出会ったときに，探索を停止して決定することである（Simon, 1957）。これは，いつ選ぶ活動をやめるかという停止問題と関わる。効用を最大化する選択肢を選ぶことが，時間や情報の制約からできない決定場面で有効である。たとえば，アパートの部屋を探すときに，1部屋ずつ選択肢であるアパートの部屋を見ていき，満足する部屋が見つかった時点で契約する状況である。同じことは，結婚相手（秘書）を見つけるまで，見合い（面接）を繰り返す状況にも当てはまる。

第四は，多重制約充足の規準である。意思決定においては，自由に選択肢から決定するというよりも，制約を満たすような決定をする必要がある。たとえ

ば，新学期に授業を選ぶときは，開講時間，必要単位，自分の関心などの制約を考慮に入れて決める。制約が多いときには，「決める」のではなくて，制約条件によって選択肢が狭まって自然に「決まる」こともある（Holyoak & Thagard, 1995）。

最後は，後悔最小化の規準である。後悔は，決定後に選んだ選択肢と選ばなかった選択肢を比較することによって生じるネガティヴな感情である。たとえば，転職の誘いを受けた場合，後悔がない決定をするように，転職（行動する）あるいは現状維持（行動しない）のどちらかをする場合が，これにあたる。

この規準は，決定場面において，どちらの選択肢（例：行動するかしないか）を選べば後悔しないか（後悔の予期）を心の中で思い描いて（シミュレーションして）判断する。そこで，(3)では後悔について詳しく述べる。

(3) 後　　悔

後悔とは，意思決定によって生じた悪い結果を，現実ではない良い状況（以前の状況や他の選択肢を選んだ状況）と対比する反実仮想（counterfactual thinking）によって生じるネガティヴな感情である（例：もしあのとき……だったら）。後悔には，自責感（self-blame）と，決定をやり直したいという欲求がある（Gilovich & Medvec, 1995；楠見，2011）。

後悔が生起しやすい意思決定場面は，選択肢が多いときである。ある選択肢を選ぶことによって，機会コスト（他の選択肢を選んでいれば得られたであろう機会を失うこと）が大きくなるためである。逆に，選択肢が1つのときは機会コストがないため，後悔は起きにくい。また，決定の変更が可能な状況（例：返金可能な商品）は，いつまでも機会コストについて考えるため，後悔が持続しやすい（Schwartz, 2004）。

後悔の区分としては，行動をした後悔と行動しなかった後悔がある。行動したこと（action）の後悔（例：あんなことをしなければよかった）は，恥，怒り，自己嫌悪を伴う熱い後悔である。一方，行動しなかったこと（inaction）の後悔（例：あのときしておけばよかった）は，感傷的で持続的な抑うつ気分をもたらす沈んだ後悔である。行動したときの後悔は，最近1週間を振り返るような短期的な経験において，よく思い出される。一方，行動しなかった後悔は，

人生を振り返るような場面において，よく思い出される（Gilovich & Medvec, 1995）。

　後悔のしやすさには個人差があり，意思決定のしかたの影響を受ける。たとえば，意思決定において，できるだけ多くの選択肢について，認知的・時間的コストをかけて比較を行い，次善では妥協せず，最善のものを選ぼうとするのが最大化追求者（maximizer）である。最大化追求者は選択が終わったあとも選ばなかった選択肢（機会コスト）についてあれこれ考え，選んだものに対しての評価や満足度が低くなるため，後悔することが多く，より一般的な生活満足度（life satisfaction）も低い。それに対して，自分なりの規準をもって，選択において，その規準を上回るまずまずの選択肢が見つかったら決定するのが満足化志向者（satisficer）である。満足化志向者の方が，選択肢が少なく，選択後は，そのよい点に焦点を当てるため，後悔することが少ない（Schwartz, 2004）。

(4) 意思決定のヒューリスティック

　意思決定を適切に行うためには，その基礎過程である判断（選択肢などの評価）を正確に行う必要がある。正確な判断は，（統計学や論理学などの）規準や計算手順（アルゴリズム）に基づいて行われる。しかし，人は経験則や発見的方法であるヒューリスティックに基づいて判断することがある。それは迅速ではあるが，系統的エラー，すなわちバイアスを引き起こすこともある。ここでは，頻度や確率の推定や判断を取り上げる。まず，カーネマンとトヴァースキー（Kahneman, 2011; Kahneman & Tversky, 1982）が，不確実状況下での判断に関する一連の研究において明らかにした3つのヒューリスティックを見ていく（楠見, 2011）。

　第一の利用可能性（availability）ヒューリスティックは，事例の思い出しやすさと難しさという主観的経験と，思い出された事例数に基づいて，事例の頻度・確率などを判断することをさす。たとえば，自動車事故と航空機事故の確率を判断するときには，過去の事故を思い出して判断することがある。高頻度事例は低頻度事例よりも一般に思い出しやすい。しかし，思い出しやすさは，事例の頻度情報以外の影響を受けるためにバイアスが生じることがある（たと

えば，航空機事故の直後は，思い出しやすいため航空機事故の確率が高く判断される傾向がある)。

第二の代表性（representativeness）ヒューリスティックは，人がある事象の確率を直観的に判断するときに，ある事例がその事象（母集団やカテゴリー）をどの程度代表（プロトタイプ：典型）と類似しているかに基づいて，その生起確率や頻度を判断することである。しかし，代表性は，本来，確率判断に影響すべき要因ではないためバイアスが生じることがある。たとえば，コインを6回連続して投げたとき，「表表表表表表」よりも「表裏裏表裏表」が起こりやすいと考えるのは，後者の方が，前者よりもコイン投げのランダム性を代表しているため，より起こりやすいと考えるためである（実際は両方とも生起確率は1/2の6乗である)。さらに，前者のように「表」が6回続いた系列において次の試行では，「裏」が出る確率が高いと判断する錯覚を「ギャンブラーの錯誤」という。しかし，確率は毎回独立で，50％である。

第三の係留と調整（anchoring and adjustment）ヒューリスティックとは，人が，最初に与えられた値や直観的に判断した値を手がかり（係留点）にして，調整を行い，確率推定をすることである。しかし，この調整を十分に行わず，初期値にとらわれてしまうことがある。たとえば，次のかけ算の答えを大学生参加者に5秒以内で推定させると，「8×7×6×5×4×3×2×1」は「1×2×3×4×5×6×7×8」よりも推定値（中央値はそれぞれ2250, 512，正解は40320）が大きい。その理由は，最初の数ステップのかけ算を行い，その値を係留点として，調整して，推定値を求めるためである。他の例としては，値引き前の通常価格が提示されていると，人は通常価格を係留点として，高いか安いかの判断の手がかりにする。しかし，通常価格は，本当の価格ではなく，消費者に安いと思わせるための係留点の可能性もある。

1990年代後半から，ギーゲレンツァー（Gigerenzer, 2007）は，ヒューリスティックスは現実の環境への適応の観点から見ると非合理的ではなく，生態学的合理性がある点を強調している。彼らは，単純な情報処理で迅速に少ない情報を使って倹約的に処理を行う迅速・節約（fast and frugal）ヒューリスティックが，多くの情報を利用した複雑な情報処理（アルゴリズム）に基づく解と遜色ない解を導くことを示している。彼らは，ヒューリスティックスを，私た

ちが適応的な認知的処理を行うために，生得的に備わった，あるいは学習によってそろえた道具の集まりである「適応的道具箱」として捉え，問題に応じて利用されやすい道具があると考えている．

ここでは，迅速・節約ヒューリスティックの一部として，再認ヒューリスティックと単一理由決定ヒューリスティックを取り上げる．

第一の再認ヒューリスティックは，知っている（再認できる）ものと知らないものからなる選択肢を判断するときに，知っているものを選ぶヒューリスティックである．たとえば，「サンディエゴとサンアントニオのどちらの都市の人口が多いか」という問いをアメリカの大学生群とドイツの大学生群に尋ねた．正答率はアメリカの大学生（62%）よりもドイツの大学生（100%）の方が高かった．ここで，アメリカの大学生は両都市を知っていたのに対し，ドイツの大学生たちはみな，サンディエゴは知っているが，サンアントニオはほとんどが知らなかったためである．

第二の単一理由決定ヒューリスティックとは，何らかの手がかり次元（属性，理由）に着目し，その値を比較して，値の高い方の選択肢を選ぶことである．これは，記憶や外的情報から逐次的に探索し，単純な停止ルールで，単一理由決定（one reason decision making）と呼ばれている．ここで，どの手がかり次元を選ぶかに関しては，「最良を取り，残りは無視」（Take the best, ignore the rest）ヒューリスティックがある．これは，妥当性の高い手がかり（根拠）を1つだけ使い，後の根拠は無視することである（例：メニューから料理を選ぶときに一番上に書いてある料理にする）．しかし，どの次元が妥当かわからなければ，時間節約のために，前回うまくいった次元（属性）を使うのが，「前回の方法を使う」（Take the last）ヒューリスティックである．さらに，対象の次元に関する知識が全くなければ，ランダムに次元を選ぶのが，「最小限」（ミニマリスト）（minimalist）ヒューリスティックである．

以上述べたように，こうしたヒューリスティックスは多くの場合うまく働いているが，バイアス（偏り）が生じることもある．しかし，バイアスは，自分では自覚しにくい傾向がある．特に，自分は他の人よりもバイアスを起こしにくいと判断する傾向をバイアス盲点と言う．こうしたバイアスを防ぐには，直観に基づく解を，立ち止まって再吟味する批判的思考が重要である．これを次

◆4．まとめ：よりよい問題解決と意思決定のための批判的思考

批判的思考（クリティカルシンキング）とは，多面的，客観的に捉え，筋道を立てて考える，論理的で偏りのない思考である（第6章参照）。「批判」には「相手を非難する」イメージがある。しかし，むしろ自分の思考を意識的に吟味する内省的思考である。批判的思考は，何を信じ，主張し，行動するかという適切な意思決定を支える思考でもある。ここでは，図8-3に示すように問題解決と意思決定のプロセスを位置づけた。すなわち，①問題や意思決定の状況を明確化し，②問題解決や意思決定のための材料となる情報を偏りなく集め，その信頼性を吟味し，③幅広い情報から適切な結論を導いたり，複数の選択肢間で価値判断を行い，④最終的な問題解決や意思決定を行い，その適切性を評価することである。また，解や決定の結果が適切でないときには，前のステップに戻ることになる（楠見，2010，2015）。

このように，適切な問題解決と意思決定を行うことは，批判的思考の目標として位置づけることができる。ここでは，図8-4で示すように，人の思考には直観的思考と批判的思考の2つのシステムが働いている。システム1には，第2節（4）で述べたヒューリスティックを用いた，迅速で省力的な思考が含ま

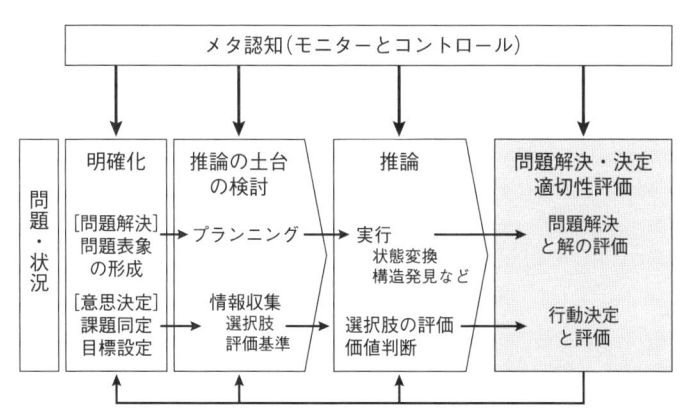

図8-3 批判的思考のプロセスにおける問題解決と意思決定（楠見，2015を修正）

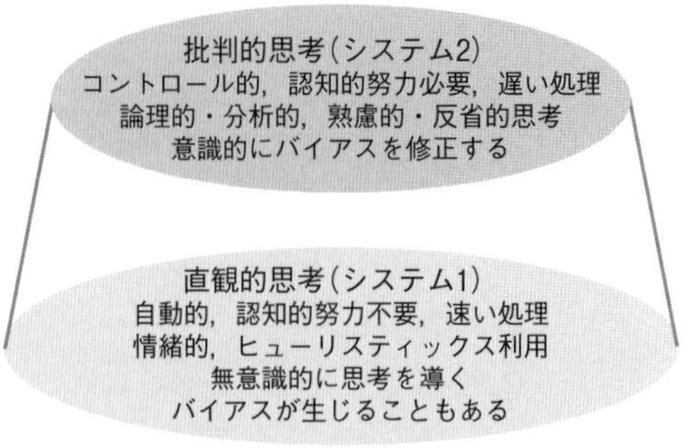

8 問題解決と意思決定

```
批判的思考（システム2）
コントロール的，認知的努力必要，遅い処理
論理的・分析的，熟慮的・反省的思考
意識的にバイアスを修正する

直観的思考（システム1）
自動的，認知的努力不要，速い処理
情緒的，ヒューリスティックス利用
無意識的に思考を導く
バイアスが生じることもある
```

図 8-4　思考の二重システム：批判的思考によるバイアス修正
(楠見，2011)

れる。直観は認知的努力なしに，いつも働いている素早い全体的な判断であり，時には，感情の影響を受ける。一方，システム2は，熟慮的で比較的柔軟で，規則に基づく継時的処理システムである。批判的思考はここに位置づけることができる。システム2は，意識的なモニターを行い，システム1をチェックして承認したり，バイアスを認知して修正したり，表出をストップするという役割を果たしている（Kahneman, 2011）。

■Further Reading
Gigerenzer, G. (2007). *Gut feelings: The intelligence of the unconscious.* New York: Viking Press.（ギーゲレンツァー，G. 小松 淳子（訳）(2010)．なぜ直感のほうが上手くいくのか？―「無意識の知性」が決めている　インターシフト）
Kahneman, D. (2011). *Thinking, fast and slow.* New York: Farrar, Straus and Giroux.（カーネマン，D. 村井 章子（訳）(2014)．ファスト＆スロー（上・下）―あなたの意思はどのように決まるか？　早川書房）
Schwartz, B. (2004). *The paradox of choice.: Why is more less.* New York: Ecco Press.（シュワルツ，B. 瑞穂 のりこ（訳）(2012)．なぜ選ぶたびに後悔するのか―オプション過剰時代の賢い選択術　武田ランダムハウスジャパン）

■文　献
Gigerenzer, G. (2007). *Gut feelings: The intelligence of the unconscious.* New York: Viking Press.（ギーゲレンツァー，G. 小松 淳子（訳）(2010)．なぜ直感のほうが

上手くいくのか？—「無意識の知性」が決めている　インターシフト）
Gilovich, T., & Medvec, V. H. (1995). The experience of regret: What, when, and why. *Psychological Review, 102*, 379-605.
Holyoak, K., & Thagard, P. (1995). *Mental leaps: Analogy in creative thought*. Cambridge, MA: MIT Press. （ホリヨーク，K. & サガード，P. 鈴木　宏昭・河原　哲雄（監訳）(1998). アナロジーの力　新曜社）
Kahneman, D. (2011). *Thinking, fast and slow*. New York: Farrar, Straus and Giroux. （カーネマン，D. 村井　章子（訳）(2014). ファスト＆スロー（上・下）：あなたの意思はどのように決まるか？　早川書房）
Kahneman, D., & Tversky, A. (1982). The psychology of preferences. *Scientific American, 246*, 160-173. （カーネマン，D. & トバースキー，A.（1982）．選択の心理学　日経サイエンス，*12*(3), 112-119.）
Kahney, H. (1993). *Problem solving: Current issues* (2nd ed.). Buckingham, UK: Open University Press. （カーニー，H. 長町　三生（監訳）(1989). 問題解決（認知心理学講座3）　海文堂）
楠見　孝（2010）．批判的思考と高次リテラシー　楠見　孝（編）思考と言語　現代の認知心理学3（pp. 134-160）　北大路書房
楠見　孝（2011）．意思決定, 後悔　子安　増生・二宮　克美（編）　キーワードコレクション　認知心理学（pp. 110-117）　新曜社
楠見　孝（2015）．心理学と批判的思考　楠見　孝・道田　泰司（編）　ワードマップ　批判的思考—21世紀を生きぬくリテラシーの基盤（pp. 18-23）　新曜社
仁平　義明（2006）．大学生の思考の柔軟性は低下したか？—「ルーチンスの水差し問題」の解：15年間の変化　東北大学高等教育開発推進センター紀要, *1*, 99-108.
Schwartz, B. (2004). *The paradox of choice: Why is more less*. New York: Ecco Press. （シュワルツ，B. 瑞穂　のりこ（訳）(2012). なぜ選ぶたびに後悔するのか—オプション過剰時代の賢い選択術　武田ランダムハウスジャパン）
Simon, H. (1957). *Models of man: Social and rational*. New York: Wiley. （サイモン，H. 宮沢　光一（監訳）(1970). 人間行動のモデル　同文舘出版）

コラム 8　メタ認知の役割　モイゼス・キルク・デ・カルヴァーリョ・フィリョ

　メタ認知は，教育心理学における重要な概念の 1 つであり，過去 40 年間にわたって，多くの理論的，実証的研究の主題となってきた。認知プロセスが事実的知識，概念的知識，あるいは手続き的知識に焦点を当てるのに対して，メタ認知は，自分自身の認知を思考の対象とし，それを自らの学習制御のためにどう用いるかに焦点を当てた内省的な認知プロセスをさす。このメタ認知プロセスには，学習活動のプランニングとモニタリング，パフォーマンスの評価，そして必要に応じて方略を変更し，適用することなどが含まれる。

　初期のメタ認知研究は，個々人のある時点での判断（例：メタ認知判断）を取り上げることが多かったが，実際のところ，メタ認知は個人内の現象として完結するものではない。人々は互いにやりとりしたり，協働したりすることによって，モニタリングやコントロールといったメタ認知を発達，促進させるのである。たとえば，カルヴァーリョ（Carvalho, 2010）によると，大学の授業の一環として協同テストを実施することは，学生の成績やテスト不安，動機づけのレベルのみならず，メタ認知にもポジティブな影響が見られることを明らかにしている。

　最近のメタ認知研究の発展に伴ってメタ認知の概念は拡大し，ある時点でのモニタリングと制御行動だけでなく，知識および知るということについての持続的な信念（例：個人的認識論）が含まれるようになった。この拡大された概念は，認識論的メタ認知（epistemic metacognition）と呼ばれる（Carvalho & Kusumi, 2006; Hofer & Sinatra, 2010; Mason, Boldrin, & Ariasi, 2010）。認識論的メタ認知は，実際の教室場面における批判的思考の使用と学習方略の制御における個人差について，より全体的な理解を導く有益な情報をもたらすものと考えられる。

　実際の教室場面を例にとって考えてみよう。ある学生が中東地区の紛争において国連の果たした役割についてレポートを書くことになったとする。学生は情報を収集するにあたって，大学図書館へ行くかインターネットを検索するか，あるいは誰かにインタビューを実施すべきか否かなど，数々の判断を行い，適切な行動をとる必要がある。さらに，実際にレポートを書きはじめたら，学生はトピックに関する自分の理解をモニタリングし，その結果に基づいて，次の行動を決定しなければならない。学生によるこれらすべての判断には，認識論的メタ認知の要素がいくつも含まれている（Carvalho & Kusumi, 2006; Hofer, 2004）。もちろん，この学生が誰かと一緒にレポートを書くことになれば，異なったメタ認知プロセスが生起することになるだろうし，結果として，動機づけや学習の成果も違ったものになる。

　自分自身の認知と学習に関する信念についてモニタリングやコントロールができないということは，有能な学習者をめざすにあたって重大な妨げとなる。そのため，教育者は，メタ認知の発達を促す教育実践を進めていくことが大切である。

9 感情と認知

伊藤　美加

◆1. はじめに

　様々な感情経験はどのようにして生じてくるのだろうか。感情が生じると，私たちの記憶や判断，行動はどのように変わるのだろうか。感情の存在は日常生活を営むうえで何か機能的価値があるのだろうか。1980年代以降，感情研究に認知的な視野を入れるアプローチにより，これらの問題に積極的に取り組むよう研究の質が変化した。感情と認知はそれぞれ独立した過程として別々に検討するのではなく，相互の関係性や相互作用など，両者は心の働きとして切り離すことができない，同時に検討する必要があることが広く認識されるに至った。

　このような動向を示す顕著な例は，1987年，感情と認知に関する研究を掲載する学術雑誌 *Cognition & Emotion* の創刊である。当初1巻4号430頁から構成されていたが，2015年には1巻8号1534頁にも及ぶ。他にも，2001年には *Emotion* と *Journal of Cognitive & Affective Neuroscience* が発刊され，感情と認知に関する研究は，多様なアプローチによる学際的な学問領域へと，研究の量も変化したと言える。本章では，こうした感情と認知に関する研究における主要な理論や成果を解説する。

　ここで認知（cognition）とは，知覚，記憶，判断，思考，推論などの知的な心の働きすべてを含む。一方，感情（affect, feelings）とは，情的な心の働きを包括的にさし，怒り，恐れ，喜びといったように，比較的強い生理的喚起を伴った，明確な対象によって喚起される一時的感情である情動（emotion）や，喚起した対象が不明確で，一定時間持続する比較的穏やかな感情状態である気分（mood）を含む。

◆2. 感情の認知評価理論

　人間が主観的に体験する感情はきわめて多様である。同じ状況であっても，体験される感情は人によって異なることがある。こうした感情の多様性や個人差を，出来事や状況に対して個人の中で生起する認知的評価の違いによって説明する立場は，認知的評価理論（cognitive appraisal theory）と呼ばれる。

(1) ジェームズ=ランゲの説対キャノン=バードの説
　感情の生起過程についての検討は，ジェームズ=ランゲ説とキャノン=バード説という2つの古典的学説に端を発する。ジェームズとランゲは，生理学的変化が生じた結果として情動が生じるとした。すなわち，「泣くから悲しい」のである。一方，キャノンとバードは，末梢神経の生理学的変化に先立ち特定の情動が喚起されるとした。すなわち「悲しいから泣く」のである。両説では主観的な情動体験は生理学的変化に直接規定されると考えられている。これに対し，刺激や状況の認知的評価の役割を重視する立場があり，近年ではむしろこちらの方が主流をなしつつある。

(2) シャクターとシンガーの説
　シャクターとシンガー（Schacter & Singer, 1962）の2要因説では，同じような生理的興奮が生じても，人がその状況をどう認知し解釈するかによって主観的体験としての情動の質が異なることを明らかにし，感情体験には生理的喚起とその認知的解釈（ラベリング）の2つの要素が不可欠であると論じた。彼らは，個別の感情を引き起こす認知過程の詳細については言及しなかったが，状況についての認知評価によって経験される感情の質が決定されるとした点で，後に続く多くの認知的評価理論の先駆けとなる研究であった。

(3) ラザルスの説
　ラザルス（Lazarus, 1966, 1991）は，特定の状況との関わり方に対する認知的評価の違いによって，様々な情動（ストレス）が生じると仮定した。そして情動を喚起する認知的評価は，状況のもつ肯定性・否定性に関する評価である

一次的評価と，状況に対する対処能力や対処方略に関する評価である二次的評価との二段階からなるとした。さらに，これら一連の評価の結果によって状況が変化すると，その変化した状況に対して再評価が行われるとする。

その後続いて提案された認知的評価理論では，特定の情動経験はどのような評価次元と関連しているのか（Smith & Ellsworth, 1985, 1987），評価次元から情動経験は予測されるのか（Roseman & Evdokas, 2004）など，多様な情動の喚起を説明するための評価次元を特定する試みがなされている（唐沢，1996；Scherer, 1999）。さらに1990年代以降になると，情動の生起過程に関して質の異なる複数の認知的処理層を仮定した多層評価理論が提案され，より精緻な理論構築が試みられている（Teasdale, 1999；吉川・伊藤，2001）。

◆3．感情と注意

感情を喚起する刺激材料に対する注意の働きは，視覚探索課題やストループ課題（10章参照）をはじめ多くの課題を用いて調べられている。ネガティヴな刺激材料は，意図的に注意を向ける前でも視覚探索の際に検出時間が短く素早く見つけ出せる（まるで飛び出して見える）ことから，自動的注意が引き起こされる（Hansen & Hansen, 1988），あるいは，抑うつに関連した刺激材料に対する反応時間が抑うつ傾向の高い人は遅い（ストループ効果が大きい）ことから，自動的注意による意味処理の意識的抑制が難しい（Gotlib & McCann, 1984）といったように，注意における感情的刺激材料の優位性が示されている。

また，意図的に注意を向けていなくても，感情的な刺激材料が後続の刺激材料に対する評価に影響を及ぼす，感情プライミング（affective priming）効果が知られている。たとえば，喜び顔を閾下提示すると，無意味図形に対する好意度評価が高くなるというように，注意されない刺激材料の感情価が意識的な処理に影響を及ぼす（Murphy & Zajonc, 1993）。

◆4．感情と記憶

感情が記憶に及ぼす影響に関する認知心理学的研究は，感情的な刺激材料の

記憶と一時的な感情状態における記憶との研究の2つに分けられる。

(1) 感情的な刺激材料の記憶

　感情的な出来事の記憶はそうでない記憶に比べて鮮明であったり，より詳細あるいは正確であったり，頻繁に想起されたりする。このように，感情的な刺激材料の記憶が良いことは，日常的な経験だけでなく様々な刺激材料を用いた実験室実験により報告されている (Hamann, 2001; Kensinger & Corkin, 2003)。これらの研究では，特定の感情を喚起しやすいと考えられる感情語の記憶成績がニュートラル語よりも良いのは，覚醒度 (arousal) と感情価 (valence) のどちらに起因するのか，あるいは，感情語の種類を分けたうえでポジティヴ語とネガティヴ語とではどちらがより記憶成績が良いのか，といった問題に焦点が当てられてきたが (神谷, 1996; 高橋, 1998)，刺激材料のどのような要素が記憶に促進的に働くのかを検討するには，記憶成績全体における刺激材料の量的な差異のみではなく，記憶過程における質的な差異を分析対象に行う必要があろう。

(2) 一時的な感情状態における記憶

　日常生活の中で実際に起きた出来事によって喚起される一時的な感情を伴う記憶は，長期にわたって保持されるだけではなく，その出来事を見聞きしたときの詳細な状況の記憶が良いことが知られており，フラッシュバルブ記憶 (flashbulb memory; Brown & Kulik, 1977) と呼ばれる。また，ピストルなどの凶器の提示により凶器以外の記憶が阻害されてしまう凶器注目 (weapon focus) 効果に例示されるように，一時的な感情を強く喚起する出来事の中心的な特徴が記憶される一方，その周辺的な特徴の記憶は低下することが報告されているが (Kensinger, 2009; Reisberg & Heuer, 2004)，中心的な特徴とは何か，どのような要素が記憶を促進するのか，議論されている。

　感情が記憶に及ぼす影響を調べるにあたり，特定の感情状態すなわち気分を実験的に喚起させる手続きを用いた研究では，気分依存効果 (mood-dependency effect) と気分一致効果 (mood-congruency effect) が示されている (Blaney, 1986)。

気分依存効果とは，符号化時の気分と検索時の気分が一致しない場合よりも，それらが一致する場合に記憶が良くなる現象である。すなわち，楽しい気分のときに経験した出来事は楽しい気分のときに思い出しやすいことをさす。しかしこの効果が認められるという研究と認められないという研究が混在しており，曖昧で複雑な刺激材料を記憶課題に用いた場合や喚起される気分強度が強い場合など，認められるとしても特殊な条件下に制限される (Eich & Schooler, 2000)。

　気分一致効果とは，特定の（例：楽しい）気分のときにその気分と一致する感情価をもつ（例：好ましい）情報の認知が促進されやすいという現象をさす (Bower, 1981)。気分依存効果は刺激材料の感情価を問わないのに対し，気分一致効果は気分と刺激材料の感情価との交互作用を検討している点が異なる。記憶における気分一致効果研究では，特定の気分と一致した情報が符号化あるいは検索されやすいとされる。たとえば，気分が良いときは気分が悪いときよりもポジティヴな内容を良くおぼえていたり（気分一致情報の符号化），ポジティヴな出来事ばかりを想起したりする（気分一致情報の検索）。

◆5．感情と社会的判断

　これらの気分の効果は，情報の記憶だけでなく他者を評価したり判断したりするような，より高次の情報処理においても働く。たとえば，気分が良いときは気分が悪いときよりも他者に対する評価や判断が肯定的な方向へ偏ることが観察される。

　記憶と社会的判断とに及ぼす気分一致効果を同時に検討した代表的な研究に，フォーガスとバウアー (Forgas & Bower, 1987) がある。この実験では，実験参加者の気分を誘導した後，認知パフォーマンスとして，仮想人物に対する印象形成を行わせたときの印象判断，印象形成時に読んだ仮想人物の特徴文の再生および再認の記憶成績が測定された。その結果，いずれもポジティヴな気分の人はポジティヴな特徴文を，ネガティヴな気分の人はネガティヴな特徴文をより多く記憶していた。これは，誘導された気分と一致する記憶が良いことを示し，記憶における気分一致効果が認められたと言える。また印象形成判断の結果，ポジティヴな気分の人はポジティヴな印象評定をする傾向が強く，逆に

ネガティヴな気分の人はネガティヴな印象評定をする傾向が見られた。これは誘導気分に一致する方向に評価されやすいことを示し，気分一致効果が認められたと言える。

◆6. 感情と認知に関する包括的理論

(1) 感情ネットワークモデル

バウアー（Bower, 1981）は，特定の感情が記憶に影響を及ぼす種々の現象を説明するために，意味ネットワーク活性化拡散モデルを適用し，悲しみ，喜び，怒りといった感情を表すノードを新たに仮定した。図9-1に示すように，ある特定の感情が喚起されるとそれに対応する感情ノードが活性化され，それに結合している概念ノードへ自動的に活性化が拡散するため，その感情に関連する記憶が促進されるとした。

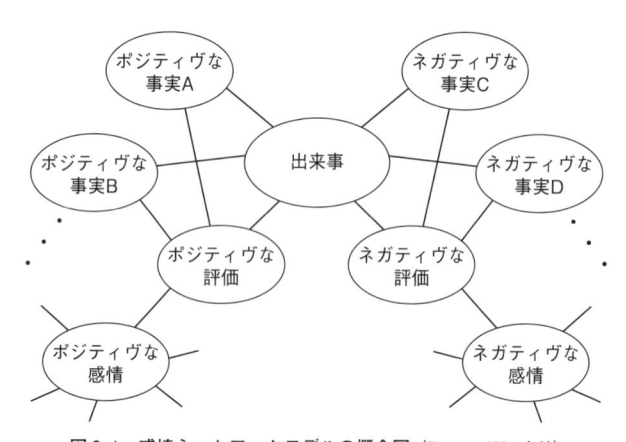

図9-1 感情ネットワークモデルの概念図（Bower, 1991より）

ある人がもつ，特定の出来事についての事実や評価を表す。この図に示すように，「ポジティヴな評価」ノードと「ネガティヴな評価」ノードとは，各ノードを統括する上位のノードとして表される。たとえば，特定の出来事に対する印象を聞かれると，ネットワーク内の「出来事」ノードが活性化する。その出来事について知っていることは，多くはニュートラルだが，ポジティヴなものもネガティヴなものもある。このとき「ポジティヴな感情」の生起によって「ポジティヴな評価」ノードへ活性化が拡散されると，これらのノードと結合している「ポジティヴな事実」ノードに活性化が拡散するため，出来事に関するポジティヴな記憶が想起されやすくなる。同時に「ポジティヴな評価」ノードと結合する他の関連するノードも全体的に活性化が高まるため，特定の出来事に対する印象はポジティヴになる。

さらにバウアー（Bower, 1991）は，社会的な判断に及ぼす感情の影響をも説明するために，このネットワークの中に評価ノードを導入した。ある特定の感情が喚起されると，それに対応するノードへ活性化が拡散すると同時に，各ノードを統括する上位の評価ノードと結合する他の関連するノードも全体的に活性化が高まるため，判断や評価が特定の感情の影響を受けるとした。

感情ネットワークモデルは，感情と他の一般的概念とを一元的に捉えることによって感情と認知の相互作用を一般化した。しかし，このモデルでうまく説明できない現象が報告されるようになったのを受け（Blaney, 1986；詳しくは，伊藤，2005），より自発的・統制的な認知の働きを強調するよう修正されたモデルが考案された。その中に，感情の情報的価値に焦点を当てた感情情報機能（affect-as-information）説と，意識的な制御過程を強調する気分制御（mood-regulation）説とがある。

(2) 感情情報機能説

感情の影響は，感情ネットワークモデルが仮定する選択的な概念の活性化に媒介されて間接的に起こるのではなく，認知者がその時の自身の感情状態の原因を誤って判断対象に帰属させるために起こるという考え方がある（Schwarz & Clore, 1983）。つまり，自分の感情状態を判断の情報源の1つとして利用することを強調している。一般に，人は利用可能なすべての情報に基づいて判断を行うよりも，使用する認知容量を節約するために，むしろ一部の情報のみに注目し直観的な判断をする。その際，自分の感情状態を判断の手がかりとする。シュワルツとクロア（Schwarz & Clore, 1983）は，天気の異なる場所に住む人に対して電話インタヴューを行った。天気が良いためポジティヴな気分の人は天気が悪いためネガティヴな気分の人よりも生活満足度を高く評価するという気分一致効果が，インタヴュー時に天気に言及することで消失してしまった。この説では，天気が良いから気分が良いと自分の感情が満足度評価に影響を与えると自覚することにより，感情が有効な情報源として機能しない状況では，判断手がかりとしての情報的価値がなくなるため，気分一致効果が生じないことをうまく説明できる。

(3) 気分制御説

　感情の影響は，感情ネットワークモデルが仮定する自動的な活性化拡散のみに依存して起こるのではなく，それを意識的に制御する過程を想定するという考え方もある（Isen, 1984）。一般に，人は快適な状態を好み維持しようと動機づけられるのに対して，不快な状態を回避しようと動機づけられるため，感情の影響が調整される（Erber & Erber, 2001）。この説では，ネガティヴな気分よりもポジティヴな気分の影響の方が顕著であるという，気分の効果の非対称性をうまく説明できる。たとえばネガティヴな気分では，自動的にネガティヴな思考が促されるが，同時にそのネガティヴな気分を修復する動機が働き，ポジティヴな判断をすることで気分を制御するようになる。

(4) 感情と情報処理方略

　感情の多様な影響過程に注目した研究が次々と報告されるに伴い，感情は気分一致効果のように処理する情報の内容を規定するだけでなく，情報の処理の仕方そのものを変えることで影響を及ぼす。つまり，ポジティヴな感情とネガティヴな感情とは異なる処理結果が生じることから，両感情が異なる情報処理方略を促すと考えられた。

　思考や判断，様々な対人認知場面における評価や解釈に及ぼす感情の影響を扱った研究からは，ポジティヴな感情は「簡便で」「表面的な」ヒューリスティック型の処理を，ネガティヴな感情は「努力の要る」「分析的な」システマティック型の処理を増大させることが確認されている（Schwarz & Clore, 1996）。

　感情は現在の心理的状況を知らせるという立場に従うと（Schwarz & Clore, 1983, 1988），ポジティヴな感情状態にある人では，事態は好転しており快適であるならば努力のいる処理に従事する動機づけは低く，ヒューリスティック型の処理方略に依存するだけで十分である。それゆえ情報に割り当てる認知容量を減少させ，現在の状況でもっともも有益だと思われる情報へ適切に注意を向けられる。それらは拡散的思考，様々な積極的行動へと導くであろう。それに対して，ネガティヴな感情状態にある人では，問題状況をうまく取り扱おうと現在の状況の特異性に焦点を当てることによって，システマティック型の処理方略を促す。それゆえヒューリスティック型の処理方略は控えられ，個別の情

報1つ1つに注意を向けなければならなくなる。それらは慎重な行動へと導くであろう。このように個人の感情は，現在の状況の解釈を介在して，どの程度どのような処理方略に依存するかに影響を及ぼし，さらに特定の行動に対するアクセルとブレーキの役割をも併せもつことになるとも言える。

(5) 感情混入モデル

フォーガス（Forgas, 1995）は，これらの説を統合するために多重過程を想定した感情混入モデル（affect infusion model; AIM）を提示した（図9-2）。

感情混入とは，感情価をもつ情報の処理に影響を及ぼす過程である。このモデルでは，社会的判断には4種類の情報処理方略があり，特定の感情の影響は，そのうちどの処理方略が採用されるかによって異なるとする。図9-2に示すように，処理方略の選択は，判断対象の特性，判断者の内的状態，状況要因の組み合わせによって決定される。

直接アクセス型と動機充足型は感情の影響をあまり受けないのに対して，ヒューリスティック型と実質型は判断過程に感情が混入しうるとされている。ただしそのメカニズムは双方で異なり，ヒューリスティック型方略では感情情報機能説が，実質型方略では感情ネットワークモデルが，それぞれ仮定するプロセスに従って，感情の影響が現れると考えられている。このモデルによれば，様々な気分の効果を採用される処理方略と結びつけることによって包括的に説明できる。

さらに特定の感情は4種類のうちどの処理方略が採用されるかに際して影響を及ぼすとする。ポジティヴな感情とネガティヴな感情とでは，選択される処理方略が異なることも，モデルに組み込んでいる。これは，ポジティヴな感情ではヒューリスティック型の処理方略が，ネガティヴな感情では実質型の処理方略がそれぞれ選択されるという，従来の知見と一致する。

◆7．感情知能

一方，感情の認知過程における個人差やその能力に焦点を当てた研究がある。感情知能（emotional intelligence）は，サロベイとメイヤー（Salovey &

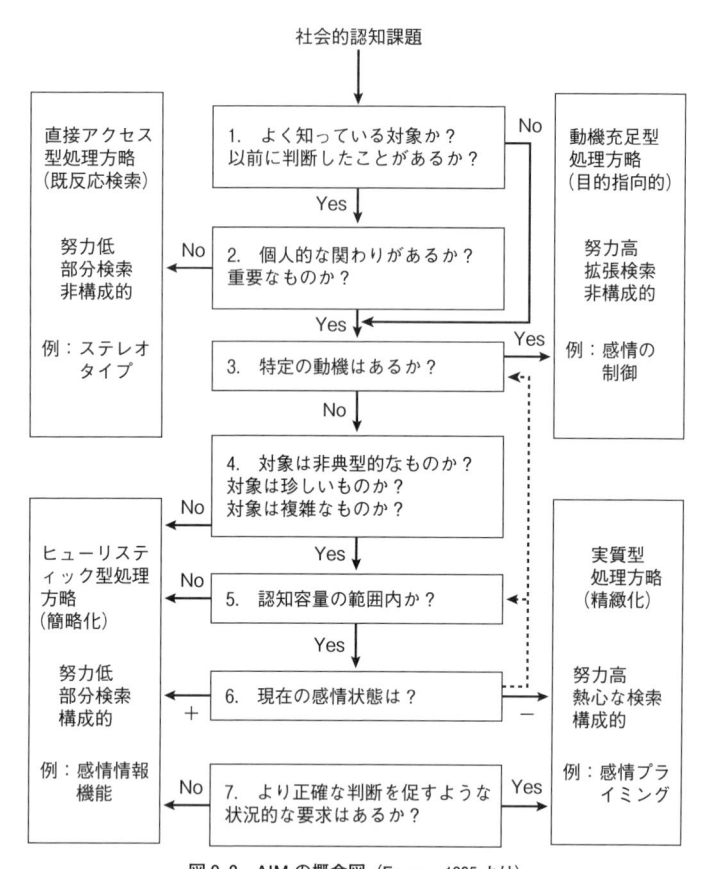

図9-2 AIMの概念図（Forgas, 1995より）

①直接アクセス型方略：既存の評価結果を直接検索し利用するもっとも簡略な方略である。この方略は，対象についてよく知っていて，判断者の関心が低く，かつ慎重に考える必要がないような状況で選択されやすい。このような条件では，以前に行ったことがある反応を単に繰り返すことが多いので，感情混入が生じる可能性は低い。

②動機充足型方略：特定の判断結果に対する目標指向的な方略である。この方略は，判断者に特殊な強い動機がある場合に選択されやすい。このような条件では，その動機を満足させるような決められた情報探索を行いやすいので，感情混入が生じる可能性は低い。

③ヒューリスティック型方略：利用できる情報の一部に注目して直観的に判断する方略である。この方略は，対象が単純であるか非常に典型的で，判断者の自我関与度が低く，かつ判断の正確さが要求されない状況で選択されやすい。このような条件では，認知容量を最小限に抑えようと，判断手がかりとして感情状態を利用するため，感情混入が生じる可能性は高い。

④実質型方略：新奇な情報を既存の知識構造に関連づけながら判断する精緻な方略である。この方略は，対象が複雑か非典型的で，判断者に特殊な動機がなく，かつ十分な認知容量があるような状況で選択されやすい。このような条件では，感情によって活性化された概念を選択的に利用するため，感情混入が生じる可能性は高い。

Mayer, 1990) によって「自分の感情を把握すること，適切に調整すること，利用することは知性の一部である」と規定された理論で，様々な感情の意味やその関係を認識し，それらに基づいて推測したり問題解決したりする能力をさす (Mayer et al., 2000)。具体的には，感情を知覚・表出する能力，思考の助けとなるよう感情を同化する能力，感情を理解する能力，感情を思慮深く管理・調整する能力の4領域からなると仮定されている。階層性が仮定され，基本的なプロセスからより高いレベルの統合されたプロセスへと配置されている。

感情知能が高い人は，自分を理解し，他人を理解する能力が高いことから，良好な人間関係を形成・維持するよう行動することができるため，周囲の人からの援助を受けたり，社会的な支援を活用して目標を達成したりなど，それだけ人生において成功する可能性が高いと考えられた。感情知能こそが私たちの本来持っている能力を最大限に発揮するうえで重要な役割を果たすことが明らかになり，様々な分野から大きな関心を集めるに至った (Goleman, 1995; Salovey & Mayer, 1990)。

◆8．おわりに

感情と認知に関して，認知心理学的なアプローチだけでなく，認知神経科学的研究では感情をつかさどる脳のメカニズム，臨床心理学的研究では認知変容による感情のコントロールのように，多くの異なる隣接領域からのアプローチがなされつつある (De Houwer & Hermans, 2010；藤田, 2007；Robinson et al., 2013)。感情と認知のメカニズムの理解なくしては，人間の行動，さらには適応や自己実現といった「心」のもつ自律的で価値志向的な側面の解明はありえない。隣接領域からの知見に基づいて，様々な側面による多層的な検討から明らかになった事柄を背景にして，それぞれの立場からの新たな理論・モデルの構築や，既存の理論・モデルの集成が望まれる。そうした試みを通じて，次第に感情認知研究の成果が収束していく方向が明らかにされていくことを期待したい。

■**Further Reading**

波多野 誼余夫・高橋 惠子（編）（2003）．感情と認知　放送大学教育振興会
北村 英哉・木村 晴（編）（2006）．感情研究の新展開　ナカニシヤ出版
高橋 雅延・谷口 高士（編）（2002）．感情と心理学　北大路書房

■**文　献**

Blaney, P. H. (1986). Affect and memory. *Psychological Bulletin, 99*, 229-246.
Bower, G. H. (1981). Mood and memory. *American Psychologist, 36*, 129-148.
Bower, G. H. (1991). Mood congruity of social judgments. In J. P. Forgas (Ed.), *Emotion and social judgments* (pp. 31-54). Oxford, New York: Pergamon Press.
Brown, R., & Kulik, J. (1977). Flashbulb memories. *Cognition, 5*, 73-79.
De Houwer, J., & Hermans, D. (2010). *Cognition and emotion: Reviews of current research and theories*. New York: Psychology Press.
Eich, E., & Schooler, J. W. (2000). Cognition/emotion interactions. In E. Eich, J. F. Kihlstrom, G. H. Bower, J. P. Forgas, & P. M. Niedenthal (Eds.), *Cognition and emotion* (pp. 3-29). New York: Oxford University Press.
Erber, R., & Erber, M. W. (2001). Mood and processing: A review from a self-regulation perspective. In L. L. Martin & G. L. Clore (Eds.), *Theories of mood and cognition: A user's handbook* (pp. 63-84). Mahwah, NJ: Lawrence Erlbaum.
Forgas, J. P. (1995). Mood and judgment: The affect infusion model (AIM). *Psychological Bulletin, 117*, 39-66.
Forgas, J. P. (2000). Affect and information processing strategies: An interactive relationship. In J. P. Forgas (Ed.), *Feeling and thinking: The role of affect in social cognition* (pp. 253-280). New York: Cambridge University Press.
Forgas, J. P., & Bower, G. H. (1987). Mood effects on person-perception judgments. *Journal of Personality and Social Psychology, 53*, 53-60.
藤田 和生（編）（2007）．感情科学　京都大学学術出版会
Goleman, D. (1995). *Emotional intelligence*. New York: Bantam.（ゴールマン，D.　土屋 京子（訳）（1996）．EQ こころの知能指数　講談社）
Gotlib, I. H., & McCann, C. D. (1984). Construct accessibility and depression: An examination of cognitive and affective factors. *Journal of Personality and Social Psychology, 47*, 427-439.
Hamann, S. (2001). Cognitive and neural mechanisms of emotional memory. *Trends in Cognitive Sciences, 5*, 394-400.
Hansen, C. H., & Hansen, R. D. (1988). Finding the face in the crowd: An anger superiority effect. *Journal of Personality and Social Psychology, 54*, 917-924.
Isen, A. M. (1984). Toward understanding the role of affect in cognition. In R. S. Wyer, Jr. & T. K. Srull (Eds.), *Handbook of social cognition*. Vol. 3 (2nd ed.,

pp. 179-236). Hillsdale, NJ: Lawrence Erlbaum.
伊藤 美加（2005）．感情状態が認知過程に及ぼす影響　風間書房
神谷 俊次（1996）．記憶と感情―快・不快刺激の忘却　アカデミア（南山大学紀要　人文・社会科学編），*63*, 217-247.
唐沢 かおり（1996）．認知的感情理論―感情生起に関わる認知評価次元について　土田 昭司・竹村 和久（編）感情と行動・認知・生理（pp. 55-78）　誠信書房
Kensiger, E. A. (2009). *Emotional memory across the adult lifespan.* New York: Psychology Press.
Kensinger, E. A., & Corkin, S. (2003). Memory enhancement for emotional words: Are emotional words more vividly remembered than neutral words? *Memory & Cognition, 31*, 1169-1180.
Lazarus, R. S. (1966). *Psychological stress and the coping process.* New York: Dover.
Lazarus, R. S. (1991). *Emotion and adaptation.* New York: Oxford University Press.
Mayer, J. D., Caruso, D. R., & Salovey, P. (2000). Emotional intelligence meets traditional standards for an intelligence. *Intelligence, 27*, 267-298.
Murphy, S. T., & Zajonc, R. B. (1993). Affect, cognition, and awareness: Affective priming with optimal and suboptimal stimulus exposures. *Journal of Personality and Social Psychology, 64*, 723-739.
Reisberg, D., & Heuer, F. (2004). Memory for emotional events. In D. Reisberg & P. Hertel (Eds.), *Memory and emotion* (pp. 3-41). New York: Oxford University Press.
Robinson, M. D., Watkins, E. R., & Harmon-Jones, E. (2013). *Handbook of cognition and emotion.* New York: Guilford Press.
Roseman, I. J., & Evdokas, A. (2004). Appraisals cause experienced emotions: Experimental evidence. *Cognition and Emotion, 18*, 1-28.
Salovey, P., & Mayer, J. D. (1990). Emotional intelligence. *Imagination, Cognition, and Personality, 9*, 185-211. (In J. M. Jenkins, K. Oatley, & N. L. Stein (Eds.), *Human emotions: A reader* (pp. 313-319). Malden, MA: Blackwell.)
Schacter, S., & Singer, J. (1962). Cognitive, social, and physiological determinants of emotional stage. *Psychological Review, 69*, 379-399.
Scherer, K. R. (1999). Appraisal theory. In T. Dalgleish & M. Power (Eds.), *Handbook of cognition and emotion* (pp. 637-663). New York: John Willey and Sons.
Schwarz, N., & Clore, G. L. (1983). Mood, misattribution, and judgments of well-being: Informative and directive functions of affective states. *Journal of Personality and Social Psychology, 45*, 513-523.
Schwarz, N., & Clore, G. L. (1988). How do I feel about it?: The informative function of affective states. In K. Fiedler & J. P. Forgas (Eds.), *Affect, cognition and social behavior* (pp. 44-62). Toronto: Hogrefe International.

Schwarz, N., & Clore, G. L. (1996). Feelings and phenomenal experiences. In E. T. Higgins & A. Kruglanski (Eds.), *Social psychology: A handbook of basic principles* (pp. 433-465). New York: Guilford Press.

Smith, C. A., & Ellsworth, P. C. (1985). Patterns of cognitive appraisal in emotion. *Journal of Personality and Social Psychology, 48*, 813-838.

Smith, C. A., & Ellsworth, P. C. (1987). Patterns of appraisal and emotions related to taking an exam. *Journal of Personality and Social Psychology, 52*, 475-488.

高橋 雅延 (1998). 自由連想事態における情動語の偶発記憶 聖心女子大学論叢, *90*, 5-25.

Teasdale, J. D. (1999). Multi-level theories of cognition-emotion relations. In T. Dalgleish & M. Power (Eds.), *Handbook of cognition and emotion* (pp. 665-681). New York: John Wiley and Sons.

吉川 左紀子・伊藤 美加 (2001). 感情の理論 中島義明 (編) 現代心理学理論辞典 (pp. 347-365) 朝倉書店

コラム9　感情表出の発達　　　　　　　　　　　　　　　　田村　綾菜

　私たちは，期待はずれのプレゼントをもらったとき，がっかりした気持ちを隠し，笑顔で「ありがとう」と言うことがある。このように場面に応じて適切に感情表出を調整することができるためには，文脈に適した感情に関する知識と，その知識を実行する抑制スキルが必要となる（Hudson & Jacques, 2014）。ここでは特に，感情表出の調整に関わる知識の1つである表示規則（display rule）の発達とその研究方法について述べる。表示規則とは，アメリカの心理学者エクマンとフリーセン（Ekman & Friesen, 1969）が表情の文化差を説明するために提唱した概念で，どのような場面でどのように感情を表出すべきかといった感情表出の適切さを支配するルールのことである。子どもは暗黙のうちに表示規則を少しずつ学び，感情表出を調整することができるようになるとされている（Saarni, 1979）。そこで，その理解がどのように発達するのかについての研究がさかんに行われてきた結果，3歳頃から表示規則に沿った行動が見られるようになるが，本当の気持ちと見かけの表情が必ずしも一致しないことを理解するようになるのは5～6歳頃からで，知識として確立するのは11歳頃までかかることが明らかになっている（子安ら，2007）。

　子どもの表示規則の理解を調べるためによく用いられるのが「期待はずれのプレゼント課題（disappointing/undesirable gift paradigm）」である。仮想場面を用いる方法では「おばあちゃんから期待はずれのプレゼントをもらった」などの短いお話を子どもに聞かせ，主人公はどんな気持ちか，どんな表情をするかなどの質問をし，それぞれいくつかの表情図から選択してもらう。また，実験的観察による方法では，実際に子どもが喜ぶプレゼントを実験者が見せた後，がっかりするようなプレゼントを渡し，各場面で録画しておいた子どもの表情や視線などを分析する。このように表示規則を「非言語的な感情表出に関するルール（Saarni, 1979）」として捉えた研究が中心であったが，言葉による感情表出の調整にも同様のルールが存在する（Talwar & Lee, 2002）として，言語的な表示規則という観点からの研究も行われている。ネップとヘス（Gnepp & Hess, 1986）は，仮想場面を用いた方法で，主人公がどんな表情をするかに加え，何と言うかも質問した。その結果，表情よりも言葉による感情表出の調整の方が早期から発達している可能性が明らかになった。また，タルワーら（Talwar et al., 2007）は，3～11歳の子どもを対象とした実験的観察において子どもに直接そのプレゼントが気に入ったかどうかを尋ね，3～5歳児でも言葉による感情表出の調整を行うこと，表情による感情表出の調整も同時に行っていることなどを明らかにしている。このように，子どもの感情表出を考える際には，表情だけでなく言葉による感情表出にも注目するとよいだろう。

10

記憶と実行機能

齊藤　智

◆1. はじめに

　人間の記憶に関する心理学的研究には 100 年以上の長い歴史がある。19 世紀末にエビングハウス（Ebbinghaus, 1885）によって行われた無意味綴りを用いた記憶実験はあまりにも有名である（梅本，1994 を参照）。同時期には，ジェイコブス（Jacobs, 1886）が記憶範囲課題（memory span task）を用いた研究を雑誌 *Mind* に発表している。表 10-1 に示すとおり，その後，影響力の強い研究成果が着々と蓄積されてきた。さらに 1980 年代から 1990 年代には，心理学をとりまく潮流の中で，無意識的に処理される記憶機能が注目され，潜在記憶（implicit memory）と顕在記憶（explicit memory）の区分が脚光を浴びた（Tulving & Schacter, 1990）。潜在記憶研究の発展が，心理学や認知科学の多くの分野に影響を与えた結果，様々な領域において無意識的過程が発見され，その過程を重視する論説が導かれることとなった（齊藤・川口，2015）。そうした無意識的記憶過程の共通特徴は，定義上，それらの過程が意識的に制御できないと考えられているところにある。そのため，現代の「無意識の発見」以降，無意識的記憶過程の探求とその性質の解明に多くの研究者が取り組み，強力な理論構築が達成された一方で，制御の過程がやや等閑視されてきたことは否めない。

　記憶研究においては，情報の制御過程が無視されていたわけではない。記憶の様々な過程に関わる制御（たとえば，リハーサルや検索方略の選択など）が短期記憶において担われているということはアトキンソンとシフリン（Atkinson & Shiffrin, 1971）のモデルにおいてすでに想定されていたことである。また，バドリーとヒッチ（Baddeley & Hitch, 1974）のワーキングメモリ（working

10 記憶と実行機能

表 10-1 記憶の心理学的研究における金字塔

研究者	出版年	内容
Ebbinghaus, H.	1885	無意味綴りを用いた記憶の実験的検討
Bartlett, F. C.	1932	記憶研究における社会／日常的文脈の強調
Miller, G. A.	1956	人間の情報処理容量の限界についての指摘
Atkinson, R. C. & Shiffrin, R. M.	1971	総合的記憶モデルの提唱
Craik, F. I. M. & Lockhart, R. S.	1972	処理水準アプローチの提起
Tulving, E.	1972	エピソード記憶と意味記憶の分類
Baddeley, A. D. & Hitch, G. J.	1974	ワーキングメモリ概念の精緻化
Tulving, E. & Schacter, D. L.	1990	潜在記憶と顕在記憶の区分

memory；後述）のモデルには，ワーキングメモリ内の情報制御を担うシステムとして，中央実行系（central executive）が組み込まれていた。ただし，記憶の働きと情報の制御の関連についての研究が爆発的に進行し始めたのは，実行機能（executive function；遂行機能と訳すこともある）についての詳細かつ包括的な検討を行った三宅ら（Miyake et al., 2000）の論文の出版以降であった。

　実行機能は，心的過程の制御を担う心的機能であり（詳しい定義については後述する），その研究の源泉は，脳の前頭葉を損傷した患者の課題成績を検討したルリア（Luria, 邦訳1976）による神経心理学的研究にある。その後も実行機能と前頭葉の関係を検討する研究が多く報告されてきた（Goldberg, 2001）。そうした研究の中には，実行機能と記憶との関係に言及する研究も多くあり（たとえば，Duncan et al., 1996），今，記憶機能を検討する際に，実行機能を無視しては議論ができないところまで，実行機能は記憶研究にとって重要な鍵概念へと成長している。

　この章では，記憶と実行機能の関係を検討する目的で，2つの観点から論じていく。「実行機能を支える記憶」と「記憶を支える実行機能」である。その前に，まず，記憶と実行機能，それぞれの領域について，「記憶の働きと分類」および「実行機能の概念」において概説する。

◆2．記憶の働きと分類

　記憶は，1枚岩ではなく，いくつかの種類に分類され，多層的，複合的に構成される，ダイナミックな機能である。記憶の捉え方は，研究の目的に応じて異なるため，心理学においては，様々な記憶の分類方法が存在している。これらの分類とは別に，基本的なこととして，記憶には，符号化（encoding），貯蔵（storage），検索（retrieval）という3つの段階が存在する。符号化とは，記銘（memorization）の段階であり，情報を，貯蔵可能な形式に変換して取り込む過程である。符号化された情報を一定期間保管しておく働きを貯蔵，または保持（retention）と呼ぶ。保持情報を利用するために，その情報を取り出す想起（remembering）の過程を検索と呼ぶ。記憶の分類としては，符号化から検索までの経過時間を基準にした分類がよく知られている。

　経過時間による分類においては，感覚記憶（sensory memory），短期記憶（short-term memory），長期記憶（long-term memory）という区分が一般的である。感覚記憶は，情報がカテゴリ的に分類される前の感覚的情報を保持していると考えられており，各感覚モダリティに対応した別々の感覚記憶システムが存在するとされている。視覚情報は，数百ミリ秒しか持続しないアイコニックメモリ（iconic memory）によって，聴覚情報は，数秒間持続するエコイックメモリ（echoic memory）によって保持されると考えられている。保持時間はきわめて短いが，一度に保持されている情報は膨大であると考えられている（Sperling, 1960）。短期記憶には，数秒から数十秒という短い時間しか情報を保持できないという制約に加えて，一度に保持できる容量に厳しい限界があるという特徴がある。この短期記憶の容量の限界は，容量が記銘項目の数によって表された場合に記憶範囲と呼ばれる。記憶範囲には大きな個人差が存在するが，およそ7±2チャンクの間に収まるということが知られている（Miller, 1956）。ただし，この値は，提示された記銘項目をリハーサルなどのなんらかの方略によって保持した場合に得られるものであり，そのような方略が使用できないときには3〜4程度の値となり，これを真の記憶範囲の値と呼ぶ研究者もいる（Cowan, 2005）。長期記憶は，数分から数時間，あるいは，数ヶ月から数年という比較的長時間情報を保持できるという特徴に加え，その容量に制限

がないという性質をもつと仮定されている。

　長期記憶は，貯蔵される情報の内容によって，宣言的記憶（declarative memory）と非宣言的記憶（non-declarative memory）に分類されることがある（Squire, 1992）。前者は，言語的に表現が可能であるとされる情報の記憶で，後者は，言語的な表現が困難である情報の記憶である。宣言的記憶はさらに，エピソード記憶（episodic memory）と意味記憶（semantic memory）に分類される（Tulving, 1972）。非宣言的記憶には様々なタイプの記憶が含まれるが，靴ひもの結び方や一輪車の乗り方など，手続きや行動の手順・方法に関する記憶である手続的記憶（procedural memory）がよく知られている。ただし，宣言的・非宣言的記憶の区分はそれほど単純ではない。また，記憶の時間的な区分，あるいは短期記憶と長期記憶の区分には批判もあり（Craik & Lockhart, 1972），現在も様々な代替理論が提案されている（たとえば，Hasson et al., 2015）。

◆3．実行機能の概念

　実行機能は，目標（goal）となる状態に向かって，思考および行動の過程を管理統制する汎用的な制御機能である（Miyake et al., 2000；齊藤・三宅，2014）。ここでの目標は，具体的な問題解決や課題遂行場面では，課題目標と呼ばれる。様々な環境のもとで，外的な刺激ではなく，内在する課題目標に従って思考と行動を導くことから，実行機能は，内的駆動型の心的機能であると言えよう。この実行機能は，ほとんどすべての合目的的な認知過程に関わり，人間の認知活動を根幹から支えているため，現在の認知研究における重要な研究対象の1つとなっている。

　三宅ら（2000）は，それまで概念が比較的混乱していた実行機能について，詳細な文献展望と構造方程式モデリングによる実証的検討を行うことによって，その中心的機能として，抑制（inhibition），シフティング（shifting），および情報の更新（updating）の3つを特定した。ここでの抑制とは，優勢な反応（prepotent response）あるいは自動的な反応を，目標に応じて，意図的に抑制する機能を意味する。その点で，実行機能の抑制は，復帰抑制（inhibition of

3. 実行機能の概念

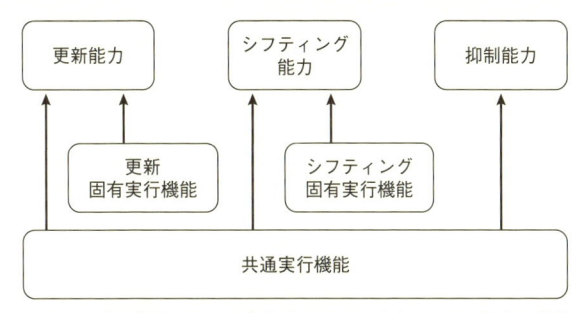

[図: 更新能力 ← 更新固有実行機能, シフティング能力 ← シフティング固有実行機能, 抑制能力。すべて共通実行機能に基づく]

図10-1 実行機能の下位要素とそれらを反映する3つの能力の関係
(Miyake & Friedman, 2012 を改変)

return)や反復回避(repetition avoidance)のような自動的な抑制とは異なる。シフティングは，課題遂行に必要な心的な構え(mental set)を切り替える機能である。更新とは，ワーキングメモリ内の情報を必要に応じて新しい情報に塗り替えていく働きであり，ワーキングメモリ内の情報のモニター，不要情報の消去，必要情報の符号化からなる。これら3つの実行機能は，互いに分離した機能であると捉えることが可能であるが，共通性があることも示されている。三宅とフリードマン(Miyake & Friedman, 2012)は，すべての実行機能課題に共通する成分を特定し，それを共通実行機能(common executive function)と呼んでいる。また，この共通実行機能の影響とは別に，シフティングと更新には，それぞれに特有の固有実行機能(specific executive functions)成分が含まれていることがわかっている。なお，抑制機能から，共通実行機能の分散を取り除いた後には，抑制固有の実行機能の成分は残らなかった(Miyake & Friedman, 2012；図10-1を参照)。

共通実行機能は，3つの実行機能すべてに必要とされるなんらかの下位機能を反映していると考えられる。3つの実行機能には，それぞれ，複数の下位機能が存在することが指摘されているが(齊藤・三宅, 2014)，そうした下位機能のうち，3つの実行機能に共通するものとして，もっとも重要であると考えられているのが課題目標の保持である。そして，この課題目標の保持は，ある状況においてはワーキングメモリという記憶の機能によって支えられることになる。

◆4．実行機能を支える記憶

(1) 実行機能とワーキングメモリ

　実行機能は，その定義にある通り，目標に従って思考と行動を制御する機能であり，その下位機能である抑制，シフティング，更新は，いずれもその機能の実現には，目標の保持が必要となる。以下に，具体的な抑制，シフティング，更新の課題を紹介し，それらの課題遂行においてワーキングメモリが果たす目標保持の役割について検討していく。なお，これらの課題の詳細は齊藤（2015）に紹介しているため，ここでは簡潔に説明する。

(2) 抑制課題

　抑制の働きを測定するために用いられる代表的な課題には，アンチサッケード課題（antisaccade task; Hallet, 1978），ストップシグナル課題（stop-signal task; Logan, 1994），ストループ課題（Stroop task; MacLeod, 1991）がある（齊藤・三宅，2014 を参照）。

　アンチサッケード課題では，コンピュータ画面上の左右いずれかにごく短時間フラッシュが提示され，実験参加者は，そのフラッシュとは逆の方向へ視線を移動することが求められる。ここでは，フラッシュへ視線が向いてしまうという優勢な反応を抑制して，逆方向へ視線を移動するという随意的制御が必要となる。アンスワースら（Unsworth et al., 2004）は，演算スパン課題（operation span task）というワーキングメモリ機能を測定していると考えられている課題で高得点をおさめた参加者と低得点であった参加者のアンチサッケード課題の成績を比較した。演算スパン低得点群の参加者は，高得点群の参加者に比べ，フラッシュ方向へ視線を動かすというエラーを多く示した。そうした反応のいくつかは，一時的に課題目標（フラッシュと反対方向に視線を移動しなければならないという課題の目標）を利用できない状態にあったのではないかと指摘されている（Kane et al., 2001）。これは，目標無視（goal neglect）と呼ばれる現象で，ワーキングメモリへの負荷が高い状況において引き起こされることが知られている（Duncan et al., 2008）。

　ストップシグナル課題は，反応試行（go trial）と制止試行（stop trial）とい

う2種類の試行によって構成される。反応試行では，提示される刺激にできるだけ素早く反応することが求められ，制止試行では，刺激提示直後にシグナル音が提示され，刺激への反応を止めなければならない（Logan & Cowan, 1984）。反応試行では，何らかの判断課題を求めることも多い。たとえば，文字判断（OなのかXなのかの判断；Hughes et al., 2014）やカテゴリ判断（名詞が動物カテゴリのものかどうかの判断；Miyake et al., 2000）を行い，できるだけ早く反応することが求められる。刺激提示からシグナル音の提示までの時間（シグナル遅延）が短い場合には，反応を制止することが容易であるが，長くなると制止できなくなる。制止試行における誤反応が50％となるまでこのシグナル遅延を個人ごとに調整し，その時間を反応試行の反応時間から減じた値がSSRT（stop-signal response time）と呼ばれ，制止に要する時間を反映していると考えられている（SSRTについての詳細はLogan et al., 2014を参照）。なお，制止試行で反応してしまう誤反応の割合を重要な従属変数とする場合には，全試行の4分の3程度を反応試行として，反応へのバイアス高めることがある（Miyake et al., 2000）。また，ストップシグナル課題においては，反応のための課題目標と制止のための課題目標を同時に保持しておく必要があるため，ワーキングメモリにかかる負荷が高いと考えられている（Hughes et al., 2014）。

　ストループ課題の標準的な仕様では，様々なインクの色で色単語名（たとえば「みどり」や「あか」）が視覚的に提示されるが，その色単語名を無視して，インクの色を命名する（色命名；color naming）ことが求められる。この課題では，色単語とインクの色が一致する試行（一致試行）と異なる試行（不一致試行）に加えて，単語が色名でないベースライン試行が用意されている。不一致試行では，一致試行やベースライン試行と比べて，エラーが多く，反応時間が長い。単語を読むという処理は，より習慣化しているため，インクの色を命名するよりも優勢な反応である。そのため，インク色命名時に色単語が干渉してくることによってストループ効果が引き起こされる。ここでは，特に一致試行が多く含まれるストループ課題において，色単語を読んでしまうという反応のエラーが多く見られることを指摘しておく。一致試行では，文字を読んでも色命名に正答するため，一致試行が多く含まれているセッションでは，色単語を読んでも反応の正答率は高く，インクの色を命名するという課題目標に従う

必要性が低くなってしまう。こうした課題設定では，課題目標が一時的に忘却されやすくなり，目標無視という現象がエラーというかたちで現れるのである。この例もまた，ワーキングメモリ機能が課題目標の利用可能性と関連していることを示している。

(3) シフティング課題

シフティングの機能は，タスクスイッチング（task switching: Monsell, 2003）として知られるパラダイムに基づく課題によって測定されている。この種の課題では，複数の課題（多くの場合は2種の課題）を同じ実験ブロックの中で切り替えながら遂行することが求められる。切り替えの方法としては，課題の遂行順序が実験参加者に事前告知されている予測可能スイッチング（predictable switch）と，課題の順序がランダムである予測不可能スイッチング（unpredictable switch）がある（詳細は，齊藤，2015）。予測可能スイッチングにおいては，その遂行時に，課題の順序を保持しておく必要があるため，そこにワーキングメモリの機能が必要であることは不思議ではないが，予測不可能スイッチングにおいても，ワーキングメモリによる課題目標の保持が重要であることが知られている。予測不可能スイッチングの代表的な実施方法は，ランダム手がかり法と呼ばれるもので，毎試行，刺激提示の直前に課題を指示する手がかりが提示され，実験参加者はその手がかりに従って課題を遂行していく。三宅ら（Miyake et al., 2004）では，三角形か四角形が，それぞれ赤か緑色の背景に提示され，実験参加者には，形（三角形か四角形）の判断か色（赤か緑か）の判断が求められた。この研究においても，一般に見られるように，課題を切り替えた場合（たとえば，形判断の後の色判断）の遂行成績は，同じ課題を繰り返した場合（色判断の後の色判断）に比べ反応時間は長く，エラーは多くなった（この差をスイッチコストと呼ぶ）。また，手がかり提示から刺激提示までの時間が長い場合には，このスイッチコストが減少することが知られているが，この減少は，課題遂行中に言語情報の使用を妨害した場合には見られない。手がかり提示から刺激提示の間に言語情報が利用できる場合（妨害もなく，手がかりから刺激提示までの時間も十分にある場合），次の課題の目標を言語的に活性化することで，課題の切り替えを円滑に行うことができる

(従ってスイッチコストが減少する）と推測されている。また，最近では，ある1つの課題を一定期間遂行した後に別の課題にシフトしてしばらく遂行する場合にも，言語性のワーキングメモリが，今の課題目標を活性化することで，当該の課題遂行を方向づける役割を担っていることが示されている（Saeki et al., 2013)。

(4) 更新課題

更新の機能を測定する課題には，複数のカテゴリから系時的に1つずつ提示される単語をモニターしておき，各カテゴリで最後に提示された単語のみを記憶しておく追跡課題（keep track task; Miyake et al., 2000)，次々とランダムに提示される言語刺激（文字等）のうち，直近の3つだけを順序どおりにおぼえておくという記憶更新課題（memory updating task; Morris & Jones, 1990)，今提示されている刺激がn個前の刺激と同じかどうかを回答するnバック課題（n-back task; Kirchner, 1958）などが知られている。三宅ら（2000）の定義する更新とは，ワーキングメモリ内の情報の更新を意味しているため，これらの課題はワーキングメモリによる情報保持とそうした保持情報の操作を求めている。したがって，更新機能には，ワーキングメモリの機能が直接的に関与していると考えるべきである。

◆5. 記憶を支える実行機能

(1) 記憶の制御

先の節においては，実行機能の実現に関わる記憶の機能（ワーキングメモリ機能）を検討した。ここでは，記憶の機能を支える実行機能について検討していく。先の定義にあるように実行機能は，目標に即して思考と行動を制御する。特に思考の効果的な制御にとっては，思考に必要な表象を利用可能な状態にし，一方で，不都合な表象を抑制することが重要である。実際，実行機能の抑制が，記憶制御（memory control）と関わっていることはすでに知られており（たとえば，Anderson & Green, 2001)，特にエピソード記憶の制御に関わる研究が今も破竹の勢いて進行している（たとえば，Catarino et al., 2015)。また，意

味記憶の制御についても意味制御（semantic control）という枠組みの中で次第に注目を集めるようになってきている（Hoffman et al., 2013; Gardner et al., 2012）。近年の記憶抑制に関する研究成果の1つは，エピソード記憶や意味記憶の抑制のメカニズムが，実行機能による行動レベルの反応抑制のメカニズムときわめて類似しており，その神経基盤も重複しているという発見にある（Anderson & Levy, 2009）。以下では，エピソード記憶の制御（主として記憶の制御的抑制）に関する最近の研究動向を紹介する。

　記憶の抑制には2つの側面があることが知られている。1つは選択（selection）に関わるものであり，もう1つは抑止（stopping）に関わるものである（Anderson & Weaver, 2008）。選択的な検索における抑制と検索抑止における抑制について，前者については，検索経験パラダイム（retrieval practice paradigm）によって，後者については，TNTパラダイム（think/no-think paradigm）によって検討していく。

(2) 検索経験パラダイム

　このパラダイムは，検索誘導性忘却（retrieval-induced forgetting; Anderson et al., 1994）を引き起こす実験方法であり，標準的には，以下の手順に従う。実験参加者は，いくつかのカテゴリから，それぞれ6つ程度のカテゴリメンバーをカテゴリ名と対にして提示される（符号化段階）。これらを学習した後，学習したカテゴリのいくつかを用いて，手がかり再生を行う。この際，各カテゴリからは学習されたメンバーの半数のみが用いられる。また，カテゴリ名に加えてターゲット語（カテゴリメンバー）の語頭の2文字を提示することで，確実に再生されるように配慮されている（検索経験段階）。その後，参加者は，すべての学習カテゴリから学習されたメンバーをすべて再生するように求められる（最終テスト段階）。検索経験段階において手がかりとして用いられなかったカテゴリからの再生をベースラインとして比較すると，検索経験段階で検索されたカテゴリメンバー（検索経験項目）は，最終テスト段階において，ベースラインよりも高い再生率を示すが，検索経験段階で用いられたカテゴリの中で検索経験をしなかったカテゴリメンバー（検索未経験項目）については，ベースラインよりも低い再生成績を示した。この再生成績の低下を検索誘導性

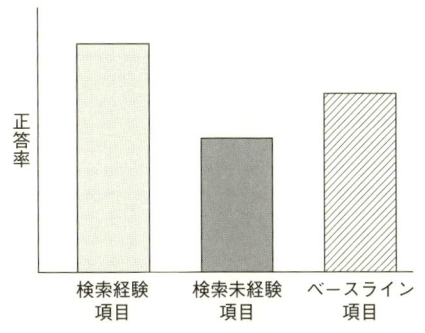

図10-2 検索経験パラダイムから得られる典型的な結果のパターン

忘却と呼ぶ（図10-2）。

この現象にはいくつかの特筆すべき特徴がある。まず，この現象は，検索経験に特定的である。符号化と最終テスト段階の間に，検索経験ではなく，学習項目を提示して再学習を行っても，こうした忘却は見られない。また，この効果には，手がかりによる特定性はない。つまり，符号化段階および検索経験段階とは異なる手がかりを用いて最終テスト段階において再生を行っても，検索誘導性忘却が見られる。このことは，検索未経験項目が抑制を受けていることを示唆している。さらに，検索未経験項目が優位なカテゴリメンバーであるなどして，検索経験段階において検索されやすいものであった場合には，大きな検索誘導性忘却が生起することが知られている。つまり，検索経験段階で強い競合が起こると後の忘却が大きくなるのである。こうした事実から，検索誘導性忘却は，検索時に必要となる選択のプロセスにおいて，競合するターゲットが抑制されるメカニズムを反映し，その後遺効果（aftereffect）として現れたものであると考えられている（Anderson & Weaver, 2009）。

(3) TNT パラダイム

TNTパラダイムは，直接的に記憶表象の検索を抑止することを求める方法である。実験参加者は，手がかりとターゲットの対を多数，複数回学習する（符号化段階）。手がかりからターゲットが想起されることが確実になった段階で，TNT段階へ進む。ここでは，学習した対の手がかりのうち3分の2程度が提示され，その半数では，参加者は，ターゲットのことを想起し，その情報

を手がかり提示中，持続的に維持することを求められる（想起試行，think trial）。一方，半数の手がかりに対しては学習したターゲットを考えないことを求める（抑止試行，no-think trial）。これが複数回繰り返された後に，すべてのターゲットの手がかり再生が求められる（最終テスト段階）。TNT 段階において提示されなかった手がかりからの再生成績をベースラインとした場合に，最終テスト段階において，想起試行のターゲットの再生成績は向上するが，抑止試行のターゲットの再生成績は低下することが知られている。抑止試行において，手がかりに繰り返し接触しながらも，ターゲットのことを考えないようにする試みが，後の再生成績を低下させること，また，異なる手がかりを用いた場合にも当該のターゲットの再生成績は低下していることから，抑止過程において，記憶表象そのものが抑制されるのであろうと推測されている。もちろん，抑止試行において，実験参加者が何を行っているのかを知ることは難しい。直接的に記憶表象を抑制するのではなく，別のことがらを考える「思考の置き換え（substitution）」を行っている可能性もある。最近の研究では，教示によって，直接的に抑制をする場合（直接抑制）と，置き換えを行う場合を区別するということも試みられている。その結果，直接抑制と置き換えでは，いずれもターゲットの再生成績を低下させるが，後遺効果の形が異なることと（Hertel & Hayes, 2015），脳活動のパターンも異なること（Anderson & Hanslmayr, 2014）が知られており，現在では，直接抑制の教示を用いて実験を行うことが多い（Küpper et al., 2014）。

　以上のような記憶の制御には，実行機能による抑制が関わっていると考えられる。そして，このような抑制過程は，行動の制御における反応抑制のメカニズムと類似しており，その脳の神経基盤も重複していることから，これらの抑制機能は領域普遍的な性質をもったものであると考えることができる。一方で，ストループ課題等の抑制課題における抑制機能については，バイアス競合（biased competition）による抑制を想定する研究者がいる（Miller & Cohen, 2000）。記憶制御のメカニズムと実行機能の関係については，まだ多くの検討課題が残されており，今後の重要な研究テーマとなると思われる。

◆6. まとめ

　記憶と実行機能の関係を検討してきた。近年のワーキングメモリ研究は，ワーキングメモリという記憶機能が，私たちの思考と行動を導く実行機能をその根幹から支えていることを示している。一方で，記憶の制御においては，実行機能の下位要素である反応抑制が重要な役割を担っているとの指摘が記憶研究者によってなされている。このことは，記憶と実行機能が有機的に結合しており，その関係が相互依存的であるということを示しているだけではない。人間の認知活動の多くは，一時的あるいは長期的に保持された何らかの課題目標によって制御されている。また，そうした制御が一時的あるいは長期的に保持されている情報に働きかけそれらに何らかの変化をもたらす。記憶と実行機能の関係は，このような人間の心的な営みを表現しているのである。

■Further Reading

日本認知心理学会（編）(2013)．第4部　記憶・知識　認知心理学ハンドブック (pp.121-185) 有斐閣

太田 信夫・多鹿 秀継（編）(2000)．記憶研究の最前線　北大路書房

齊藤 智 (2015)．心的機能の制御とワーキングメモリ　児童心理学の進歩, 54, 31-58.

齊藤 智・川口 潤（編）(2015)．特集号「実行機能研究からの心の制御を考える」　心理学評論, 58 (1).

湯澤 正通・湯澤 美紀（編著）(2014)．ワーキングメモリと教育　北大路書房

■文　献

Anderson, M. C., Bjork, R. A., & Bjork, E. L. (1994). Remembering can cause forgetting: Retrieval dynamics in long-term memory. *Journal of Experimental Psychology: Learning, Memory, and Cognition, 20*, 1063-1087.

Anderson, M. C., & Green, C. (2001). Suppressing unwanted memories by executive control. *Nature, 410*, 366-369.

Anderson, M. C., & Hanslmayr, S. (2014). Neural mechanisms of motivated forgetting. *Trends in Cognitive Sciences, 18*, 279-292.

Anderson, M. C., & Levy, B. J. (2009). Suppressing unwanted memories. *Current Directions in Psychological Science, 18*(4), 189-194. doi:10.1111/j.1467-

8721.2009.01634.x
Anderson, M. C., & Weaver, C. (2009). Inhibitory control over action and memory. In L. R. Squire (Ed.), *The encyclopedia of neuroscience* (pp. 153-163). New York: Academic Press.
Atkinson, R. C., & Shiffrin, R. M. (1968). Human memory: A proposed system and its control processes. In K. W. Spence & J. T. Spence (Eds.), *The psychology of learning and motivation*. Vol. 2 (pp. 89-195). New York: Academic Press.
Atkinson, R. C., & Shiffrin, R. M. (1971). The control of short-term memory. *Scientific American, 225*(2), 82-90.
Baddeley, A. D., & Hitch, G. J. (1974). Working memory. In G. H. Bower (Ed.), *The psychology of learning and motivation: Advances in research and theory*. Vol. 8 (pp. 47-89). New York: Academic Press.
Bartlett, F. C. (1932). *Remembering: A study in experimental and social psychology*. Cambridge, UK: Cambridge University Press. (バートレット F. C. 宇津木 保・辻 正三 (訳) (1983). 想起の心理学 誠信書房)
Catarino, A., Küpper, C. S., Werner-Seidler, A., Dalgleish, T., & Anderson, M. C. (2015). Failing to forget: Inhibitory-control deficits compromise memory suppression in posttraumatic stress disorder. *Psychological Science, 26*, 604-616. doi:10.1177/0956797615569889
Cowan, N. (2005). *Working memory capacity*. Hove, U. K.: Psychology Press.
Craik, F. I. M., & Lockhart, R. S. (1972). Levels of processing: A framework for memory research. *Journal of Verbal Learning & Verbal Behavior, 11*, 671-684.
Duncan, J., Emslie, H., Williams, P., Johnson, R., & Freer, C. (1996). Intelligence and the frontal lobe: The organization of goal-directed behavior. *Cognitive Psychology, 30*, 257-303.
Duncan, J., Parr, A., Woolgar, A., Thompson, R., Bright, P., Cox, S., Bishop, S., & Nimmo-Smith, I. (2008). Goal neglect and Spearman's g: Competing parts of a complex task. *Journal of Experimental Psychology: General, 137*(1), 131-148.
Ebbinghaus, H. (1885). *Über das Gedächtnis: Untersuchungen zur experimentelle Psychologie*. Leipzig: Duncker & Humbolt. (エビングハウス, H. 宇津木 保 (訳) (1978). 記憶について 誠信書房)
Gardner, H. E., Lambon Ralph, M. A., Dodds, N., Jones, T., Ehsan, S., & Jefferies, E. (2012). The differential contributions of prefrontal and temporoparietal cortices to multimodal semantic control: Exploring refractory effects in semantic aphasia. *Journal of Cognitive Neuroscience, 24*, 778-793.
Goldberg, E. (2001). *The executive brain*. New York: Oxford University Press.
Hallett, P. (1978). Primary and secondary saccades to goals defined by instructions. *Vision Research, 18*, 1279-1296.
Hasson, U., Chen, J., & Honey, C. J. (2015). Hierarchical process memory: Memory as

an integral component of information processing. *Trends in Cognitive Sciences, 19*(6), 304-313.

Hertel, P. T., & Hayes, J. A. (2015). Distracted by cues for suppressed memories. *Psychological Science, 26*, 775-783. doi:10.1177/0956797615570711

Hoffman, P., Jefferies, E., Haffey, A., Littlejohns, T., & Lambon Ralph, M. A. (2013). Domain-specific control of semantic cognition: A dissociation within patients with semantic working memory deficits. *Aphasiology, 27*, 740-764.

Hughes, M. E., Budd, T. W., Fulham, W. R., Lancaster, S., Woods, W., Rossell, S. L., & Michie, P. T. (2014). Sustained brain activation supporting stop-signal task performance. *The European Journal of Neuroscience, 39*, 1363-1369.

伊東 裕司（1994）．記憶と学習の認知心理学　岩波講座　認知科学―5 記憶と学習（pp. 1-43）　岩波書店

Jacobs, J. (1886). Experiments on "prehension". *Mind: A Quarterly Review of Psychology and Philosophy, 12*, 75-79.

Kane, M. J., Bleckley, M. K., Conway, A. R. A., & Engle, R. W. (2001). A controlled-attention view of working-memory capacity. *Journal of Experimental Psychology: General, 130*, 169-183.

Kirchner, W. K. (1958). Age differences in short-term retention of rapidly changing information. *Journal of Experimental Psychology, 55*, 352-358.

Küpper, C. S., Benoit, R. G., Dalgleish, T., & Anderson, M. C. (2014). Direct suppression as a mechanism for controlling unpleasant memories in daily life. *Journal of Experimental Psychology: General, 143*(4), 1443-1449.

Logan, G. D. (1994). On the ability to inhibit thought and action: A users' guide to the stop signal paradigm. In D. Dagenbach & T. H. Carr (Eds.), *Inhibitory processes in attention, memory and language* (pp. 189-239). San Diego, CA: Academic Press.

Logan, G. D., & Cowan, W. B. (1984). On the ability to inhibit thought and action: A theory of an act of control. *Psychological Review, 91*, 295-327.

Logan, G. D., Van Zandt, T., Verbruggen, F., & Wagenmakers, E.-J. (2014). On the ability to inhibit thought and action: General and special theories of an act of control. *Psychological Review, 121*(1), 66-95.

ルリア，A. R. 松野 豊（訳）（1976）．人間の脳と心理過程　金子書房

MacLeod, C. M. (1991). Half a century of research on the Stroop effect: An integrative review. *Psychological Bulletin, 109*, 163-203.

Miller, G. A. (1956). The magical number seven, plus or minus two: Some limits on our capacity to process information. *Psychological Review, 63*, 81-97.

Miller, R. K., & Cohen, J. D. (2001). An integrative theory of prefrontal cortex function. *Annual Review of Neuroscience, 24*, 167-202.

Miyake, A., Emerson, M. J., Padilla, F., & Ahn, J.-C. (2004). Inner speech as a retrieval aid for task goals: The effects of cue type and articulatory suppression in the random task cuing paradigm. *Acta Psychologica, 115*, 123-142.

Miyake, A., & Friedman, N. P. (2012). The nature and organization of individual differences in executive functions: Four general conclusions. *Current Directions in Psychological Science, 21*, 8-14.

Miyake, A., Friedman, N. P., Emerson, M. J., Witzki, A. H., Howerter, A., & Wager, T. D. (2000). The unity and diversity of executive functions and their contributions to complex "Frontal Lobe" tasks: A latent variable analysis. *Cognitive Psychology, 41*, 49-100.

Monsell, S. (2003). Task switching. *Trends in Cognitive Sciences, 7*, 134-140.

Morris, N., & Jones, D. M. (1990). Memory updating in working memory: The role of the central executive. *British Journal of Psychology, 81*, 111-121.

Saeki, E., Baddeley, A. D., Hitch, G. J., & Saito, S. (2013). Breaking a habit: A further role of the phonological loop in action control. *Memory & Cognition, 41*, 1065-1078.

Saito, A. (Ed.) (2000). *Bartlett, culture, & cognition.* Cambridge, UK: Cambridge University Press.

齊藤 智（2015）．心的機能の制御とワーキングメモリ　児童心理学の進歩, 54, 31-58.

齊藤 智・川口 潤（2015）．実行機能研究から心の制御を考える：特集号に寄せて　心理学評論, 58(1), 3-8.

齊藤 智・三宅 晶（2014）．実行機能の概念と最近の研究動向　湯澤 正通・湯澤 美紀（編著）　ワーキングメモリと教育（pp. 27-45）　北大路書房

Sperling, G. (1960). The information available in brief visual presentations. *Psychological Monographs, 74*, 1-30.

Squire, L. R. (1992). Memory and hippocampus: A synthesis from findings with rats, monkeys, and humans. *Psychological Review, 99*, 195-231.

Tulving, E. (1972). Episodic and semantic memory. In E. Tulving & W. Donaldson (Eds.), *Organization of memory* (pp. 381-403). New York: Academic Press.

Tulving, E., & Schacter, D. L. (1990). Priming and human memory systems. *Science, 247*, 301-306.

梅本 堯夫（1994）．記憶研究の源流—エビングハウス　梅本 堯夫・大山 正（編著）　心理学史への招待：現代心理学の背景（pp. 111-128）　サイエンス社

Unsworth, N., Schrock, J. C., & Engle, R. W. (2004). Working memory capacity and the antisaccade task: Individual differences in voluntary saccade control. *Journal of Experimental Psychology: Learning, Memory, and Cognition, 30*, 1302-1321.

コラム10　スリップ：行為のエラー

廣瀬　直哉

　私たちは時に自分の意図とは異なる行為をうっかり行ってしまうことがある。たとえば，個包装されたお菓子を食べようと思って包みを開けたが，包みでなく中身の方をゴミ箱に捨ててしまったような場合である。このような自分の意図に反した行為のエラーはスリップ（slip）と呼ばれている。

　スリップへの関心は古く，フロイト（Freud, S.）の著作などでも取り上げられているが，1980年頃になりリーズン（Reason, J.）らによるヒューマンエラー研究によって注目されるようになった。ヒューマンエラーは一般に3つに分類され，スリップの他にミステイク（mistake）とラプス（lapse）がある（Reason, 1990）。これらは認知情報の処理段階に対応している（表1）。一般に，私たちは状況を認知・判断して行為のプランや意図を形成し，そのプランや意図を一時的に記憶しておき，適切な時・場面で実行する。ミステイクは，最初の行為の意図を形成する段階において間違いが生じるエラーのことである。また，ラプスは，行為を実行する前に行為の意図を忘れてしまうエラーであり，たとえば，冷蔵庫の扉を開けてから「何を取るのだっけ」と思い出せなくなるような場合である。

　スリップが起こると，私たちはしばしば驚く。それは自分が意識している意図と実際に行った行為がズレていることに気づくからである。日常生活においてスリップに出会うことは多くないが，簡単な実験でスリップを体験することができる。その実験は急速反復書字法と呼ばれ，紙と鉛筆を用意して特定の文字をできるだけ速くたくさん書き続けるだけである（仁平，1991）。平仮名の「お」，漢字の「大」「類」などにおいて，別の文字を書いてしまう書字スリップが生じるとされているので，読者もぜひ試していただきたい。

　また，最近マイクロスリップと呼ばれる現象の研究も行われるようになってきた（廣瀬，2015）。マイクロスリップとは，生態心理学者のリード（Reed, E. S.）が名づけたもので，スリップのような明白なエラーではなく，誤った行為を開始するが途中で修正されエラーに至らない場合である。このような修正行為であるマイクロスリップは，人間の行為の柔軟性を示す事例として注目されている。

表1　ヒューマンエラーの種類

エラーの種類	処理段階	行為の意図	事例
ミステイク	計画	間違い	判断ミス，勘違いなど
ラプス	記憶	忘れる	し忘れ，忘却など
スリップ	実行	正しい	し損ない，取り違えなど

11

遺伝と環境

野村　理朗

◆1. はじめに

　得手不得手とあるように，あるいは持ち味とも言えよう私たちの多様性は，いかにして生ずるのだろうか。この問いに取り組むべく，かつては想像さえされなかった心理学と分子生物学を融合した新しい研究アプローチが確立しつつある。本章は，遺伝の観点から個人差を解き明かしてゆくための基本的な考え方，主要な研究知見を概説するとともに，環境からの影響に注目するエピジェネティクス（epigenetics）の考え方を包括し，個人差に関わる認知心理学の将来の研究方向を展望する。

◆2. 遺伝と個人差

　古くは，18世紀のスウェーデンの生物学者リンネ（Linné, C. von）にさかのぼる。自然界に存在する動植物の分類を試みたリンネは，個々の種の特徴とともに，それらの相違を記述した。続くラマルク（Lamarck, J.-B.）は19世紀にかけてフランスで活躍した博物学者で，生物の多様性は環境適応の過程において生ずるとした。彼は，"キリンの首"は当初は長くはなかったとし，それが高い場所のエサをとるために伸び，子々孫々に伝わる過程において徐々に伸びていったとする「用不用説」を唱えた。この仮説は，後に否定されることとなるがその理由として，身体を構成する体細胞（首など）の変化は，子孫へと継承される生殖細胞には生じないことが示され，仮に何がしかの形質を獲得しても，次世代には伝わらないと結論づけられた。ところが，ごく最近になり，かつて否定されたラマルクの説を支持するデータが示されつつある。この点は，第3

節で詳しく述べるが，新たな研究知見が蓄積されるうちに，特定の世代で獲得された形質が，もしかすると次世代に伝わるかもしれないとする可能性が示されている。このように，ある時点で定説となり，長きにわたり基本的な前提として考えられてきたものが，実験や調査により反証され，新たな視座が得られる点が科学の気の抜けない，刺激的な点であると言えるだろう。

このキリンに関わる議論について，ダーウィン（Darwin, C. R.）は，環境適応の視点から「自然選択説」を提唱した。たとえば，高所のエサの確保に都合のよい形質は，環境への適応に優れているとし，そうした結果，適応的な形質を備えたキリンからより多くの子孫が増え広がり，長い時間をかけて，首の長いキリンが主流となっていったとする。このようにダーウィンによる「自然選択説」の内容は上述したラマルクによる「用不用説」と若干異なる部分があるが，そのいずれにおいても，親から子へと伝わる遺伝情報により種としての類似性が備わる一方で，環境との関わりから多様性が生まれるとする点で共通する。

(1) 遺伝学の基礎

ヒトの遺伝情報は，22種類の常染色体と，1種の性染色体に記録されている。染色体（chromosome）は1種につき，父親・母親からそれぞれから受け継ぐため，合計46（2×23種類）の染色体がある。たとえば，性染色体において，父母からX染色体をそれぞれ1つ受け継ぐと女性に，母からX染色体を，父からY染色体を受け継ぐと男性になる。この染色体はデオキシリボ核酸（DNA: deoxyribonucleic acid）とヒストン（histone）から成り，遺伝情報を担うDNAがヒストンに巻きついている。いわばヒストンを"糸巻"とするならば，4種のコアヒストン（H2A, H2B, H3, H4）が2つずつ集まって球状のヒストン8量体を形成し，そこに146の塩基対から成るDNAが巻きつく構造で安定している（図11-1）。

DNAは，アデニン（A），グアニン（G），シトシン（C），チミン（T）という4種類の塩基からなる配列を基本とし，ヒトの細胞核の中に，約30数億とも言われる塩基の対があることがわかっている。この対は，AはTに，GはCとで相補的に対をなした二重構造であり，タンパク質のアミノ酸配列をコード

2. 遺伝と個人差   161

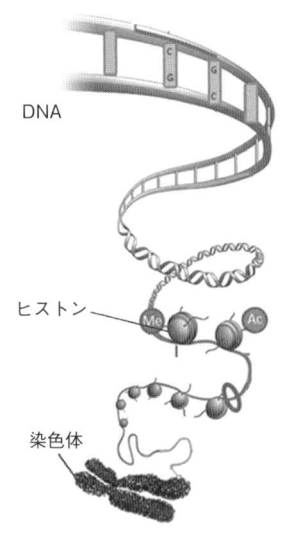

図 11-1　染色体を構成するヒストンおよび DNA
(Rajender et al., 2011 より改変)

しているセンス鎖とその相補的なアンチセンス鎖がらせん状に絡み合い二重鎖を成す。この DNA の二本鎖がほどけると，相補的な配列がさらに合成され，このことにより DNA が複製されるため，何らかの損傷が DNA に生じても，もう一方の配列が担保されるという点で構造上の安定をもたらす。そうした二重構造がらせん状であることを発見したワトソン（Watson, J.）とクリック（Crick, F.）が，その功績により 1962 年のノーベル生理学・医学賞を受賞したことは広く知られるところであろう。なお，この一連の文字列からなる DNA は，厳密には遺伝子と等価ではない。なぜならば，遺伝子は，DNA の中に飛び石状に 2 〜 3 万個の単位で位置する DNA の一部分だからである。この部分に生命活動に必要なタンパク質の設計図・方法がコードされている。こうした遺伝子は，身体的特徴をはじめとして，認知，行動傾向などをふくむ多くの表現型（phenotype）の個人差に影響する。次節では，そうした個人差への影響因子である，遺伝子多型（gene polymorphism）を取り上げる。

(2) 遺伝子と個人差

　遺伝子多型とは同一種における塩基配列の個体間差のことである。そこには以下のように，いくつかのパターンが見出されている。まず，塩基配列の繰り返し回数が異なる数塩基〜数十塩基を単位とし，ゲノム中に数百〜数千存在する（1）VNTR（variable number of tandem repeat），2塩基〜5塩基を単位とし，VNTRに比べてゲノム上に広く存在する（2）STRP（short tandem repeat polymorphism），そして（3）突然変異等により，塩基がほかの塩基に置き換わる（置換），欠失，挿入などが生じる一塩基多型SNPs（single nucleotide polymorphism）である。なお，STRPはマイクロサテライトとも呼ばれ，突然変異率がSNPsより高く，ヘテロ接合体頻度も高い（多型性に富む）ものも多いため，連鎖解析において用いられることも多い多型として知られている。

　このような特定の塩基配列の繰り返し回数（VNTR, STRP），あるいは並び方（SNP）の差異が，認知やパーソナリティ，特定の疾患への罹患率や薬剤の有効性などに影響するが，そうした差異はいかなるタンパク質に反映され，個人差として現れるのだろうか。従来，脳の構造・機能がそうした差異に寄与することがわかっているが（第3章を参照），そうした機構は，細胞内外の情報伝達を担うタンパク質をはじめ，その働きを規定する遺伝子によって影響されている。そこで，次節以下，神経伝達物質であるセロトニン（5-HT: 5-hydroxytryptamine）ならびにドパミン（dopamine）を順次取り上げて，その関わりを見よう。

(3) セロトニン神経系遺伝子

　セロトニンは，脳の縫線核（raphe）より大脳皮質，視床下部，小脳などを中心に多領域に投射される。神経終末よりシナプス間隙に放出されたセロトニンは後シナプス受容体に結合する一方で，遊離されたセロトニンの一部は，セロトニン・トランスポーター（5-HT transporter: 5-HTT）により神経終末に再び取り込み，除去されることで神経伝達が終了する。

　このセロトニン・トランスポーターには，プロモーター領域における機能性多型が存在する。たとえば，5-HTTのS型を有する個人のプロモーター領域の多型（5-HTTLPR: 5-HTT gene-linked polymorphic region）は，L型を有

する個人と比較して，塩基配列が相対的に短く，セロトニン・トランスポーターの発現量も少ない。また，S型の塩基配列を有する個人の不安は高く，脳の扁桃体（amygdala）はネガティヴな刺激入力に対し，他の遺伝子型を有する個人と比して活性化しやすいことも示されている（Hariri & Holmes, 2006）。

なお，S型の保有者は日本においては人口の90%以上が該当する（S/S型63%，S/L型31%，L/L型6%）。その一方で，米国などにおいてはその分散が逆転し，S/S型は少数派となっている（S/S型19%，S/L型49%，L/L型32%；Lesch et al., 1996）。こうした知見を総合すると，S型の多い日本において，情動障害の罹患率が相対的に高いであろうことが示唆されるが，疫学データの示す結果はむしろ逆であり，日本におけるS型の情動障害へのリスクは相対的に低いとされる。それどころかS型はポジティヴな保護要因などへの感受性が高く（後述），実行機能に関わる利点を有すること（Nomura et al., 2015）などから，環境全般への感受性が高いと考えられている。

なお，興味深いことに，このS型の人口比率の多い文化圏においては，集合主義的な自己観が主流であり（図11-2），メタ分析において，集団主義傾向により情動障害のリスクを緩和されるという媒介効果も示されている（Chiao & Blizinsky, 2010）。こうした知見から，集団主義そのものが遺伝子の内包する情

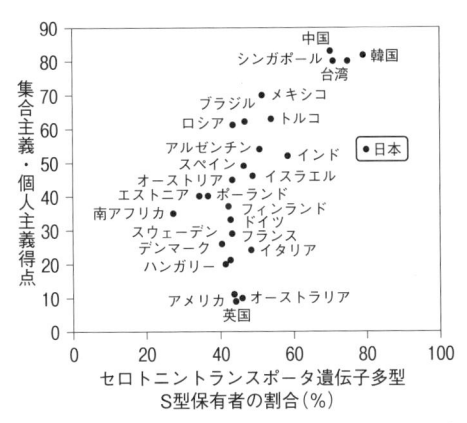

図11-2 文化的自己観の程度と正に相関する5-HTTLPRの人口比率
(Chiao & Blizinsky, 2010 から一部改変)

動障害のリスクに対して，これを減じる方向で作用するという，いわゆる文化緩衝仮説（culture buffer hypothesis）とフィットする視点がうかがえ，つまり遺伝子の表現型はとりまく環境との関わりのなかで評価すべき対象であることがわかる。

(4) ドパミン神経系遺伝子

ドパミンは，これを産生するドパミンニューロンの位置する中脳の一部を占める大脳基底核の構成要素の神経核のひとつである黒質の緻密部，および腹側被蓋野から投射部位へと出力される。このドパミンの前駆物質である L-DOPA（L-3, 4-Dihydroxyphenylalanine）を分解する COMT（catechol-O-methyltransferase）は，血中に存在する L-DOPA を分解する代謝酵素である。たとえば，COMT の機能を制限する阻害剤を投与すると，L-DOPA が分解されその量が半減するまでの時間は長くなり，L-DOPA の血中濃度は比較的維持されやすいことがわかっている。この L-DOPA は脳血液関門を通過するため，その血中濃度を維持・亢進することにより，末梢から脳に流入する L-DOPA の量が増え，たとえば，ラットに投与すると前頭前野におけるドパミン濃度が上昇し，ワーキングメモリが改善する（Tunbridge, et al., 2004）。

こうした COMT 遺伝子多型には，バリン（valine）を塩基配列の特定箇所（val 158 met）に有する Val 型とこれがメチオニン（methionine）に置換されている Met 型とが存在する。この Met 型を有する個人の COMT 活性は低く，そのドパミンの代謝効率は Val 型の 3〜4 分の 1 倍程度にとどまるため，ドパミン濃度は Val 型において Met 型と比して高い。COMT 遺伝子多型は，神経伝達物質のドパミンに影響することからもわかるように，実行機能（第 10 章参照）を基盤とする表象の維持・更新・抑制など（Kondo et al., 2015）をはじめ，パーソナリティや共感性，自他認識などに至る個人差に対して，広範な影響を及ぼすことがわかっている。

◆ 3．遺伝と環境の相互作用

前節までは単一の遺伝子を取り上げたが，単一性の遺伝子疾患を除いては複

数の遺伝子が関わりつつ，その総体として表現型（量的形質）に影響する。行動遺伝学は，こうした複数の表現型の個人差に対して独立に寄与する遺伝・環境要因，これに加えて共通して寄与する両要因を推定してきた（安藤，1999）。たとえば，実行機能の遺伝率は50％前後とされてきたが，ポルダーマンら（Polderman, 2007）は，実行機能に関わる5歳時点における遺伝率（28-60％）が，その7年後には42-72％へと上昇し，それらの間には中程度以上の相関があると報告している。この結果は，5歳時点と12歳時点の2時点間で持続的に影響を与えている遺伝的影響とは別に，5歳時点では発現していなかったが12歳時点までに新たに創発することを示している（高橋・野村，2015）。

同じDNAにおいて，しかるべき遺伝子が，しかるべき適切なタイミングで発現する。その背景には，あらかじめ備わった遺伝的なプログラムの影響と，環境入力により遺伝子の発現過程が修飾されることの二者が関わる。つまり，遺伝子の影響は環境との関わりのもとで生じることに疑念を挟む余地はないが，それでは，そこにいかなるメカニズムが介在し，個人差を生ずるのだろうか。

そうした問題にアプローチする手立ての1つとして有効となるのが，遺伝子多型に着眼した研究である。ラビィら（Raby et al., 2012）は，母親と幼児のペアを対象に，生後6ヶ月児に対する母親の反応の質を評価し，つづいて子どもの母親に対する2時点（生後12ヶ月，18ヶ月）での愛着スタイルを評価した。その結果，母親の養育態度の質（生後6ヶ月時点）が，幼児の有するセロトニン・トランスポーターのプロモーター領域の多型（5-HTTLPR）とともに，生後12ヶ月時点における愛着安定性を予測することが示された。あるいは，子どもの有する5-HTTLPRが，母親の養育態度に影響しうることからも（Pener-Tessler et al., 2013），遺伝子は個人を取り巻く環境と相互に関わりつつ，発達過程に関わる様子をうかがうことができる。

もちろん5-HTTLPRが単独で量的形質に影響するわけではなく，5-HTTLPRは，たとえば脳由来神経栄養因子（BDNF: brain-derived neurotrophic factor）の多型と相互作用して実行機能の個人差に影響するように（Nederhof et al., 2010），複数の遺伝子の寄与について考慮する必要がある。しかしながら，複数の遺伝子多型を独立変数として実験を計画する場合，現実問題として，複数の遺伝子多型を解析することに関する研究費などのコスト，各群

において適正なサンプル数を確保するうえでの困難といった問題に直面することになる。

　こうした課題を解消するうえで，ベルスキーら（Belsky & Beaver, 2011）のアプローチが参考になる。彼らは，認知・行動等の柔軟性への関与が予測される「感受性遺伝子（plasticity allele）」のうち5種（5-HTTLPR, DAT1, DRD2, DRD4, MAOA）を取り上げ，より柔軟とされるサブタイプを有する場合は1点，もう一方のサブタイプを有する場合は0点という形で，各個人における5種のサブタイプの合計得点（0〜5点）を算出し，これと情動調整の質に関わる主観的評定（参加者とその母親による）との関連を検討した（Belsky & Beaver, 2011）。その結果，感受性遺伝子の合計得点の高い個人ほど，情動調整の質は，両親の養育態度の影響を大きく受け，その「良し悪し」と同方向にシフトすることがわかった。同様の知見として，アフリカ系アメリカ人において，10歳時点での社会環境（学校・地域，両親の養育態度，人種差別の経験）が，5年後までの攻撃行動（器物破損，傷害，銃器の使用履歴など）の生起頻度を予測しうることも示されている（Simons et al., 2012）。このようにネガティヴな環境の影響を受けやすい個人は，同時に，質の高いサポートをより有利な形で享受しうるためであり，上述した環境による情動障害のリスクの低減効果とも符合する。

◆4．環境による影響と世代間伝達：エピジェネティクス

　遺伝情報は，いわゆるセントラルドグマ（central dogma）として知られる基本原則において，DNA上の特定部分（つまり遺伝子）のアンチセンス鎖を鋳型として，メッセンジャー・リボ核酸（mRNA: messenger Ribonucleic Acid）へと「転写」され，さらにタンパク質へと「翻訳」される。ここでの「転写」は，RNAポリメラーゼと呼ばれる酵素により触媒され，DNAにあるGはC（CはG），TはA（AはT）へとコピーされる。これら文字はいわば料理でいうところのレシピであり，重要なのは，レシピをタンパク質へと翻訳するタイミングおよび量である。そのタイミングの制御に関わるのが，DNAにあるエンハンサー領域，量の制御に関わるのがプロモーター領域として知られており，

こうしたDNAの様々な領域が緊密に響き合うことにより，多様な形質や機能が実現する。

　こうした塩基配列から，多様な表現型が生じうる点に注目するのが「エピジェネテクス」の発想である。従来，セントラルドグマにおいて，遺伝情報はDNAからmRNAへと転写され，続いてタンパク質に翻訳されるという一方向の流れにあるとされてきた。ところが，1970年代に入り逆転写酵素（reverse transcriptase）が発見されたことにより，RNAの一種のレトロウイルスが逆転移酵素を使って自身の情報をDNAに書き込み，その結果，DNAの機能が修飾されることが明らかとなった。これは遺伝子を始点とする情報伝達は，逆からの影響も起こりうることを意味し，つまり突然変異のように塩基配列の変化を伴わずとも，遺伝子の発現形態は修飾され，環境入力により，ある遺伝子は活性化し，あるものは抑制されることによって，細胞から各器官，脳，高次精神機能に至る各階層の機能が変化するのである。

　このようにDNAの発現変化には種々の過程が介在し，そうした変化は，染色体を構成するヒストンとDNAの各々において生ずるが，ここではその代表的な例としてDNAに生じるメチル化（methylation）を取り上げる。DNAメチル化とは，塩基配列の主にはCpG島（CpG island）と呼ばれる，いわゆるCとGが多く集積した配列にメチル基（-CH3）が接合することにより，その部分の遺伝子の発現が阻害されることをさす。こうした分子レベルの反応は，内因／外因性の入力により生じ，遺伝子発現に関わるスイッチをオン・オフすることにより，個体を構成する各階層に対して影響する。たとえば，同様の塩基配列をもつ一卵性双生児であったとしても，その表現型に違いが生じる過程の

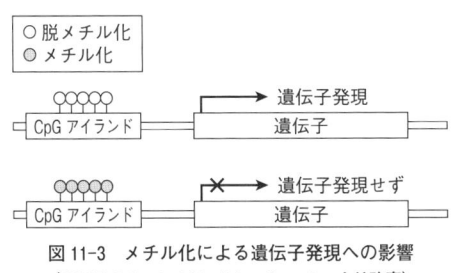

図11-3　メチル化による遺伝子発現への影響
（UCSF School of Medicine Genetics より改変）

みならず，そうした違いが直接・間接的に環境に対して作用した結果，ふたたび，その個人に影響をもたらすといった具合で，複雑な構造の中にエピゲノム機構が介在する。

　たとえば，幼児期の虐待体験は，視床下部－下垂体－副腎系（HPA系：hipothalamic-pituitary-adrenal axis）を介しコルチゾールなどのストレスホルモンのレベルに対して影響するが，ラットなどの脳組織の細胞生物学的解析を通じて，グルココルチコイド受容体，BDNFにおけるメチル化率が上記の過程に関与することがわかってきた（Roth et al., 2009）。また，現時点においては，ヒトに関わる知見は少数であるが，死後脳試料の解析により，被虐待経験者の海馬（hippocampus）におけるグルココルチコイド受容体（glucocorticoid receptor）の発現量が統制群と比して低下し，なおかつ関連するプロモーター領域の糖質コルチコイド受容体遺伝子（NR3C1: glucocorticoid receptor gene）のメチル化率が高い（たとえばMcGowan et al., 2009）。このメチル化率は，一方ではストレッサーへの反応性に関わる個人間差として機能することもわかっている（Kinnally et al., 2011）。

　こうしたエピジェネティックなマーカの多くは受胎後速やかにリセットされる一方で，一部の環境要因（ストレス，食習慣など）はそうした修飾を経て，次世代，さらには第3，第4世代にまで伝わる可能性も示唆されている。たとえば，事象そのものを体験せずとも，第1世代において嫌悪条件づけされた刺激に対し，その子孫も同様の嫌悪反応を示すように（Dias & Ressler, 2014），特定世代において生じたメチル化が，生殖細胞を介し，第2，第3世代のDNA，および脳の構造的特徴，特異的な恐怖反応へと受け継がれる可能性がある。いわばラマルクの用不用説・獲得形成の遺伝を支持する見方と言えるだろう。

◆5．まとめ

　遺伝と環境に関わる研究は，心理学を基盤に，多様な領域を巻き込み急速に発展するエキサイティングな研究領域である。そうして個人差に関わるエピゲノムデータは，虐待あるいは経済的格差などのもたらす負のスパイラルを明らかにし，特定領域のメチル化量は，個人への発達支援，介入の効果を査定，定

量化するバイオマーカーとしても将来，活用しうるだろう。同時に，こうした視点は決定論的であるため，同時に，人間の可塑性にも留意することが望まれる。どの遺伝子が，いつ，どこで，どの程度発現するのか。本章で見てきたように，その発生，分化，増殖，加齢などのプログラムに着眼することにより，その個人差のメカニズムが明らかとなり，個人に適切な支援の具体化，そのための制度設計・整備に向けた手がかりが得られることも期待される。

■**Further Reading**
仲野 徹（2014）．エピジェネティクス―新しい生命像をえがく　岩波書店
野村 理朗（2010）．なぜアヒル口に惹かれるのか？―顔の認知心理学　メディアファクトリー新書
Dawkins, R. (1976). *The selfish gene*. Oxford, UK: Oxford Univesity Press.（ドーキンス，R. 日高 敏隆・岸 由二・羽田 節子・垂水 雄二（訳）（2006）．利己的な遺伝子　紀伊國屋書店）

■**文　献**
安藤 寿康（1999）．遺伝と教育―人間行動遺伝学的アプローチ　風間書房
Belsky, J., & Beaver, K. M. (2011). Cumulative-genetic plasticity, parenting and adolescent self-regulation. *Journal of Child Psychology and Psychiatry, and Allied Disciplines, 52*(5), 619-626. doi:10.1111/j.1469-7610.2010.02327.x
Chiao, J. Y., & Blizinsky, K. D. (2010). Culture-gene coevolution of individualism-collectivism and the serotonin transporter gene. *Proceedings. Biological Sciences /The Royal Society, 277*(1681), 529-537. doi:10.1098/rspb.2009.1650
Dias, B. G., & Ressler, K. J. (2014). Parental olfactory experience influences behavior and neural structure in subsequent generations. *Nature Neuroscience, 17*(1), 89-96. doi:10.1038/nn.3594
Hariri, A. R., & Holmes, A. (2006). Genetics of emotional regulation: The role of the serotonin transporter in neural function. *Trends in Cognitive Sciences, 10*(4), 182-191. doi:10.1016/j.tics.2006.02.011
Kinnally, E. L., Feinberg, C., Kim, D., Ferguson, K., Leibel, R., Coplan, J. D., & John Mann, J. (2011). DNA methylation as a risk factor in the effects of early life stress. *Brain, Behavior, and Immunity, 25*(8), 1548-1553. doi:10.1016/j.bbi.2011.05.001
Kondo, H. M., Nomura, M., & Kashino, M. (2015). Different roles of COMT and

HTR2A genotypes in working memory subprocesses. *PLOS ONE, 10*(5), e0126511. doi:10.1371/journal.pone.0126511

Lesch, K. P., Bengel, D., Heils, A. Sabol, S. Z., Greenberg, B. D., Petri, S., ...Murphy, D. L. (1996). Association of anxiety-related traits with a polymorphism in the serotonin transporter gene regulatory region. *Science, 274*, 1527-1530.

McGowan, P. O., Sasaki, A., D'Alessio, A. C., Dymov, S., Labonté, B., Szyf, M., ... Meaney, M. J. (2009). Epigenetic regulation of the glucocorticoid receptor in human brain associates with childhood abuse. *Nature Neuroscience, 12*(3), 342-348. doi:10.1038/nn.2270

Nederhof, E., Bouma, E. M. C., Riese, H., Laceulle, O. M., Ormel, J., & Oldehinkel, A. J. (2010). Evidence for plasticity genotypes in a gene-gene-environment interaction: The TRAILS study. *Genes, Brain, and Behavior, 9*(8), 968-973. doi:10.1111/j.1601-183X.2010.00637.x

Nomura, M., Kaneko, M., Okuma, Y., Nomura, J., Kusumi, I., Koyama, T., & Nomura, Y. (2015). Involvement of serotonin transporter gene polymorphisms (5-HTT) in impulsive behavior in the Japanese population. *PLOS ONE, 10*(3), e0119743. doi:10.1371/journal.pone.0119743

Pener-Tessler, R., Avinun, R., Uzefovsky, F., Edelman, S., Ebstein, R. P., & Knafo, A. (2013). Boys' serotonin transporter genotype affects maternal behavior through self-control: A case of evocative gene-environment correlation. *Development and Psychopathology, 25*(1), 151-162. doi:10.1017/S095457941200096X

Polderman, T. J. C., Posthuma, D., De Sonneville, L. M. J., Stins, J. F., Verhulst, F. C., & Boomsma, D. I. (2007). Genetic analyses of the stability of executive functioning during childhood. *Biological Psychology, 76*(1-2), 11-20. doi:10.1016/j.biopsycho.2007.05.002

Raby, K. L., Cicchetti, D., Carlson, E. A., Cutuli, J. J., Englund, M. M., & Egeland, B. (2012). Genetic and caregiving-based contributions to infant attachment: Unique associations with distress reactivity and attachment security. *Psychological Science, 23*, 1016-1023 doi:10.1177/0956797612438265

Rajender, S., Avery, K., & Agarwal, A. (2011). Epigenetics, spermatogenesis and male infertility. *Mutation Research/Reviews in Mutation Research, 727*(3), 62-71. doi:10.1016/j.mrrev.2011.04.002

Roth, T. L., Lubin, F. D., Funk, A. J., & Sweatt, J. D. (2009). Lasting epigenetic influence of early-life adversity on the BDNF gene. *Biological Psychiatry, 65*(9), 760-769. doi:10.1016/j.biopsych.2008.11.028

Simons, R. L., Lei, M. K., Brody, G. H., & Gibbons, F. X. (2012). NIH Public *Access, 76*(6), 1-37. doi:10.1177/0003122411427580.Social

高橋 雄介・野村 理朗 (2015). 実行機能の遺伝的基盤—人間行動遺伝学研究と遺伝子多型研究の知見から 心理学評論, *58*, 160-174.

Tunbridge, E. M., Bannerman, D. M., Sharp, T., & Harrison, P. J. (2004). Catechol-*o*-methyltransferase inhibition improves set-shifting performance and elevates stimulated dopamine release in the rat prefrontal cortex. *The Journal of Neuroscience: The Official Journal of the Society for Neuroscience, 24*(23), 5331-5335. doi:10.1523/JNEUROSCI.1124-04.2004

コラム 11　発達の個人差への支援

福田　みのり

　発達の個人差を支援する際，どこまでが「正常（定型）」でどこからが「異常（非定型）」かということがしばしば問題とされる。「発達障害」と言った言葉で語られることも多く，世間では実態が理解されないままレッテルを貼ることで安心をするといった状態がないとはいえない。それでは，専門家として発達の個人差をどのように支援したらよいのであろうか。この問題と発達をどう捉えるのかという「発達観」の問題は大きく関わっている。古澤（2002）によれば，発達支援とは，「最新の発達心理学の成果に基づく発達観と，そこから出発する具体的な他者との関わりを通して，より適切な人生の方向性を共有していくこと」である。ここでいう「発達観」とは，①発達を個人に内在することのみで見るのではなく，個人と個人を取り巻く社会との交互作用による共有事象と考える，②人間のありのままに関心を向け，生活に密着した形で発達の変化を捉えるといったことである。発達の個人差を「固定的」なものではなく「相対的でダイナミック」なものとして捉える視点をもち，支援をしていくことが重要である。

　このように考えると，発達の個人差への支援とは具体的にどのように支援することなのだろうか。まず，当事者が生活をしていくうえで生きづらさを感じている場合に，それに対する支援が必要である。その際，当事者が何に困っているのかを明らかにするために，面接調査や発達検査等を通してのアセスメントは欠かせない。このアセスメントにおける評価や支援の観点に上述したような「発達観」を反映させることが重要である。たとえば，アセスメントの結果を伝える際，発達指数や知能指数といった数値のみを伝えるのではなく当事者が日常生活で困っていることと関連づけて説明する。これにより，どのような支援が可能かを本人と共に考えようという支援者の姿勢や「生活の中で発達を支援する」という観点を伝えることにもつながるだろう。

　また，当事者のみならず家庭や学校現場，社会福祉施設等，当事者をとりまく環境に対する支援も求められている。発達特性とまわりの環境との関係がうまくいかず，いわゆる二次障害と呼ばれる状況が発生することもあるからである。前述した①の発達観に基づき「関係性を支援する」という視点をもって支援する必要がある。

　さらに今後は，専門家だけが支援するという考えではなく，非専門家とともに当事者をとりまく制度やコミュニティを変容させていくといった，よりマクロな視点も重要となる。専門家だけが前述したような「発達観」をもっていたとしても，社会の中でそれが浸透していなければ当事者の生きづらさは変わらない。専門家は，当事者への具体的な対応のみならず，改めて自分の「発達観」を問い直し，それを支援という実践の中で，社会に発信していくことが求められている。

12
学習と動機づけ

杉浦　健

◆1．はじめに

　本章では学習と動機づけについて認知心理学から概説していくが，それらの研究には多様な広がりがあり，限られた紙数ではとても言及しきれない。そこで本章では，本書が教育認知心理学を展望するということに鑑み，主として子どもの学習と動機づけを説明しうる研究を中心としてまとめていく。より具体的に問いの形で言えば，子どもが学習に取り組むのはなぜか，逆に子どもが学習に取り組まない，もしくは取り組めないのはなぜか，そしてどのように学習に取り組ませたらいいのかを説明しうる研究を概観していく。

　動機づけを構成する要素としては，「認知」「感情」「欲求」の3つがあり，そのどれを強調するかという観点から動機づけ理論を大きく分類することが可能である（速水，1998；鹿毛，2004；伊藤，2007）。本章ではその中でも大きな流れとなっている，(1) 内発的動機づけ理論を中心として発展してきた「欲求」を理論の中心におく一連の研究と，(2) 達成動機づけ理論の「価値・期待モデル（expectancy-value model）」をベースにおき，行動の価値の認知やそれを成し遂げられるかの可能性の認知（＝期待）が動機づけを左右すると考える「認知」を理論の中心におく一連の研究との2つの流れで整理して紹介していく。それによってそれぞれの動機づけ理論の関連が明確になり，個々の理論の理解がより進むと考えられる。

◆2．動因低減説から内発的動機づけ理論へ

　「欲求」をその理論の中心におく動機づけ理論のはじまりは，ハル（Hull,

1943）の動因低減（drive reduction）説であろう。行動主義心理学に基づいた学習の研究においては，動物を動機づけ，学習させるにあたって，空腹状態や渇き状態を作り出し，エサや水が報酬の役割を果たす状態においていた。空腹や渇きのような状態は，動物にとって不快な動因（drive）であり，動物はその不快な状態をなくしてくれる誘因（incentive）に動機づけられ，行動を行い，学習すると考えられてきた。動物は不快な動因を減らすために行動し学習することから，この動機づけ理論は「動因低減説」と呼ばれた。

ところがその後，不快な動因がなくとも行動が始発し，持続することが様々な観察，実験より推察されるようになってきた。たとえばハーロー（Harlow, 1950）は，エサと水を十分に与えられた2匹のサルに鍵や蝶番を組み合わせて作った知恵の輪のようなパズルを示して行動を観察した。サルは，パズルができたところでなんの報酬ももらえるわけではなかったが，熱心にパズルを解こうとし，日を重ねるにつれて，パズルの解き方が上手になり，順番をまちがえたり，はずしそこなったりする回数が著しく減少した。また，バトラー（Butler, 1953）は，箱に入れられたサルが，食べ物などの報酬がなくとも，視覚的な刺激を得るためだけに青と黄色を区別する課題を成し遂げることを報告し，探索動機（exploration motivation）と名づけた。ネズミが何の報酬も与えられなくても，まるで興味の赴くままに（このような言い方は当時の行動主義心理学ではご法度であろうが）新奇な場所において探索行動を行うことも観察されており（Montgomery, 1954），動因低減説では説明できない何ら外的な報酬に基づかない行動があることが明確になってきた。

デシ（Deci, 1975）は，何ら外的な報酬に基づかず，何の動因も低減することなく，その行動そのものが報酬である行動を内発的動機づけ（intrinsic motivation）に基づいた行動と名づけ，動因を低減させたり，報酬を手に入れたりするなど，行動の源泉が生体の外にある行動としての外発的動機づけ（extrinsic motivation）に基づいた行動と対比した。そして人や動物は本来的に好奇心に満ちた存在であり，自ら行動を起こし，持続させ，様々なことを学ぶことのできる存在であると主張した。

このような主張は，授業を子どもたちの興味・意欲・関心をより強く引くものにすることの重要性を再認識させた。適切な教材を使って興味を喚起するこ

とができれば，子どもたちは自ら学ぶことができるのである。

◆3. 内発的動機づけのアンダーマイニング現象と認知的評価理論

　デシ（Deci, 1972）は，もともと内発的な動機づけに基づいて行われている行動に報酬を与えると内発的動機づけが低下することをソマ（Soma）と呼ばれるパズルを使った実験によって明らかにした。デシは，大学生に3回のセッションでソマパズルに取り組んでもらった。はじめのセッションで大学生は熱心にこのパズルに取り組んだという。次のセッションでは大学生を2群に分け，実験群のみにパズルが解けるごとに1ドルを支払った。その後，実験の準備のためという口実で実験者が8分間席を離れるのであるが，この第3セッションまでの8分間で，雑誌や別の娯楽物もあるなか，どのくらい自発的にパズルに取り組むかが内発的動機づけの指標とされた。その結果，報酬をもらった群は，報酬を与えられなかった群（208.4秒）に比べて約半分の時間（108.6秒）しかパズルを行わなかったのである。

　この実験は，内発的動機づけに基づいて取り組んでいる行動に報酬を与えると，取り組むことそれ自体が目的であり報酬である内発的動機づけに基づいた行動が，報酬を手に入れるための手段，すなわち外発的動機づけに基づいた行動にすり替わり，報酬がなくなった途端に行動する理由が失われ，行動が行われなくなることを示している。このような報酬に伴う内発的動機づけの低下は，報酬による内発的動機づけのアンダーマイニング（undermining：「削り取る」などの意）現象と言われる。

　ただし，報酬を与えることが必ずしも内発的動機づけを低下させるわけではない。レッパーら（Lepper et al., 1973）は，幼稚園児を，①ただ絵を描かせる群，②絵を描けばごほうびをあげると予告した群，③予告をせずに良い絵が描けたねとごほうびをあげる群に分け，その後の自由時間に自発的に絵を描く時間を比較した。その結果，ごほうびを予告した群は他の2群に比べて自発的に絵を描く時間が少なかった。

　デシ（1975）は，報酬による内発的動機づけのアンダーマイニング現象に関する一連の研究結果を解釈するにあたって，ホワイト（White, 1959）のコンピ

テンス（competence：「有能感」の意）の概念とドシャームズ（deCharms, 1968）の自己原因性（personal causation）の概念を援用しながら，人が内発的に動機づけられた行動を行う源泉にコンピテンスと自己決定（self-determination）の欲求があるとする内発的動機づけの認知的評価理論（cognitive evaluation theory）を提唱した。認知的評価理論に基づくと，レッパーらの結果は，報酬が行動をコントロールし自己決定を妨げる場合には内発的動機づけが損なわれ，有能感に対する情報として働くと内発的動機づけを維持，向上させると解釈することができる。認知的評価理論は，報酬の意味をどのように認知するかによって内発的動機づけが増減することを示している。

◆4．自己決定理論

　ライアンら（Ryan et al., 1985）は，その行動が目的か手段かよりも，それが自己決定されているかどうかの方に焦点を当て，自己決定の度合いによって内発的動機づけと外発的動機づけの間の動機づけ状態を想定する自己決定理論（self-determination theory）を提唱した。

　ライアンらによると，まず親から言われていやいや勉強するといった段階で，ほとんど自己決定がなされていない状態である「外発的動機づけ」の段階がある。ほとんど自己決定されていないのだが，それでも行動するという意味ではわずかであるが自己決定的に動機づけられているとも言える。次に「取り入れ調整段階（introjected regulation）」がある。たとえば，みなが勉強しているから自分も仕方なく勉強するとか，悪い点を取って恥をかきたくないから勉強するなど，勉強すること自体にはあまり価値をおいていないが，外からの強制力がなくとも行動が行われる段階である。さらに自己決定が進むと，自分の価値として行動する理由を同一化する「同一化調整段階（regulation through identification）」になる。「同一化調整段階」では，自分にとって重要だから勉

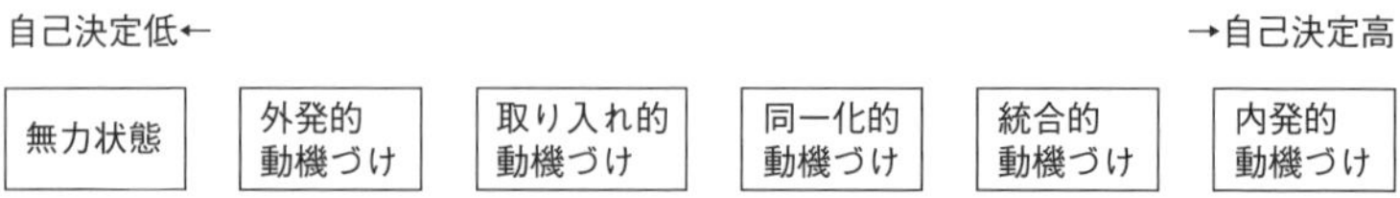

自己決定低← 　　　　　　　　　　　　　　　　　　　　→自己決定高

| 無力状態 | 外発的動機づけ | 取り入れ動機づけ | 同一化動機づけ | 統合的動機づけ | 内発的動機づけ |

図12-1　自己決定の段階による動機づけ状態

強するといった動機づけ段階であり，たとえば薬剤師をめざす学生が苦手な化学を勉強する場合などである。そして次に「統合的調整段階（integrated regulation）」がある。「統合的調整段階」は価値を自己の中に内在化させて，誰からも強制されることなく，自ら課題に取り組む段階である。海外での活躍をめざす学生が自ら英語を学ぶような状態である。

後に，ヴァラランドとビゾネット（Vallerand & Bissonnette, 1992）は，まったく動機づけのない「無力状態（amotivation）」と，新しいことを学ぶこと自体に動機づけられている「内発的動機づけ段階」を加え6つの段階を質問紙で測定し，それぞれが近い段階であるほど相関が高いことを明らかにしている。

デシとライアン（Deci & Ryan, 1994）によると，自己決定を支援し，内発的動機づけを促進する要因として，意味ある理由づけ，個人的感情の承認，統制ではなく選択を強調する対人的スタイルの3つがあるという。自己決定理論は，はじめは外発的動機で学び始めたものであったとしても，他者の働きかけによってより自己決定的で内発的動機に変わりうることを想定している。学校での勉強は，必ずしも子どもたちの内的な好奇心から学び始められるものだけではなく，むしろ社会や受験で必要とされるために学ぶものの方がずっと多いわけであるから，本質的には外発的動機から始まると言える。外発的動機づけに基づいた学習をより内発的・自己決定的なものに変えていけるという視点は，教員や教育現場に有用な視点であるだろう。

◆5．アトキンソンの達成動機づけ理論

次に時代を再びさかのぼり，もう1つの大きな流れである「認知」を重視する研究について説明しよう。これらの流れの源流はマクレランドやアトキンソンの達成動機づけの研究にその端を発するものである。達成動機づけ理論も内発的動機づけ理論と同じく，動因低減説に対する代案として示されたものである。彼らはマレー（Murray, 1938）の提唱した社会的欲求の1つである達成動機に注目し，人は動因のみに動機づけられて行動するわけではなく，達成動機のような社会的欲求に基づいても行動すると考えた。

マクレランドら（McClelland et al., 1953）の定義によると，達成動機づけ

(achievement motivation) とは，①卓越基準を設定しこれに挑むこと，②独自なやり方で達成しようとすること，③長期間かかる達成を期していることである。また彼らは，このような達成動機は，知覚と期待との間のズレによって喚起された感情によって引き起こされ，ズレが最適であると快の感情が引き起こされて達成動機が高まり，ズレが大きすぎると不快な感情が喚起され，達成動機につながらないという感情喚起モデル（affective arousal model）を提唱した。

たとえば，レベルの高い志望校に合格するために勉強を始めようと思ったとき，それまでに成績を向上させた経験をもっている者は，その経験によって現在の自分の学力と志望校に合格するための学力にちょうど良いズレを認識することができ（自分はできるという期待を感じることができ），受験勉強をすることができる。それに対して，これまで勉強での成功経験がなかったり，親からの過度の期待によって快の感情を経験できなかったりした者は，ズレが大きすぎて志望校に合格しようとする達成行動を起こすことが難しくなる。

アトキンソンとフェザー（Atkinson & Feather, 1966）は，達成動機づけの理論を発展させ，達成動機の強さは直接達成行動につながるわけではなく，達成したいという達成接近の要因と失敗したらどうしようという失敗回避の要因の足し合わせによって達成行動が左右されると考えた。アトキンソンらは，達成動機が成功時の誇りの感情によって高まり，失敗時の恥の感情によって低下すると考えた。また，成功確率（P）と誘因（I）（その達成課題の価値）に相補的な関係があると仮定（I＝1－P）し，成功確率が低いと，成功したときの誇りの感情が強くなって達成行動を導き，成功確率が高いと誇りの感情は弱くなり，失敗したときの恥の感情が強くなって達成行動を妨げるとする。アトキンソンは，これらの仮定から，最終的に

$$T_A = (M_S - M_{AF}) \times [P_S \times (1-P_S)] + T\mathit{ext}$$

　　＊ T_A＝達成傾向，M_S＝成功接近の動機，M_{AF}＝失敗回避の動機，
　　　P_S＝主観的成功確率，$T\mathit{ext}$＝外発的な達成傾向

の式を導り，達成行動の持続性やどのような難易度の課題を選択するかなど，達成行動のシミュレーションを行った。

たとえば，達成傾向は，成功確率50％の際に成功接近の動機が失敗回避の動機よりも強い者で最大に，失敗回避の動機が成功接近の動機よりも強い者で最小になり，失敗回避の強い者は極端に成功確率の高い課題か極端に成功確率が低い課題を選びがちになる。

その後の多くの実証研究では，行動の持続性や課題選択についてはおおよそ仮説が指示されているが，遂行成績については一貫した結果が得られていない。後にアトキンソン（Atkinson, 1974）は，動機づけに最適水準があるとするヤーキーズ・ドッドソン（Yerkes-Dodson）仮説を組み込み，達成動機づけは内発的動機であり，それに外発的動機が加わったとき，それらの足し合わせの達成動機が高すぎても課題遂行にマイナスになるように理論を修正している。

アトキンソンの達成動機づけ理論の特徴は，宮本（1981）が指摘するように，やる気を表側だけでなく，裏側からも見た点にある。達成行動を引き出すには，達成動機を高める働きかけと，達成動機を妨げている要因を取り除く働きかけの両方が可能であることを意味する。特に後者の達成動機を妨げる要因については，テスト不安の研究や何を達成と考えるかによって成功時や失敗時の達成行動が異なってくることを明らかにした達成目標の研究（たとえばNicholls, 1989）につながっている。

◆6．ワイナーの原因帰属理論

ワイナー（Weiner, 1974）は，ハイダー（Heider, F.）やケリー（Kelley, H. H.）の原因帰属（causal attribution）の考えを達成動機づけの理論に組み込み，成功や失敗の結果に対してその原因を何と考えるかによってその後の達成行動が変わるという原因帰属理論（attribution theory）を考えた。ワイナーは，人は失敗や成功の結果を様々な原因に帰属するが，それらの原因が自分の内側にあるか外側にあるかという統制の位置（locus of control）の次元，また比較的安定したものなのかそれとも不安定な（変わりうる）ものなのかの安定性の次元の2次元で分類した。

表 12-1　達成行動について認知された決定因の分類
(Weiner, 1974)

安定性	統制の位置	
	内的	外的
安定	能力	課題の困難度
不安定	努力	運

　そして，統制の位置の次元は期待を通して，安定性の次元は感情を通して，行動に影響を与えるとした。たとえば失敗の原因を内的で変わりうる努力に帰属したときには，次にがんばれば何とかなるという期待を通して後の行動につながるが，内的で安定な自分の能力に帰属した場合には，期待が失われ，また恥の感情も喚起されて，後の行動が起こらなくなってしまうという。また，たとえば成功の原因を内的な能力や努力に帰属した場合には，誇りの感情が喚起されて後の行動につながるが，外的な課題の困難度（課題がたまたま簡単だったから）や運がよかったからと考えた場合には，誇りの感情が喚起されず，後の行動につながらないという。

　ワイナー（Weiner, 1979）は，後に原因帰属について統制可能性の次元も加えた3次元で分類したり，誇りや恥以外にも多くの感情が動機づけに関わるとしたりと理論を修正しているが，基本的な考えは一貫して原因帰属の主観的認知が感情を通して達成行動につながるということである。成功や失敗といった客観的な結果ではなく，それらの出来事をどのように認知するかの方がより影響力をもつという考え方は，まさに認知心理学の考え方と言えよう。

　原因帰属理論は，達成動機づけの研究にとどまることなく，次節の学習性無力感理論とつながり，帰属スタイルの研究を通して抑うつのモデルの一翼を担い，抑うつの治療のための認知行動療法に行きつくことにもなっている。

◆7．学習性無力感理論

　学習によってむしろ期待が低減し，無力感につながってしまうと考えたのが，セリグマン（Seligman, M.）の学習性無力感（learned helplessness）の実験である。セリグマンとメイヤー（Seligman & Maier, 1967）は，電気ショックを

使った学習実験で動かなくなってしまったイヌたちを偶然観察したことからヒントを得て，3群のイヌにそれぞれ異なった条件で電気ショックを与え，その行動変化を見た。それぞれの群のイヌは，本来は牛をならんでつなげるための「くびき」でその場から動けないように止められていた。1群目のイヌは電気ショックが与えられた後，うまく鼻でパネルを押すと電気ショックが止まる条件，2群目のイヌは自分の行動とは関係なく，1群目のイヌが鼻でパネルと押すと電気ショックが止まる条件（つまり1群目のイヌと全く同じだけ電気ショックを与えられる），3群目のイヌは電気ショックが与えられない条件であった。このような条件で電気ショックを与えられたイヌたちは翌日，シャトルボックスという，片方の部屋の床から電気ショックが与えられるが，イヌの肩の高さの障壁で仕切られた隣の部屋に行けば電気ショックを受けずにすむ状況におかれ，電気ショックからどのように逃れるかが観察された。その結果，電気ショックを自分の行動で止められていた群と，電気ショックを与えられていなかった群のイヌが簡単に隣の部屋に跳び移ったのに対して，自分の行動ではいかようにも電気ショックから逃れられなかった2群目のイヌは，1回目の条件の電気ショックに対して「何をしても無駄だ」ということを学ぶことによって，無行動・無抵抗になってしまったのである。このことは当時の行動主義に基づく学習理論の大前提である，学習は反応が客観的な報酬か罰をもたらすときのみ生起するということを否定し，イヌですら逃避できる，できないといった期待によって動機づけが左右されるという認知の重要性を示したのである。

学習性無力感は，学校において勉強ができないことだったり，いじめから逃れられない状況におかれていたり，親から身体的虐待やネグレクト（無視）の状況におかれていたりなどする子どもたちの無力感を説明する理論と言える。

◆8．改訂学習性無力感理論

セリグマンのイヌのように同じようなコントロール不可能な状況に陥ったときでも，その状況をどう捉えるかによって無力感に陥る程度が異なってくると考えたのが，改訂学習性無力感理論である。エイブラムソンら（Abramson et al., 1978）らは，人を対象にした学習性無力感の実験において，コントロール

不可能な失敗が繰り返される状況におかれても無力感に陥らない人がいることを説明すべく，前述のワイナーの提唱した原因帰属の考えを取り入れ，同じ結果に対してその原因をどのように認知するかによって無力感に陥るかどうかが変わると考えた。彼らはワイナーの原因帰属の次元である内的‐外的次元と安定的‐不安定性（変動性）次元に，「全般的‐特定的」の全般性次元を加えて3次元とし，コントロール不可能な失敗の原因を自分だけ（内的），いつでも（安定的），この課題だけでなくすべてにわたって（全般的）だと考えると，無力感が自尊心の低下を伴って持続してしまうと考えた。またこのような帰属の仕方にはそれまでの学習によってしみついた思考の習慣としての個人差があり，その習慣を変えることによって無力感や抑うつに陥らずに済むと主張した。後にはこの個人差である帰属スタイルを測定する帰属スタイル尺度（Attribution Style Questionnaire, ASQ）も作られ，おおむね改訂理論を支持する結果が得られている（Seligman et al., 1979）。エイブラムソンら（1988）はその後，学習性無力感を抑うつの理論として捉え，臨床的な適用をめざす抑うつの絶望感理論を提唱し，否定的な原因帰属が後の否定的な結果と否定的な自己の性格を推論させることを通して絶望感につながり，それが抑うつ症状を引き起こすとしている。

　これら一連の学習性無力感理論は，エリスの論理療法（Ellis, 1988）やベックの認知療法（Beck, 1976）ともつながり，現在の認知行動療法の基礎理論の1つとなっている。またセリグマンは学習性楽観主義（learned optimism）を経由して，疾患の治療など弱みを補完する心理学だけでなく，長所や強みを伸ばすために研究を行うべきと考えるポジティブ心理学を推進する立場に行きついている（たとえばSeligman & Csikszentmihalyi, 2000）。動機づけ研究は，このように動機づけの分野にとどまらず，心理療法や心理学のあり方そのものを問題とする研究などにも広がりをもっている。

◆9．自己調整学習

　最後に，動機づけを直接的に扱った理論ではないが，今後の教育分野における動機づけを考えるにあたって重要だと思われる自己調整学習（self-regulated learning）について言及する．自己調整学習とは，ジマーマン（Zimmerman, 2001）によれば，自分自身の学習過程としての動機づけや行動をメタ認知的に捉え，積極的に自己調整していくことである．

　ここまで言及してきた動機づけ理論は，比喩的に言えば動機づけを人の中にある行動の源になるエネルギーとして捉え，それを左右する要因，欲求だったり，期待だったり，価値だったりを明らかにしようとしてきた．それに対して，自己調整学習の研究は，動機づけというエネルギーを学習者自らがどうコントロールして学習につなげていくかを問題とする．自己調整学習は，学習者を受動的な存在ではなく，より能動的な存在として考えているのである．たとえば伊藤・神藤（2003）は，学習を効果的に進めていくために自ら動機づけを高めたり維持したりといった動機づけ的側面を自己調整する方略を「自己動機づけ方略（self-motivational strategy）」と称して検討を行い，自分で自分に報酬を与えることでやる気を高める報酬方略や，学ぶ内容を自分の興味のあるものと関係づける内容方略など，これまで説明してきた動機づけ理論の重要な要因を使って中学生が自らの動機づけを自己調整していることを明らかにしている．

　自己調整学習が意味するのは，動機づけを左右する要因は，達成動機づけにせよ，内発的動機づけにせよ，学習者から独立して存在するものではなく，自己調整ができるものだということである．これまでの動機づけ理論は動機づけを左右する要因を研究者が観察する視点で研究が行われてきたが，自己調整学習は，学習者が自分の動機づけをどのようにコントロールするのかを研究しており，視点がメタ認知的である．このようなメタ認知的視点をもった動機づけ研究は，「自ら学ぶ力」が強調される近年の教育界のあり方に合致しており，今後より重視されるのではないかと思われる．

■Further Reading
Zimmerman, B. J., & Schunk, D. H. (Eds.) (2001). *Self-regulated learning and academic achievement: Theoretical perspectives.* Mahwah, NJ: Lawrence Erlbaum Associates.（ジマーマン，B. J. & シャンク，D. H. 塚野州一（編訳）(2006). 自己調整の理論　北大路書房）
鹿毛雅治 (2013). 学習意欲の理論：動機づけの教育心理学　金子書房
上淵寿 (2004). 動機づけ研究の最前線　北大路書房

■文　献

Abramson, L. Y., Metalsky, G. I., & Alloy, L. B. (1988). The hopelessness theory of depression: Does the research test the theory? In L. Y. Abramson (Ed.), *Social cognition and clinical psychology: A synthesis* (pp. 33-65). New York: Guilford Press.

Abramson, L. Y., Seligman, M. E. P., & Teasdale, J. D. (1978). Learned helplessness in humans: Critique and reformulation. *Journal of Abnormal Psychology, 87*(1), 49-74.

Atkinson, J. W. (1974). Strength of motivation and efficiency of performance. In J. W. Atkinson, & J. O. Ranor (Eds.), *Motivation and achievement* (pp. 193-218). New York: Wilson & Sons.

Atkinson, J. W., & Feather, N. T. (1966). Review and appraisal. In J. W. Atkinson & N. T. Feather (Eds.), *A theory of achievement motivation* (pp. 327-373). New York: Wiley.

Beck, A. T. (1976). *Cognitive therapy and the emotional disorders.* New York: International Universities Press. (ベック, A. T.　大野 裕 (訳) (1990). 認知療法―精神療法の新しい発展 (認知療法シリーズ)　岩崎学術出版社)

Butler, R. A. (1953). Discrimination learning by rhesus monkeys to visual exploration motivation. *Journal of Comparative and Physiological Psychology, 46,* 95-98.

deCharms, R. (1968). *Personal causation: The internal affective determinants of behavior.* New York: Academic Press.

Deci, E. L. (1972). Intrinsic motivation, extrinsic reinforcement, and inequity. *Journal of Personality and Social Psychology, 22,* 113-120.

Deci, E. L. (1975). *Intrinsic motivation.* New York: Plenum Press. (デシ, E. L.　安藤 延男・石田 梅男 (訳) (1980). 内発的動機づけ　誠信書房)

Deci, E. L., & Ryan, R. M. (1994). Promoting self-determined education. *Scandinavian Journal of Educational Research, 38,* 3-14.

Ellis, A. (1988). *How to stubbornly refuse to make yourself miserable about anything -Yes, anything!* Secaucus, NJ: Lyle Stuart. (エリス, A.　國分 康孝・石隈 利紀・國分 久子 (訳) (1996). どんなことがあっても自分をみじめにしないためには―論理療法のすすめ　川島書店)

Harlow, H. F. (1950). Learning and satiation of response in intrinsically motivated complex puzzle performance by monkeys. *Journal of Comparative and Physiological Psychology, 43,* 289-294.

速水 敏彦 (1998). 自己形成の心理―自律的動機づけ　金子書房

Hull, C. L. (1943). *Principles of behavior.* New York: Appleton-Century-Crofts.

伊藤 崇達 (2010). やる気とは何か　伊藤 崇達 (編)　〔改訂版〕やる気を育む心理学 (pp. 8-23)　北樹出版

伊藤 崇達・神藤 貴昭 (2003). 中学生用自己動機づけ方略尺度の作成 心理学研究, 74, 209-217.

鹿毛 雅治 (2004).「動機づけ研究」へのいざない 上淵 寿（編） 動機づけ研究の最前線 (pp.1-28) 北大路書房

Lepper, M. R., Greene, D., & Nisbett, R. E. (1973). Undermining children's intrinsic interest with extrinsic reward: A test of the "over justification" hypothesis. *Journal of Personality and Social Psychology, 28*, 129-137.

McClelland, D. C., Atkinson, J. W., Clark, R. A., & Lowell, E. L. (1953). *The achievement motive.* New York: Appleton-Century-Crofts.

宮本 美沙子 (1981). やる気の心理学 創元社

Montgomery, K. C. (1954). The role of exploratory drive in learning. *Journal of Comparative and Physiological Psychology, 47*, 60-64.

Murray, H. A. (1938). *Explorations in personality.* New York: Oxford University Press.

Nicholls, J. G. (1989). *The competitive ethos and democratic education.* Cambridge, MA: Harvard University Press.

Ryan, R. M., Connell, J. P., & Deci, E. L. (1985). A motivational analysis of self-determination and self-regulation in education. In R. Ames & C. Ames (Eds.), *Research on motivation in education.* Vol. 2 (pp.13-51). New York: Academic Press.

Seligman, M. E. P., & Maier, S. F. (1967). Failure to escape traumatic shock. *Journal of Experimental Psychology, 74*, 1-9.

Seligman, M. E. P., Abramson, L. Y., Semmel, A., & VonBayer, C. (1979). Depressive attributional style. *Journal of Abnormal Psychology, 88*, 242-247.

Seligman, M. E. P., & Csikszentmihalyi, M. (2000). Positive psychology: An introduction. *American Psychologist, 55*(1), 5-14.

Vallerand, R. J., & Bissonnette, R. (1992). Intrinsic, extrinsic, and amotivational styles as predictors of behavior: A prospective study. *Journal of Personality, 60*, 599-620.

Weiner, B. (1974). *Achievement motivation and attribution theory.* Morristown, NJ: General Learning Press.

Weiner, B. (1979). A theory of motivation for some classroom experiences. *Journal of Educational Psychology, 71*, 3-25.

White, R. W. (1959). Motivation reconsidered: The concept of competence. *Psychological Review, 66*, 297-333.

Zimmerman, B. J., & Schunk, D. H. (Eds.) (2001). *Self-regulated learning and academic achievement: Theoretical perspectives.* Mahwah, NJ: Lawrence Erlbaum Associates.（ジマーマン，B. J. & シャンク，D. H. 塚野 州一（編訳）(2006). 自己調整の理論 北大路書房）

コラム 12　ダイエット行動
　　　　　　　　　　　　　　　　　　　　　　　　　　田中　久美子

　体重の減少をめざすダイエットは自己調整（self-regulation）を伴う問題解決行動であり，目標の設定および目標の進展のモニタリングが不可欠とされる（Baumeister & Vohs, 2007）。ところが，「夏までに 3 kg やせたい」という目標を掲げても，途中で挫折し，目標達成することなく夏を迎えてしまう人は少なくない。なぜダイエットの遂行は難しいのだろうか。

　原因の 1 つに，食べたい気持ちとのつき合い方がある。ダイエット中は，「やせたい」と「食べたい」の同時に満たすことが難しい 2 つの目標の間を揺れ動く。そこで，ダイエッターは，食べたら太りそうと思う食品を否定的に評価したり，そのカロリー量を過大視したりすることで食の欲求を抑制する。この目標間関係について，カーヴァーとシャイアー（Carver & Scheier, 2008）は，一方の目標の進展を知覚するとその目標への努力を弱め，他の目標へとシフトすることを示唆している。運動後に消費カロリー分を摂取してしまうのも，運動によりダイエット目標に近づいたとの認識が，食の欲求を高めるためである。また，低カロリーの表示により，消費者が摂取に寛容となり，皮肉にも過食や肥満を生んでいる（Hedley et al., 2004）という指摘も，目標の進展を誤って知覚したためと言える。

　ダイエット目標の阻害要因として食べたい気持ちを無理に抑制しようとすると，その反動で食に関する思考頻度が高まる現象は，思考抑制のリバウンド効果（Wegner et al., 1987）によっても説明される。意識的な意図や努力を要する思考抑制は，自己調整における心的資源を消耗するため，食の欲求を抑えるほどにダイエットの失敗を招きやすい。また，否定的感情の調整やストレス対処を目的とした情動的摂食も，摂取意図を高める可能性がある。なかでもダイエッターは，不快な思考や情動が引き金となり抑制のタガが外れて食べ過ぎる傾向がある。

　一方，「やせたい」という目標についても，「夏までに」のような時間的・心理的に遠い場合，目標進展のモニタリングが曖昧となり，楽観的な予測になりやすい。そのため，ダイエットを習慣化された行動の変容の積み重ねと捉え，「今，ここ」に焦点化した具体的な行動目標を変容段階に応じて設定するのが望ましい。ただし，急激な変化を伴うものは負担が大きく，開始や継続が困難となり，意志の弱さなど個人の特性に帰属しやすく，ストレスの増幅や自己評価の低下をもたらす。また，「明日から始めよう」と先延ばしの口実にもなりかねない。そこで，気軽に取り組むことのできるスモールチェンジを行動目標としたい。

　結局のところ，ダイエットに王道なしである。心理学の研究成果も取り入れながら，食べたい気持ちをうまくコントロールし，自らの特性や生活に合った健康的で持続可能な方法を見つけることであろう。そして，それを実行すること，これが何より大切である。

13
学校教育の展開と認知心理学の発展

藤村 宣之

◆1. はじめに

　現在の学校教育に関する世界的な動向として「教育の質の向上」と「平等性の追求」の両者が目標とされている。「教育の質の向上」については，認知心理学の研究成果を生かして「深い学習」をめざした教育が展開されてきている。一方で，1人1人の子どもに「深い学習」が達成され，平等性が実現されているかについては課題が残されている。本章では，現在の学校教育の現状と課題を概観した後，およそ50年間の認知心理学の発展がいかに学校教育に寄与してきたかを明らかにし，さらに2000年以降の最近の認知心理学の研究の発展が，上記の学校教育の課題をいかに解決しうるかについて展望する。

◆2. 学校教育における質の向上と平等性の追求

　最近の各国の教育政策では，学力水準の向上など「教育の質の向上」とともに，学力格差などの個人差をいかに縮小するかという「平等性の追求」が課題となっている。教育社会学の研究では，親の経済力が子どもの学業成績と関連するなど，経済格差と学力格差の関係が指摘されており（志水ら，2014など），全般的な学力の水準や質の向上とともに，子どもの学力などの格差の縮小，すなわち，結果としての平等（equity）の達成が学校教育の重要なテーマとなっている。

　OECDが各国・地域の高校1年生を対象に，学校教育で獲得した知識やスキルを日常場面で活用する力としてのリテラシーを3年おきに測っている国際比較調査に，生徒の学習到達度調査（PISA: Programme for International

Student Assessment）がある。その2012年調査における数学的リテラシーの平均得点を縦軸に，分布の広がり（上位10％と下位10％の平均得点の差）を横軸に，調査参加国・地域を布置すると，日本は平均得点では上位に位置し，個人差の大きさは参加国・地域の平均程度である（OECD, 2014）。日本より平均得点が高いのはアジアの6つの国・地域であり，台湾やシンガポールに顕著なように，平均得点も高いが個人差（分布の広がり）も大きいのが特徴である。一方で，フィンランド，エストニア，カナダなどのように，日本よりも平均得点はやや低いが国際平均よりは高く，国内の個人差の小さい国もいくつかみられる。たとえば，カナダでは，自国の平均得点が低下傾向にあることを認めながらも，国内の分布の広がり（個人差）が小さいことが評価されており，今後，個人差（学力格差）をさらに縮小していく方向性が示唆されている。日本が，今後，どのような教育の方向をめざすのか，分岐点に立っているとも考えられる。

◆3. 教育の質の向上としての「深い学習」の重視

　現在の学校教育では，先述の「教育の質の向上」という目標に関して，各国において，深い概念的理解や思考プロセスの表現といった「深い学習」が目標とされている。日本では，現行の学習指導要領（2008年改訂）において，基本的知識・技能の獲得に加えて，知識・技能の活用による思考力・判断力・表現力の育成が目標とされている。また，次期の学習指導要領改訂に向けての諮問（2014年11月）においても「どのように学ぶか」という学習の質や深まりが重視されている。

　アジアでは，2000年頃から，中国において入試に対応する「応試教育」から人間性を重視する「素質教育」への転換が図られ，またシンガポールでは教育の方針として，学ぶ学校（learning school）や考える国家（thinking nation）が提唱され，国の方針として思考力の育成に力が注がれている。また学力の国際比較調査で上位を保ってきたフィンランドでも2016年のナショナル・コアカリキュラム改訂において，教科を越えて多様な知識を関連づける，統合的な学習がさらに推進されるなど，欧米においても知識を関連づけることによる深い

表 13-1　深い学習と伝統的な教室の実践の対比（Sawyer, 2006）

知識の深い学習（認知科学の知見から）	伝統的な教室の実践（教授主義）
●深い学習に必要なのは，学習者が新しいアイデアや概念を先行知識や先行経験と関係づけることである。	●学習者は，教材を自分たちがすでに知っているものとは無関係なものとして扱う。
●深い学習に必要なのは，学習者が自らの知識を，相互に関係する概念システムと統合することである。	●学習者は，教材を相互に切り離された知識の断片として扱う。
●深い学習に必要なのは，学習者がパターンや基礎となる原則を探すことである。	●学習者は，事実を記憶し，手続きを実行するのみで，理由について理解することがない。
●深い学習に必要なのは，学習者が新しいアイデアを評価し，それらを結論と結びつけることである。	●学習者は，教科書で出会ったものと異なる新しいアイデアを理解することを困難に感じる。
●深い学習に必要なのは，学習者が対話を通して知識が創造される過程を理解し，議論の中の論理を批判的に吟味することである。	●学習者は事実と手続きを，全知全能の権威的存在から伝えられた静的な知識として扱う。
●深い学習に必要なのは，学習者が自身の理解と学習過程を省察することである。	●学習者は記憶するのみで，目的や自身の学習方略を省察することがない。

思考や学習が重視される傾向にある。

　以上のような「深い学習（deep learning）」が各国の最近の教育で重視されている背景には，認知心理学の研究成果が各国の教育，特に欧米の教育に取り入れられてきたことがある。表 13-1 には，現在，多くの国で教育目標とされているような「深い学習」の特徴が，（行動主義心理学を背景とするような）伝統的な教室の実践との対比でまとめられている（Sawyer, 2006）。そこでは，新しい情報と既有知識との関連づけ，因果関係や根拠の探究，対話による知識の構成，学習者自身による学習過程の省察といった，「深い学習」あるいは「概念的理解の深まり（deeper conceptual understanding）」に必要なプロセスが指摘されている。また，深い学習を達成するための学習方法として，協同（collaboration）や探究（inquiry）などのプロセスを重視した様々な学習方法が，主に教授・学習過程に関する認知心理学を，長期的な授業研究などの方法も取り入れて発展させた学習科学（learning science）の領域で提案されてきている（Sawyer, 2014）。

　表 13-1 では，「伝統的な教室の実践」の特徴として，理由や過程を理解せず

13 学校教育の展開と認知心理学の発展

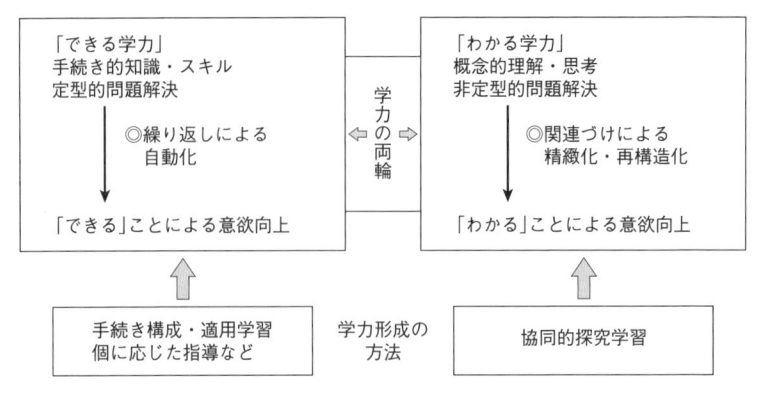

```
┌─────────────────────┐         ┌─────────────────────┐
│ 「できる学力」      │  学力   │ 「わかる学力」      │
│ 手続き的知識・スキル│  の     │ 概念的理解・思考    │
│ 定型的問題解決      │ ⇦両⇨   │ 非定型的問題解決    │
│                     │  輪     │                     │
│   ◎繰り返しによる  │         │   ◎関連づけによる  │
│     自動化          │         │     精緻化・再構造化│
│      ↓              │         │      ↓              │
│ 「できる」ことによる│         │ 「わかる」ことによる│
│      意欲向上       │         │      意欲向上       │
└─────────────────────┘         └─────────────────────┘
          ⇧                                 ⇧
┌─────────────────────┐  学力形成の  ┌─────────────────────┐
│ 手続き構成・適用学習│    方法      │ 協同的探究学習      │
│ 個に応じた指導など  │              │                     │
└─────────────────────┘              └─────────────────────┘
```

図 13-1　学力の心理学的モデル（藤村，2012）

に事実を記憶したり手続きを遂行したりすることが挙げられているが，理由や過程の理解を求めないという学習プロセスは別として，知識獲得の研究において宣言的知識や概念的知識の獲得過程と手続き的知識の獲得過程が区別されてきたように，獲得される知識などの内容によって教育目標を区分できると考えられる。

　図 13-1 では，そのような心理学的視点から教育目標としての学力が，概念的理解の深まりと手続き的知識・スキルの獲得とに区分され，両者の形成過程と，その形成に有効と考えられる学習方法が対比的に示されている（藤村，2012）。手続き的知識やスキル（「できる学力」と表現する）の獲得メカニズムは，繰り返し（反復）による自動化である。ある手続きが適用可能な同種の問題に繰り返し取り組むことにより，その手続きの適用がより正確で速くなり，十分な注意を向けなくてもできるようになっていく。一方で，概念的理解やそれに関連する思考プロセスの表現，すなわち先述の「深い学習」に対応する内容が「わかる学力」として想定されている。概念的理解の深化メカニズムは，知識と知識の関連づけによる知識構造の精緻化や再構造化であり，既有知識と新たな知識を結びつけ，また既有知識どうしに新たな結びつきを見出すことで，物事を捉える枠組みを変えていくことが「わかる」ことの本質であると考えられる。以上のような 2 種類の学力の形成が学校教育の目標となると考えられる。

◆4．1人1人の「深い学習」は達成されているか：学力やリテラシーの現状

　それでは，わが国では子ども1人1人において「深い学習」は達成できているのであろうか。先述のPISAで日本は総得点で上位に位置するが（たとえば，2012年の数学的リテラシー調査では，国際平均を500点として536点で，65ヶ国・地域中7位），実施されている問題の内容と各問の正答率を認知心理学の視点から分析すると，問題の内容によって日本の子どもの達成の水準は異なる。具体的にPISA2012年調査（数学的リテラシー）の問題（国立教育政策研究所，2013）で見てみよう。

　点滴の滴下速度（D）に「D = dv/60n」という計算式があり，3つの変数（D，d，n）の数値が与えられたときに，点滴量（v）を計算して答える問題がある。この問題に対する日本の子どもの正答率は43%でOECD平均（26%）を20%近く上回っていた一方，この問題に全く解答しない子どもの割合（無答率）は19%でOECD平均（26%）よりも低かった。このように与えられた計算式や公式に直接，数値を代入して解決するような定型的問題の解決を，日本をはじめとするアジア諸国は得意としており，シンガポールの正答率は64%にのぼる。

　一方で，貨物船がディーゼル燃料を用いると1リットルあたり0.42ゼット（ゼットは仮想単位）かかるが，貨物船に帆をつけることで燃料の消費を全体で約20%削減できるという文脈で，ディーゼル燃料の年間消費量（約350万リットル）と帆をつける費用（250万ゼット）を文中の情報から読み取り，帆をつける費用をディーゼル燃料の削減量で取り戻すにはおよそ何年かかるか，計算式を示して説明する問題がある。この問題に対する日本の子どもの正答率は19%（OECD平均は15%）であり，無答率は38%とOECD平均（32%）を上回っていた。たとえば，シンガポール（正答率38%，無答率13%）やオランダ（正答率25%，無答率9%）と比較しても，日本の正答率は相対的に低く，また無答率の高さが際立っている。この問題は，①不等式を立式して解く，②年間削減費用を算出して帆をつける費用を割る，③年間削減費用に自然数を順にかけ，帆をつける費用を超えた乗数を答えるといった（やや限定的ではある

が）多様な解法が想定される非定型的問題であり，解決には乗除法や割合の理解が必要とされる。

　この2つの問題の結果は，日本の子どもは，解法が1つに定まる定型的問題に対して手続き的知識を正確に適用して解決する「できる学力」に優れているが，思考のプロセスを多様に表現して，概念的理解を必要とする非定型的問題を解決する「わかる学力」の水準は相対的に低く，また後者の問題に対する無答者の割合が高いことを示している。以上の特徴は，PISAの科学的リテラシーや読解力においても，また国際教育到達度評価学会が実施している算数・数学，理科の国際学力比較調査（TIMSS）や，日本国内で実施されている全国学力・学習状況調査（基本的知識・技能を問うA問題と，知識や技能の活用を測るB問題）でも，問題ごとの分析を行うと一貫して見えてくる傾向である（藤村，2012）。

　以上の3つの節（第2〜4節）では，①現在の学校教育に関する世界的な動向として，「教育の質の向上」と「平等性の追求」の両者が目標とされていること，②教育の質の向上に関しては，認知心理学の成果を生かして「深い学習」が提案されてきたが，③1人1人の子どもが「深い学習」を達成する（「わかる学力」を高める）には至っておらず，平等性の達成（学力などの個人差の縮小）とあわせて，解決が必要な課題となっていることが明らかになった。

　以降の5つの節（第5〜9節）では，1960年代から現在に至る認知心理学の発展過程を検討することを通じて，認知心理学が，教育場面における「深い学習」の重視のように，どのように学校教育に影響を与えてきたかを明らかにし，さらに最近の認知心理学の研究が，各個人の「深い学習」の達成や学力などの個人差の縮小という学校教育における現在の課題の解決にどのように寄与しうるかを明らかにしたい。なお，教育という営みは教育目標に照らして子どもに何らかの変化を生じさせる活動と考えられるため，特に「変化」がどのように扱われてきたのかを中心にして，認知心理学の発展過程を見てみよう。

◆5. 認知心理学の発展Ⅰ（1970年代以前）：認知主義に基づく学習方法の提案と認知プロセスのモデル化

　ピアジェ（Piaget, J.）による構成主義の考え方（Inhelder & Piaget, 1955）などを背景として，「発見学習」（Bruner, 1960），「探究学習」（Schwab & Brandwein, 1962），「有意味受容学習」（Ausubel, 1963）など，認知主義の学習観に基づく学習方法が提案され，「発見学習」に討論過程なども含めて発展させた「仮説実験授業」（板倉・上廻，1965）なども日本の理科教育などで考案された。また，情報処理過程に着目した認知プロセスのモデル化も進んだが，それは「計算バグ」（Brown & Burton, 1978）に見られるような手続き的知識・スキルを適用した定型的（アルゴリズム的）問題解決過程などの分析が中心であり，概念的理解のような「深い学習」に関わる認知プロセスの分析は途上であった。その結果，認知プロセスの観点からの学習方法の効果の検証は不十分で，学習方法間での記憶の保持・転移成績の対比や，授業前後での正答数の変化などの量的比較にとどまっていた（水越，1975など）。また，「プログラム学習」（Skinner, 1968）や「完全習得学習」（Bloom et al., 1971）など行動主義心理学に依拠した学習方法も学校教育では多く取り入れられており，その効果の検証も要素分解的な量的検討にとどまっていた。

◆6. 認知心理学の発展Ⅱ（1980年代）：変化前と変化後の対比

　1980年代には，教授・学習や認知発達の領域において，熟達化の研究（コラム4参照）がさかんになり，また概念変化（第16章参照）や素朴概念の研究が心理学の視点から開始された。それらの研究の認知心理学としての特質は，ある領域において優れた者や年長者の特徴を，知識量や処理の速さといった量的側面だけではなく，知識構造などの質的側面から明らかにしたことにあると考えられる。

(1) 初心者と熟達者の対比：熟達化研究
　長期的な経験によって多くの知識や技能を獲得し，その領域で優れた遂行を

示せるようになった者を熟達者（expert）という。それに対して十分な知識や技能をもっていない者を初心者（novice）という。熟達者は自動化やチャンク化によって達成される基本的技能の高さに加えて，構造化された知識をもつことによって，適切な問題表象を形成することができる。

物理学の熟達者（物理学科の大学院生）と初心者（力学の授業を1学期間履修した大学生）に対して，「斜面」に関して，できるだけ多くの話をさせて知識の構造を推定したところ，図13-2に表されるような違いが見られた（Chi et al., 1981）。初心者の場合でも斜面に関して多くの概念が関連づけられているが，その関連づけの仕方は，まず平面の長さやブロックの質量など表面的な特徴に着目し，最後の方でエネルギーの保存則を指摘するといったものであった。これに対して，熟達者の場合は「斜面」からすぐに「力学の原理」「エネルギーの保存則」「ニュートンの力の法則」を指摘し，それと同時に法則の適用条件（加速している場合とそうでない場合）も述べていた。熟達者の場合には，物理学における本質的な原理や法則が，それらの適用可能性に関する知識と関連づけられて構造化されていると考えられる。

(2) 年少者と年長者の対比：初期の概念発達研究

学校における体系的な教育ではなく日常経験を通じて獲得された概念は素朴概念（naive concept）と呼ばれる（コラム13参照）。生物学の領域において素朴概念がどのように科学的な概念へと発達するかについての検討（Carey, 1985）を例にとると，図13-3は，子どもにとって未知の臓器（脾臓や大網）をヒトがもっているという情報が与えられたときに，ほかの生物や無生物がそれをもっているかの判断を求められた際の「はい」の反応率である。図13-3に見られるように，4歳児では対象物の変化とともに「もっている」とする反応率が連続的に低下するのに対して，10歳児では，反応率が非連続的に変化している。このことは，4歳児が人間との類似性によって判断するのに対して，10歳児では「ヒト，ほ乳類，鳥類」「昆虫，幼虫」「花や無生物」といったまとまり（自生的なカテゴリー）に基づいて判断すると解釈されている。このように子どもの有する素朴概念（素朴生物学）と科学的概念（科学的生物学）を異なる年齢群間で対比的に示したところに初期の概念発達研究の成果が見られる。

6. 認知心理学の発展 II（1980 年代）：変化前と変化後の対比　　195

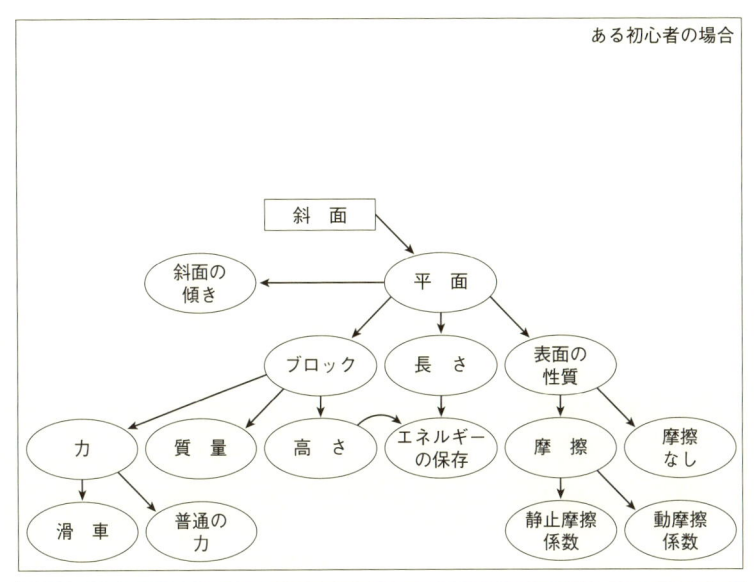

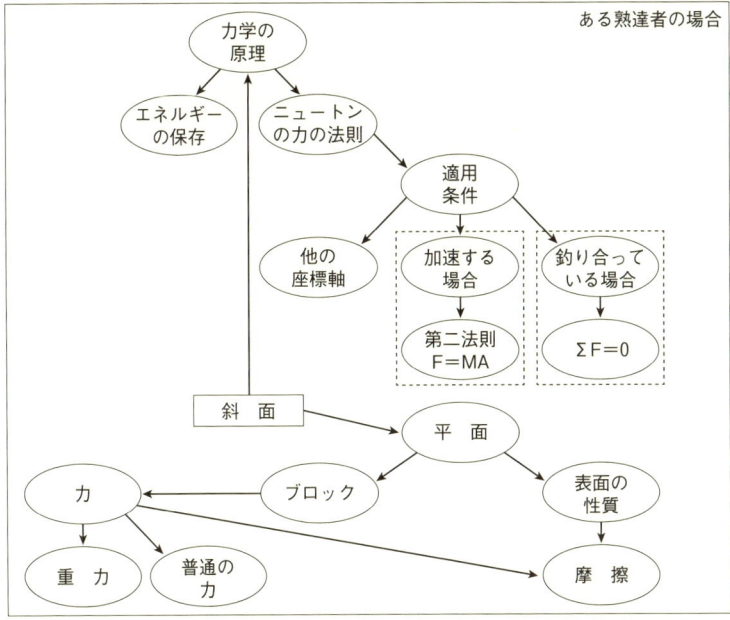

図 13-2　初心者と熟達者のもつ知識のネットワーク表現（Chi et al., 1981）

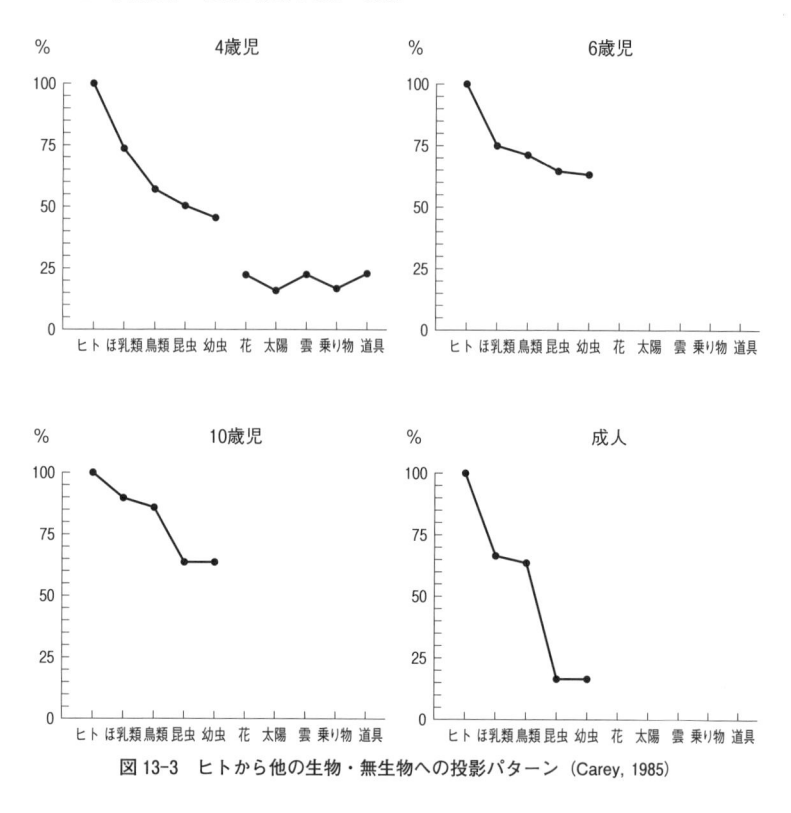

図13-3 ヒトから他の生物・無生物への投影パターン (Carey, 1985)

◆ 7．認知心理学の発展Ⅲ（1990年代）：変化のプロセスの記述

1990年代には，変化前の状態と変化後の状態をつなぐ変化のプロセスを明らかにしようとする諸研究が見られるようになる。マイクロジェネティックアプローチでは変化のプロセスを短期的に再現することが試みられ，素朴理論研究では，初期状態と最終状態を媒介する中間的なモデルの存在が示されている。

(1) マイクロジェネティックアプローチ

思考の発達のプロセスを，発達段階に応じて思考や概念が質的（非連続的）に変化する過程と捉える考え方に対して，より連続的な変化の過程として捉える考え方が提案されてきている（Siegler, 1996）。その考え方によれば，どの年

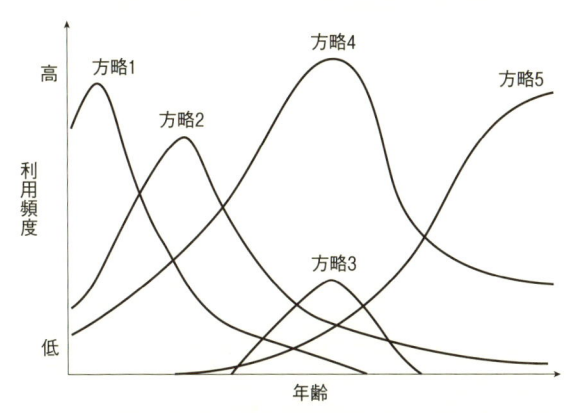

図13-4 発達についての重なり合う波のモデル (Siegler, 1996)

齢においても複数の問題解決方略が場面に応じて適応的に用いられ，各方略の適用率が年齢とともに連続的に変化することになる。ちょうど進化の過程のように，複数の方略が競合し，より適応的なものが生き残ることになる。そのプロセスを模式的に示したのが図13-4で，重なり合う波のモデル（overlapping waves model）と呼ばれている。そうした発達観のもとに，変化のプロセスを捉えることを目的として考案されたのが，マイクロジェネティックアプローチ（微視発生的方法）である（Siegler, 1996; Kuhn, 1995）。その特質は，①変化の始まりから変化後の安定状態に至るまでの一定期間の観察を行うこと，②変化の速さが速いほど観察を高密度に行うこと，③観察では一試行ごとに綿密な分析を行うことにある。

たとえば，6+9のような計算を小学校入学前後の子どもに尋ねると，年少の子どもでは，手の指を用いて，「1，2，3，…，6。1，2，3，…，9。1，2，3，…，15」とすべて数えて答えを出す方法（1からの計数方略）が多く用いられる。それに対して，年長の子どもになると6＋9を逆転させて9から順に10，11，12，13，14，15と6回数える効率的な方法（最小方略）や，6を1と5に分解して，9＋1＝10，10＋5＝15のように考える方法（分解方略），九九のように計算の答えを覚えていてそれを再生する方法（検索方略）を用いるようになる（Siegler, 1987）。

シーグラーとジェンキンスは，4，5歳の子ども8名に対して，1週間に3

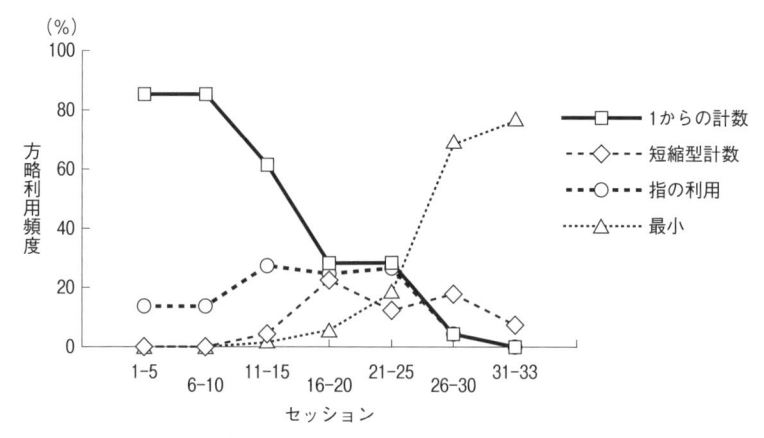

図 13-5　一人の子どものたし算についての方略の変化 (Siegler & Jenkins, 1989)

回（1回につき約7問），11週間にわたって，たし算の問題を与え，1問ごとにその解法を説明させるというマイクロジェネティックアプローチを用いて，子どもの方略発見の過程を分析した（Siegler & Jenkins, 1989）。図13-5は，1人の子どものたし算の方略が変化していく様子を時系列的に表したものである。同時期に複数の方略が用いられること（方略の多様性），初歩的な「1からの計数方略」から効率的な「最小方略」へと問題解決方略が漸進的に変化すること，「短縮型計数方略」という中間型の方略が一時期に見られることなどがうかがえる。

マイクロジェネティックアプローチは，当初，年齢間の変化のプロセスを短期的に再現するものとして開発されたが，最近では，より短期的な学習のプロセスを捉える方法論としても幅広く用いられている（Siegler, 2006）。

(2) 素朴理論研究

日常経験を通じて形成される概念は先述のように素朴概念と呼ばれ，はじめは主に理科教育の分野で，科学的概念に対立する誤った概念として扱われてきた。1990年頃から，認知発達の分野では各領域における現象を子ども自身が説明する枠組みが着目されるようになり，素朴概念を包括する思考の枠組みとして各領域の素朴理論（naive theory）が提唱されるようになった。素朴理論の

特質としては，領域内の知識の首尾一貫性（領域内の概念が相互に結びつけられていること），存在論的区別（その理論が扱う現象が区別されていること），因果的説明（様々な現象を説明，予測するための因果的説明の枠組みをもっていること）があげられている（Wellman & Gelman, 1998）。

地球の形について，小学校1，3，5年生に描かせた研究（Vosniadou & Brewer, 1992）では，長方形の地球や円盤状の地球といった素朴概念から，球体の地球という科学的概念に至る過程で，自分が立っている地球は平らであるという素朴概念と，本やテレビなどで得た「地球は丸い」という科学的知識を組み合わせることで，2つの地球，中空の地球，平たくなった球体の地球といった複数の組み合わせモデル（synthetic model）が見られることが指摘されている。日常経験に基づくメンタルモデルから科学的知識と一致するメンタルモデルへと徐々に修正がなされていく過程には，概念的理解の漸進性がうかがえる。

◆8．認知心理学の発展Ⅳ（2000年代以降）：変化のメカニズムの解明

2000年代に入ると，特に学校教育において「深い学習」（深い概念的理解）に関する目標が設定されるようになることと関連して，概念変化や方略変化を生起させるメカニズムに関する研究が盛んになる。

(1) 概念の変化を促すには：説明モデルについての進化的アプローチ

科学的に見て誤った素朴概念を修正する方法として，従来主張されてきたのが，素朴概念による予測と異なる結果を実験や観察を通じて示すことで，認知的葛藤（既有知識の不整合な状態）を喚起し，それを解消できるような科学的概念を獲得させるという方法であった（Posner et al., 1982）。たとえば，先述の仮説実験授業は，実験や観察の前に予測に関する討論を行う点では異なるプロセスを含んでいるが，実験や観察によって事前の予測とは異なる結果を示す点では，認知的葛藤を生じさせる方法の1つと考えられる。

一方で，認知的葛藤を生じさせるだけでは概念変化には至らないことも指摘

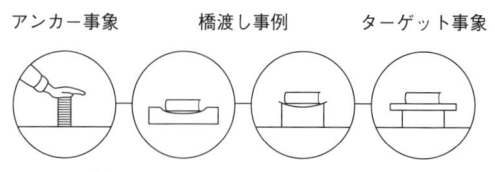

図 13-6 力学を理解するための橋渡し方略 (Clement, 2013)

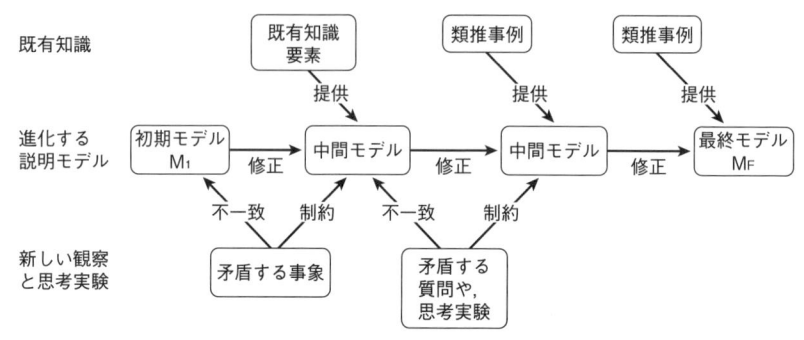

図 13-7 モデルを教えるための進化的アプローチ (Clement, 2013)

されている (Smith et al., 1993; Siegler, 1996)。予測と異なる結果を提示され認知的葛藤が喚起されたとしても，その結果を無視したり，概念の部分的修正にとどまる場合も多い。素朴概念が誤りを導く理由と同時に科学的概念が妥当である理由を自身の既有知識を用いて理解できることが必要であろう。

そこで考えられてきたのが，子どもの既有知識のうちで適切性をもつ知識も利用して，当該事象を説明するモデルを徐々に修正していくアプローチである。その背景にあるのが，力学領域で提案された橋渡し方略（図13-6）である。机の上に置かれた本に対する垂直抗力（ターゲット事象）を理解するのは難しいが，人がバネを押し下げたときに手に力が働くこと（アンカー事象）について学習者は適切な既有知識を有しており，スポンジの上や薄い板の上に重い本が置かれているという橋渡し事象について推理させることを通じて垂直抗力を理解させることが可能となる。説明モデルについての進化的アプローチ（Clement, 2013）では，素朴概念と矛盾する事象等を経験させて不一致（dissonance）を経験させると同時に，適切な既有知識（existing knowledge）を関連づけさせたり，適切なアナロジーを機能させたりすることで，モデルを漸進的に修正し，

その根拠を与えていくことで目標となるモデルに到達させる（図13-7）。このように，子どもの部分的に適切性をもつ既有知識を利用しながら概念や方略を変化させていくアプローチが，特に2000年以降に見られるようになっている（Fujimura, 2001; Rittle-Johnson & Star, 2007 など）。

(2) 協同過程を通じた個人の理解の深まり

子どもの既有知識を利用して漸進的に概念や方略を変化させるアプローチに加えて，他者との協同過程において多様な知識を関連づけることで，概念的理解の深まりをもたらそうとするアプローチも2000年代から見られるようになる。

科学に関する授業で生徒が熱と温度の仕組みを協同で考える場面において，生徒が他の生徒の意見を利用して明確な説明を行い，それが別の生徒の科学的な説明を促すという可能性が発話事例をもとに示されている（Linn & Hsi, 2000）。またそれらを含む長期的な実践を通じて既有知識と他者の考えが関連づけられていくプロセスが知識統合（knowledge integration）として指摘されている。

授業場面においても多様な問題解決方略が関連づけられることによって個人の方略に変化がもたらされることが示されている（藤村・太田, 2002）。図13-8では，多様な方略で解決可能な問題を個人が解決し（導入問題の個別探究），各方略の意味と方略間の関連性（共通点・類似点や差異）についてクラス単位で話し合い（協同探究），より発展的な問題を個人が解決する（展開問題の個別探究）という「協同的探究学習」の学習方法によって，個人の概念的理解が深化するプロセスが，限定的に利用可能な問題解決方略（倍数操作方略）の利用から一般的に利用可能な問題解決方略（単位あたり方略）の般化（応用的な問題における利用）に至る方略変化の過程として示されている。また，子どもの多様な既有知識を活性化して関連づける授業は概念的理解の深まりに有効であるが，それは子どもが自身の既有知識と他者が示した方略を関連づけて意味づけた場合（意味理解群）に特に効果が高く，他者が示した方略の手続きのみを模倣した場合（手続き適用群）では般化に限界があることも示されている。

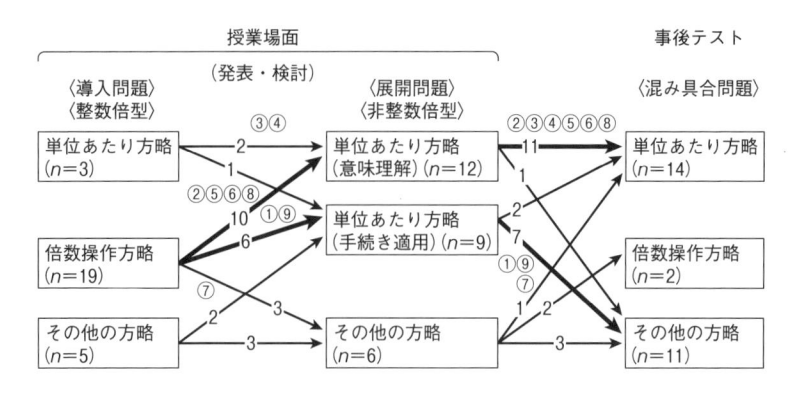

図 13-8 協同的探究学習を通じた概念的理解の深化プロセス（藤村・太田, 2002 を一部改変）

　以上の研究は，既有知識と他者の多様な考えを関連づける協同過程が各個人の概念的理解の深まりという「深い学習」の実現に有効であるが，その有効性はそれらの関連づけ方にも関係しており，「暗記・再生」を重視するか「理解・思考」を重視するかといった学習観（藤村, 2008）やそれを含むメタ認知（第6章参照）がその関連づけ方に影響する可能性もうかがえる。

◆9．認知心理学の発展と今後の学校教育の展開

　以上のように，認知心理学の発展により，思考や理解といった高次認知機能が向上するメカニズムや，それを実現するための協同過程や探究過程などを含む教授・学習モデルの解明が進み，その成果を生かして学校教育では，子どもの「深い学習」や「統合された学習」の実現を目標として教育実践が展開されてきた。一方で，学校教育の現状としては，4で述べたように，深い学習の実現（教育の質向上）と平等性の追求（個人差の縮小）を両立させるという重要な課題が未解決であり，認知心理学の研究を生かす余地が残されている。そこで，最近（特に2010年代）の認知心理学の研究成果をもとに，上記の課題（特

に，教育の質向上の結果としての各児童・生徒の学力の向上と，学力の個人差の縮小）を解決するための学校教育の方向性を具体的に3つ提案したい。

第1は，認知の基礎的な過程における個人差を把握し，その影響を最小化するような学習環境を組織することである。ワーキングメモリの機能は課題目標の保持を支え，それが課題への構えを形成するが，その機能が弱いと課題無関連思考を介して読み理解の成績等の低さにつながることが示されている（Saito, 2014）。また，子どものワーキングメモリ容量は10歳頃に増加するが個人差も大きくそれが言語能力と関連することなども指摘されている（苧阪, 2014）。

教育場面でワーキングメモリの個人差に対応するには，個人のワーキングメモリのうちの優れた領域を生かして個別支援を行う方法や，課題解決に必要なワーキングメモリの負荷を減らす，重要な情報を反復する，記憶補助ツールを用いるなどの方略（Gathercole & Alloway, 2008）で，ワーキングメモリの小さい子どもも含めた全員の学習を授業で支援する方法が提案されている（湯澤・湯澤, 2014）。特に後者の方法は学校教育のユニバーサルデザインとして提案されている内容とも関連するものであり，教師が板書等で取り組むべき問題を明確化したり，具体的なモデルやワークシートなどを用意して思考のプロセスと結果を外化させたりすることで各個人のワーキングメモリの負荷を少なくする点で，潜在的な個人差も含めた個人差の縮小にも有効であると考えられる。

第2は，思考や理解などの認知機能を高めると同時にメタ認知的側面も高めることで，1人1人の子どもの学習の自律性を高め，手続き的知識・スキルの獲得や概念的理解の深化などに自ら向かわせることである。高次認知機能の重要な側面である批判的思考に関して初等教育から高等教育に至る広範な研究が行われ（楠見・子安・道田, 2011；楠見・道田, 2015），批判的思考のプロセスが，知識・スキルだけでなく，モニタリングやコントロールといったメタ認知的プロセスや，態度によって支えられることなどが示されている。また，批判的思考を高める教育に関しては，子どもどうしの対話を通じて互いの視点の違いに気づき，自分の視点を調整したり修正したりするメタ認知的思考が行われることで，対話的な批判的思考が発達することが1年間の授業実践のプロセス

として紹介されており（道田，2015），多様な教科における取り組み（楠見・道田，2015）からも，討論などの協同過程の重要性もうかがえる。また，数学的・科学的リテラシーや読解力に関しては，探究と協同を重視した学習を数ヶ月や1年間の単位で継続的に実施することにより，メタ認知的側面で「理解・思考」型学習観への変容が進むと同時に，概念的理解や思考プロセスの表現といった「わかる学力」が各生徒において向上することが示されている（Fujimura, 2007；名古屋大学教育学部附属中・高等学校，2013）。

　第3は，クラス全体で多様な思考を発表し検討する場面などの協同過程で思考や理解の水準を高め，そのプロセスと成果を各個人に内化させることである。協同過程において多様な思考を関連づけることで教科や単元の本質に関わる理解をクラス単位で深め，その直後に，その話し合い（集団場面での知識統合）を生かすことのできる非定型的問題に個人が取り組むことにより，1人1人の子どもが多様な思考を選択・統合し，集団での理解の深まりを個人の理解の深化につなげることができると考えられる。実際に，数学や理科，国語に関して，以上の特質をもつような「協同的探究学習」による授業を継続的に組織した結果，クラスの話し合い場面で多様な知識を関連づける構成的な説明が増加し，さらに非定型的問題を用いた事前・事後テストの結果などから，先述の「わかる学力」が各個人においても高まることが示されている（藤村，2012など）。

　以上のように，2010年以降に発展してきている最新の認知心理学の成果を生かすことで，「教育の質の向上」と「平等性の達成」の両立という現代の学校教育における重要な課題も，1人1人の子どもの学力やリテラシーの形成という点で解決が図られていくと考えられる。

■Further Reading
日本認知心理学会（監修）　市川 伸一（編）(2010). 現代の認知心理学5：発達と学習　北大路書房
藤村 宣之 (2012). 数学的・科学的リテラシーの心理学―子どもの学力はどう高まるか　有斐閣

■文 献

Ausubel, D. P. (1963). *The psychology of meaningful verbal learning: An introduction to school learning.* New York: Grune and Stratton.

Bloom, B. S., Hastings, J. T., & Madaus, G. F. (Eds.) (1971). *Handbook on formative and summative evaluation of student learning.* New York: McGraw-Hill. (ブルーム, B. S., ヘスティングス, J. T., & マドゥス, G. F. 梶田 叡一・渋谷 憲一・藤田 恵璽 (訳) (1973). 教育評価法ハンドブック―教科学習の形成的評価と総括的評価 第一法規出版)

Brown, J. S., & Burton, R. R. (1978). Diagnostic models for procedural bugs in basic mathematical skills. *Cognitive Science, 2,* 155-192.

Bruner, J. S. (1960). *The process of education.* Cambridge, MA: Harvard University Press. (ブルーナー, J. S. 鈴木 祥蔵・佐藤 三郎 (訳) (1963). 教育の過程 岩波書店)

Carey, S. (1985). *Conceptual change in childhood.* Cambridge, MA: MIT Press. (小島 康次・小林 好和 (訳) (1994). 子どもは小さな科学者か ミネルヴァ書房)

Chi, M. T. H., Feltovich, P. J., & Glaser, B. (1981). Categorization and representation of physics problems by experts and novices. *Cognitive Science, 5,* 121-152.

Clement, J. J. (2013). Roles for explanatory models and analogies in conceptual change. In S. Vosniadou (Ed.), *International handbook of research on conceptual change* (2nd ed., pp. 412-446). NewYork: Routledge.

Fujimura, N. (2001). Facilitating children's proportional reasoning: A model of reasoning processes and effects of intervention on strategy change. *Journal of Educational Psychology, 93,* 589-603.

Fujimura, N. (2007). How concept-based instruction facilitates students' mathematical development: A psychological approach toward improvement of Japanese mathematics education. *Nagoya Journal of Education and Human Development, 3,* 17-23.

藤村 宣之 (2008). 知識の獲得・利用とメタ認知 三宮 真智子 (編) メタ認知：学習力を支える高次認知機能 (pp. 39-54) 北大路書房

藤村 宣之 (2012). 数学的・科学的リテラシーの心理学―子どもの学力はどう高まるか 有斐閣

藤村 宣之・太田 慶司 (2002). 算数授業は児童の方略をどのように変化させるか―数学的概念に関する方略変化のプロセス 教育心理学研究, *50,* 33-42.

Gathercole, S. E., & Alloway, T. P. (2008). *Working memory and learning: A practical guide for teachers.* London: Sage Publications. (湯澤 正通・湯澤 美紀 (訳) (2009). ワーキングメモリと学習指導―教師のための実践ガイド 北大路書房)

Inhelder, B., & Piaget, J. (1958). *The growth of logical thinking from childhood to adolescence.* (A. Parsons & S. Milgram, Trans.) New York: Basic Books. (Original work published 1955)

板倉 聖宣・上廻 昭（編著）（1965）．仮説実験授業入門　明治図書出版
国立教育政策研究所（編）（2013）．生きるための知識と技能5 — OECD生徒の学習到達度調査（PISA）2012年調査国際結果報告書　明石書店
Kuhn, D. (1995). Microgenetic study of change: What has it told us? *Psychological Science, 6*, 133-139.
楠見 孝・子安 増生・道田 泰司（編）（2011）．批判的思考力を育む—学士力と社会人基礎力の基盤形成　有斐閣
楠見 孝・道田 泰司（編）（2015）．批判的思考—21世紀を生きぬくリテラシーの基盤　新曜社
Linn, M. C., & Hsi, S. (2000). *Computers, teachers, peers: Science learning partners*. Mahwah, NJ: Lawrence Erlbaum Associates.
道田 泰司（2015）．批判的思考の発達　楠見 孝・道田 泰司（編）　批判的思考—21世紀を生きぬくリテラシーの基盤（pp.84-89）　新曜社
水越 敏行（1975）．発見学習の研究　明治図書出版
名古屋大学教育学部附属中・高等学校（編）（2013）．協同と探究で「学び」が変わる—個別的・ドリル的学習だけでは育たない力　学事出版
OECD (2014). *PISA2012 results: What students know and can do: Student performance in mathematics, reading, and science* (vol.1, revised ed.). OECD Publishing.
苧阪 満里子（2014）．物忘れの脳科学—最新の認知心理学が解き明かす記憶のふしぎ　講談社
Posner, G. J., Strike, K. A., Hewson, P. W., & Gertzog, W. A. (1982). Accommodation of a scientific conception: Towards a theory of conceptual change. *Science Education, 66*, 211-227.
Rittle-Johnson, B., & Star, J. R. (2007). Does comparing solution methods facilitate conceptual and procedural knowledge? An experimental study on learning to solve equations. *Journal of Educational Psychology, 99*, 561-574.
Saito, S. (2014). Working memory and education: Recent advances in cognitive psychology. 教育心理学年報, *53*, 120-132.
Sawyer, R. K. (2006). Introduction: The new science of learning. In R. K. Sawyer (Ed.), *The Cambridge handbook of the learning sciences* (pp.1-18). New York: Cambridge University Press.（ソーヤー, R. K.　一柳智紀（訳）　イントロダクション：新しい学習科学　森 敏昭・秋田 喜代美（監訳）（2009）．学習科学ハンドブック（pp.1-13）　培風館）
Sawyer, R. K. (Ed.) (2014). *The Cambridge handbook of the learning sciences* (2nd ed.). New York: Cambridge University Press.
Schwab, J. J., & Brandwein, P. F. (1962). *The teaching of science*. Cambridge, MA: Harvard University Press.
志水 宏吉・伊佐 夏実・知念 渉・芝野 淳一（2014）．調査報告「学力格差」の実態　岩

波書店
Siegler, R. S. (1987). The perils of averaging data over strategies: An example from children's addition. *Journal of Experimental Psychology: General, 116,* 250-264.
Siegler, R. S. (1996). *Emerging minds: The process of change in children's thinking.* New York: Oxford University Press.
Siegler, R. S. (2006). Microgenetic analyses of learning. In D. Kuhn & R. S. Siegler (Eds.), *Handbook of child psychology. Vol. 2. Cognition, perception, and language* (6th ed., pp. 464-510). New York: Wiley.
Siegler, R. S., & Jenkins, E. (1989). *How children discover new strategies.* Hillsdale, NJ: Lawrence Erlbaum Associates.
Skinner, B. F. (1968). *The technology of teaching.* New York: Appleton-Century-Crofts.
Smith, J. P., diSessa, A. A., & Roschelle, J. (1993). Misconceptions reconceived: A constructivist analysis of knowledge in transition. *The Journal of the Learning Sciences, 3,* 115-163.
Vosniadou, S., & Brewer, W. F. (1992). Mental models of the earth: A study of conceptual change in childhood. *Cognitive Psychology, 24,* 535-585.
Wellman, H. M., & Gelman, S. A. (1998). Knowledge acquisition in foundational domains. In D. Kuhn, & R. S. Siegler (Eds.), *Handbook of child psychology. Vol. 2. Cognition, perception, and language* (5th ed., pp. 523-573). New York: Wiley.
湯澤 正通・湯澤 美紀（編著）(2014). ワーキングメモリと教育　北大路書房

コラム13　素朴概念と科学的概念

山縣　宏美

　人は日常生活の中で，様々な科学的現象を観察し，経験的な知識を増やしていく。まだ「重力」という言葉を知らない子どもであっても，自分がもっているボールを手放せば，それが地面に向かって落ちるということを知っている。このように人が学校で科学的概念の学習を行う以前からもっている概念は，素朴概念と呼ばれるが，科学的には間違っていることも多い。

　たとえば，地球の形について，子どもたちは，日常生活の中では「地面は平らである」ということを観察しているため，「地球は平面的な形をしている」という誤った素朴概念をもっていることがある（第13章参照）。そこで科学的な情報として「地球は丸い」という情報に接しても，子どもたちは既存の概念との矛盾を正しく解消することができず，地球は内部が空洞になっており，その中に人が住んでいると考えたり，地球はミカンのような形になっていて，球形が多少つぶれて平らになっているところの上に人が住んでいると考えたりすることが報告されている（Vosniadou & Brewer, 1992）。

　マゼンスとロートレー（Mazens & Lautrey, 2003）の研究では，幼児が音のように物質ではなく，プロセス（過程）という存在論的カテゴリーに属するものに対しても，物質の属性を適用してしまい，ドアを閉めると音が聞こえなくなるのは，音が（物質として）ドアを通り抜けないからだと考えたり，音にも重さがあると考えたりすることがあるということが明らかになっている。このように，素朴概念は日常経験の誤った解釈だけではなく，適用するカテゴリーの間違いによっても生じることがある。

　素朴概念は，理科の学習を一通り終えた大学生になっても根強く見られる。マクロスキーら（McCloskey et al., 1983）は，工学部の大学生に対して，ボールを持った人が歩きながらそれを手放したとき，そのボールがどのような軌跡をたどるかを質問した。その結果，実際はボールは手放した地点より前に落ちるというのが正解であるにもかかわらず，多くの大学生は手放した地点の真下に落ちると誤って解答していた。また，クレメント（Clement, 1983）は，空中に投げ上げたコインにどのような力が働いているかを大学生に選択させたところ，そのコインが上向きに動いているとき，重力だけでなく，その進行方向にも力が働いているという誤った解答が多く見られた。

　科学的概念は，抽象的で直観と反することも多く，正しく理解するのが難しいのに対して，子どものもつ素朴概念は，日常経験に根ざしたものであるため，強固で修正されにくいという特徴をもつ。単に科学的知識を教授しても，子どもはその矛盾を解消できず，前述の地球の形の概念のように，新たな誤概念を作り出してしまうことがある。科学的概念の学習においては，子どものもつ素朴概念を考慮した教授を行うことが求められる。

14 教授法と学習効果

金田　茂裕

◆1. はじめに

　私たちは，人生を豊かにすべく，教授（教えること）と学習（学ぶこと）に毎日，惜しみなく時間を使っている。それゆえであろう，私たちは日々の暮らしのなかで「どう教えるとよいか」や「どう学ぶとよいか」という問いに時にぶつかる。ただし人々の教育観や学習観は，普段からそれをどの程度，言語化しているかの違いもあるが，それ以上にそもそも個人により異なることを私たちは経験的に知っている。

　心理学では「他者の指導を受けず，自由に探究することの価値」をどう見るかが長らく議論されてきた。本章では，発見学習（discovery learning）と呼ばれる学習法と，その実現をめざす教授法をめぐり繰り広げられてきた，半世紀（1961年から2010年頃）にわたる論争を取り上げ，私たちを取り巻く教育環境，ならびに学習環境について考えたい。

◆2. 理想と現実

　発見学習とは，他者から与えられ知識を獲得するのでなく，学習者自身がそれを探し求め，生み出していく学び方のことである。1961年，その発見学習をめぐり，2人の研究者が論考を発表した。1人は，ブルーナー（Bruner, J. S.）である。同年の著書『教育の過程』（Bruner, 1961b）にて「教育課程の編成は，教科の構造を重視し，専門家の助けを得て行われるべき」と論じたことでも有名な心理学者である。もう1人は，オーズベル（Ausubel, D. P.）である。前年の著作（Ausubel, 1960）にて「新しい知識は，既有知識を基礎とし獲得され

る」と指摘し，有意味受容学習（meaningful reception learning）の過程と，先行オーガナイザー（advance organizer）の役割を論じたことで注目を集めた研究者である。

　ブルーナー（Bruner, 1961a）は，発見学習の利点として次の4つをあげている。第1は，知的潜在能力を高めるという点である。「発見」を重視することは，学習者に構成主義的な考え方（constructivism）をもたらし「新しい情報を自己内に組み込む過程」を意識させると指摘する。第2は，外発的動機から内発的動機への移行である。過去の心理学が想定してきた「賞罰による強化」から学習者は解放され，それに代わり「熟達化」（コラム4，第16章参照）をめざすようになるとする。第3は，発見するという技能の習得である。ただし後述するように，この点については不明なことが多いとしている。第4は，記憶を助けるという点である。自己の力で発見，獲得した情報は知識として定着しやすく，その後の知的活動の歩みに役立つと指摘している。

　発見学習を可能にするのは「説明的教授法」でなく「仮説的教授法」であるとブルーナーは説く。前者の教授法の場合，能動的主体となるのは「学習者」でなく「教師」である。教師は教材を自由に操作，変形することができ，説明の速度やスタイルも自由に決定できる。一方，生徒の方は受動的聞き手であり，通常，教師によるそうした操作や判断に気づくことはない。それに対し，後者の教授法の場合，教師と生徒の関係は協力的なものとなる。生徒はもはや単なる聞き手でなく，時に主役となり，教材の構成にも積極的に参加する。

　ただし発見学習の利点は明らかとしつつも，ブルーナーは「それを真に実現する教授法は，今のところ明らかでない」と指摘し，次のように述べている。私たちは「無駄を省きつつ，根気強く考え抜く」という発見学習の前提となる姿勢を子どもにどう教えればよいのか。また，ほとんど証拠が揃っておらず，むしろ証拠が得られるのを待つべき時期に「何かを思い付くことのリスク」をどう教えればよいのか。脆くて壊れやすいアイディアでなく，かといって手に負えないほど複雑でもない，検証可能な優れた仮説を立てることはどう教えるのか。

　オーズベル（Ausubel, 1961）も，発見学習は「適切な時と場所，明確な目的のもとでは疑いなく有益であり，それは自信と知的刺激，持続的な学習動機を

もたらす」と述べている。しかし「それと同じことは，何も発見学習によらずとも，説明的な教授法によっても十分達成可能である」と主張し，発見学習をむしろ疑問視する，次のような論考を展開している。

　世間では，発見学習は神秘的なまでに尊重され，まるで万能薬であるかのように認識され，教授法として誤ったかたちで使用されている。その背後には必ずと言ってよいほど，重大な取り違えがある。すなわち「機械的学習 – 有意味学習」の関係を「受容学習 – 発見学習」の関係にそのまま対応させるという取り違えである。実際には，両者をクロスした「機械的な発見学習」もあれば「有意味な受容学習」もありうるが，そのことが適切に把握されていない。オーズベルは，さらに次のように続ける。

　発見学習は，時間的コストがきわめて大きく，その不利益はもたらされる利益にまさる。そもそも「先人が得た知識」は言語的説明により効果的に伝達可能であり，以降の世代の個人があえて「再発見」する必要はない。しかも発見学習が有効に機能するという証拠は，きわめて乏しい。多くの場合，発見学習を支持する研究者どうしが互いの主張を証拠とみなし合い，引用し合っているのが現状である。子どもに批判的精神と創造性をもたらすという時代に合ったスローガンのもと，発見学習は「合理化」されてきた。しかし教育の役割はむしろ，本人の将来を見据え，重要な知識を選定，組織し，有意味かつ効果的に学ぶことができるよう環境を整えることにあると論じている。

◆3．伝統と変化

　アメリカで 2011 年に出版された『教授学習研究ハンドブック』には「探究学習」の実現をめざす教授法（以下，探究型教授法）の歴史と現状，ならびに実証的研究の動向を解説した章がある（Loyens & Rikers, 2011）。そこでローエンズらは，探究学習を「発見学習と共通点が多いが完全に同じではなく，教師の指導をより多く受けて行われる」ものと定義している。

　何世紀にもわたり，社会の教育システムは「教師が情報源であり，学習者はその受け手」という関係で発展してきたが，1960 年代になるとそれが変化し始めたとローエンズらは指摘する。学習者を受動的存在とみなし「問題と解答」

をセットで提示する伝統的な教授法から，学習者を能動的主体とみなし，答えを探究させる教授法への変化である．それにあわせ教師の役割も変化し「知識の伝達者」から「学習のファシリテーター」になった．とはいえ歴史的にみれば，完全に新しい教授法に変化したというわけでなく，そのルーツは哲学者ソクラテスやプラトンの問答法（dialogue）に見出せるとする．

探究型教授法をめぐる実証的研究は，次の3タイプに分類できるとローエンズらは整理する．第1は，探究型教授法を実際に経験したとき「教師や学習者は，何を感じるか」を明らかにする研究である．第2は，教授法「内」の要因を操作し，たとえば「グループ討議の参加人数」などを変え，その影響を調べる研究である．第3は，探究型教授法，それ自体の効果を他の教授法と比較する研究，あるいは事前事後デザインで評価する研究である．この点については，これまでのところ肯定的な結果も否定的な結果も得られている．今後は単に「効果の有無」を調べるのでなく，探究型教授法が「いつ，誰に，なぜ有効か」を問う研究が必要となると指摘している．

2006年出版の『学習科学ハンドブック』でも，探究型教授法は重点的に論じられている（Sawyer, 2006）．編者のソーヤーは，学校教育の伝統的ビジョンとなってきた教授主義（instructionism）は，産業経済型の社会から知識経済型の社会に移行した現代においては，もはや時代錯誤であると論じている．それに代わる「未来の学校のビジョン」はまだ明確でないとしつつ，今後は次の点が検討課題となると指摘する．すなわち，教科のカリキュラムを近年の認知発達研究の成果を踏まえたものとすること，子ども「全体」でなく「個人」にカスタマイズされた学習を可能にすること，教室の活動が真正なものとなるよう学習者と専門家の相互作用を増やすこと，深い理解を評価するための方法を開発すること，などである．

アメリカ学術研究会議（National Research Council）の出版物でも「探究」はキーワードとなっている（Bransford et al., 2000）．ただし編者のブランスフォードは，冒頭の章で「探究」を重視する教授法のあり方には注意が必要であると述べている．特に強調しているのは「探究する力は，その前提条件として基礎知識の習得とその十分な体制化を必要とする」という点である．しかし世間の人々は「新しい知識を本人に構成させる」ことにはすぐ熱心になるものの，

それを「いかに教えるか」は十分に検討しない傾向があると警鐘を鳴らしている。人々は「探究」をめぐる認知理論と教授理論を混同しがちであり、それが問題を生み出していると指摘している。

探究学習に近いものに、医療教育の分野で開始され発展してきた問題解決型学習（problem-based learning）や、学習者の企画から出発するプロジェクト型学習（project-based learning）がある。これらは教師の役割や学習者の主体性の程度、活動の範囲、得られる成果といった点で、互いに異なるとされる。とはいえそれらの差異は一概に言えない面があり、各学習法「内」にも豊富なバリエーションがあることが知られる。たとえば探究学習をとっても、そこには構造（structured）型、指導（guided）型、開放（open）型などの種類の違いがある。それぞれ、探究の過程で受ける指導の「量」と「質」が異なる。

◆4．批判と論争

メイヤー（Mayer, R. E.）は、マルチメディア・ラーニングでも知られる研究者だが（Mayer, 2014 など）、発見学習をめぐる論考（Mayer, 2004）も発表している。タイトルは「純粋発見学習（pure discovery learning）に三振ルールがあれば？」であり、野球の三振や、米国の法律の三振法に準えたものである。そこで重点的に論じているのは、発見学習とかかわりが深いと言える「構成主義という考え方は、教授理論として成立しうるか」という点である。

構成主義とは、よく知られるように知識を構成するのは学習者自身であるという点を重視する考え方である。メイヤーは「構成主義的学習を実現するという教育目標自体には決して反対しないが、そもそも構成主義は複雑かつ多面的できわめて定義しにくい考え方であり、科学的に検証可能な理論となりにくい面がある」と述べる。

そのうえで、私たちは「構成主義的教授法の誤謬」にしばしば陥ると指摘する。その誤謬とは、学習に「受動的学習、能動的学習」があり、教授法に「教師指導型の教授法、純粋発見型の教授法」があるとしたとき、前者どうし、後者どうしを短絡的に結びつけ、能動的学習は純粋発見型の教授法のもとでなければ実現しないと捉えることである。図14-1のような2×2のマトリクスを

		認知的活動 (Cognitive activity)	
		低	高
行動的活動 (Behavioral activity)	低		
	高		

図14-1 能動的学習（active learning）の2つの次元
（Mayer, 2004 をもとに作成）

用意し，次のようにも説明している。列を「低い認知的活動，高い認知的活動」とし，行を「低い行動的活動，高い行動的活動」とする。そのとき「高い認知的活動は，高い行動的活動のもとでなければ成立しない」と捉えることも，やはり誤りであると指摘する。

心理学の歴史を紐解くと，純粋発見（pure discovery）の実現をめざす教授法は，システマティックな指導のもとで発見を促すという指導型発見（guided discovery）教授法の前で「三振」したとメイヤーは論じる。最初のストライクは，1960年代に流行したブルーナーに始まる問題解決の研究である。次は，1970年代に流行したピアジェ（Piaget, J.）の保存課題をめぐる研究である。最後は，1980年代に流行したパパート（Papert, S.）に始まるコンピュータ・プログラミングの研究である。各時期の研究を調べると，純粋発見教授法はその効果という点において指導型発見教授法にことごとく敗れている。その原因は明らかであり，学習者は「最初の第一歩で躓いてしまう」からである。過大な自由を与えられると，有益な情報を入手したり，それを選択したりすることは学習者にとりわめて困難になる。

純粋発見教授法は，過去に何度も葬られ，そのたびに何度も蘇ってきたとメイヤーは続ける。しかしそれが本当に有効だと考えるのであれば，イデオロギーの世界から抜け出し「純粋発見教授法には，どのような要素が含まれるか」を特定し，明確な理論のもと，その効果を実証すべきと論じる。純粋発見教授法のもとでは，行動的活動（実践体験，ディスカッション，自由探究活動など）の高さが重視される場合が多いが，真に有意味な学習を促進するのは，認知的活動（知識の選択，組織化，統合など）の高さであることを忘れてはならない。心理学の役割は「いかにすれば認知的活動は高まるか」を明らかにする点にあるとする。

その2年後，専門誌 *Educational Psychologist* にも，純粋発見教授法を批判的に捉える論考が発表された（Kirschner et al., 2006）。それは同誌内でダウンロード数が長い期間，第1位となった。キルシュナーらは「教育的介入をほとんど行うことなく，効果的な学習の実現をはかる教授法」を最少指導法（minimal guidance approach）と呼び，それは機能しないと論じた。そもそも「教えたい情報の全体でなく，その一部を提示することが表象形成能力の発達をもたらす」という証拠は，どこにも存在しないとする。ただし，その道の熟達者（expert）がたどる発見や探究のプロセスは，初心者（novice）のそれと大きく異なることに注意しなくてはならない。

先行知識が乏しい初心者にとり，発見学習やそれに類する学習法は「未知なる環境の中の自由探索」となる。本質的情報の所在が不明な状態に置かれることになり，その認知負荷（cognitive load）はきわめて高くなる。それゆえ初心者には，直接教授（direct instruction）を通し，本質的情報を明示した方がよい。解法付き例題（worked examples）の提示は，その点で有効な方法の1つである。しかし初心者には有効な例題も，熟達者には冗長となる場合が多い。これが熟達化反転効果（expertise reversal effect）と呼ばれる現象であり，熟達者には最少指導法も有効となりうるとキルシュナーらは指摘している。

翌年の同誌には，上の論考に対する3つの論評が掲載されている。そのうち2つは「純粋発見学習」と「探究学習」や「問題解決型学習」を混同すべきでないと主張する（Hmelo-Silver et al., 2007; Schmidt et al., 2007）。前者と異なり後者は，発達の最近接領域（zone of proximal development）を踏まえ，教師による足場がけ（scaffolding）のもとで認知負荷を低減しつつ進められる有意義な学習法であり，教授法としてもそのまま十分に機能するとする。もう1つは「21世紀を生きる力は，解法付き例題を利用する教授法では育成することができず，たとえ認知負荷が高くとも専門的かつ実践的な活動に直接関与することが重要となる」と主張する（Kuhn, 2007）。クーンは「直接教授は，たしかに一定の役割を果たしうる」と述べるが，長期的に見ればその効果は限定的であり，そのあり方は今後再考すべきと論じる。

上の論評への返答も，同誌には掲載されている（Sweller et al., 2007）。スウェラーらは「母語の獲得，顔の認識，問題解決，社会的交流の方法といった一

次的知識の学習は、たしかに発見的に行われており、そのメカニズムは認知負荷の高低という観点では説明することができない」と述べる。しかし「数のシステム、科学理論といった二次的知識は、そもそも人類の生物的進化に沿った情報でなく、明示的に教えなければ獲得することができない」とし、学校という教育機関が設置されているのはそのためであるとする。探究学習や問題解決型学習はどう見ても自己主導型の学習法であり、そこで採用される「提供する情報を減らし、発見を促す」という教授法は、やはり効果的であるはずがないと主張する。

◆5．整理と展開

結局のところ、発見型教授法（discovery-based instruction）の効果は実証されていると言えるのか。この問いに答えるべく、過去に発表された合計164の実験を対象とし、メタ分析が行われている（Alfieri et al., 2011）。

アルフィエリらは、無支援（unassisted）型、高支援（enhanced）型と他の教授法（直接教授、フィードバック法、解答付き例題など）を比較している。調整変数は、掲載誌のインパクトファクター、学習領域（数学、コンピュータ、科学、問題解決、運動技能、言語・社会的スキル）、年齢（12歳以下、18歳まで、大人）、学習効果の測定法（知識・技能のテスト、反応時間、自己評価、他者評価、メンタルエフォートの評価）である。

メタ分析の結果は、無支援型の教授法は効果が低いこと、一方、高支援型の教授法は効果が高いことを全体として示している。調整変数別の分析結果は、高ランクの掲載誌の実験結果はそうした傾向をより明確に表すこと、無支援型の効果は大人と比べ青年で相対的に低いこと、高支援型の効果は特に大人で高いことなどを示している。以上の結果をもとに、アルフィエリらは「無支援型の教授法の可否をめぐる論争からは、今後、距離を取るべき」とし、むしろ「高支援型の教授法をいかに行うとよいか」という点について実証的研究を蓄積することが重要となると指摘している。

新しい観点から、発見学習と直接教授の「両方を組み合わせる方法」を紹介している論文もある（Lee & Anderson, 2013）。リーらは「純粋な発見学習の

対極には，純粋な直接教授があるが，両者の間には連続性がある」と論じている。両極のバランスを取ることはきわめて難しく，どちらか一方の極に接近すれば，たちまちその利点と欠点が現れる。たとえば後者の極（純粋な直接教授）に近づくと，学習者は本質的な情報を入手することができるようになる。しかしその代わりに「本質的な情報は何か」を吟味しなくなる。無関連な情報に惑わされずに済むと言えばそうだが，その分「無関連に見えて，実は重要な学び」の可能性を失う。

　リーらが紹介しているのは，次の2つの教授法である。1つは「直接教授を基礎とする学習からスタートし，学習の進展状況に応じ，発見や探究を重視する学習に徐々に移行する」という方法である。もう1つは，その逆順であり「探究的な学習活動を一定程度行った後に，フィードバックや講義，テキストを通し，直接教授のもとで学ぶ」という方法である。こうして2つの方法を組み合わせると，片方の場合より効果的となる可能性が高いとする。ただしそうだとしても結局，どのような教授法，あるいは学習法がもっとも優れた成果をもたらすかを完全に予測することは難しい。その原因は「私たちの知識獲得のメカニズムは，その予測を可能にするレベルまで十分に明らかになっていない」点にあると述べている。

　別の観点から，心理学の知見を整理した論文もある（Chi, 2009）。チは，学習活動の効果は，受動的（passive）＜能動的（active）＜構成的（constructive）＜相互作用的（interactive）の順になるとする仮説を立てている。能動的とは「下線を引く，身振りで示す，言い換える，操作する，繰り返す，見る」などの物理的，身体的活動である。その認知過程の特徴は「既有知識の活性化，新情報の保存，知識の検索」などの点にある。一方，構成的とは「説明する，根拠を述べる，連想する，省察する，予測する，仮説を立てる」など，所与の情報を超えるアイディアの産出活動であり，その特徴は「推測，統合，組織化，修復，再構成」などにある。相互作用的とは「改訂する，築く，議論する，向き合う」など，仲間と対話することであり，その特徴は「共同，創造」を含む点にある。

　チは，過去の心理学研究をレビューし，実験結果のほとんどは上記の仮説に合致すると指摘している。レビューの対象は「学習者の活動を実験的に操作」

している研究である。たとえば、筆記しない（受動的）と筆記する（能動的）の効果を比較した研究や、2回読む（能動的）と1回読んで自己説明する（構成的）を比較した研究などである。一方、レビューの対象から除外しているのは「学習者の活動でなく、教授法を実験的に操作」している研究である。その理由は、教授法を操作したとしても、そこでどのような学習活動が行われたかを特定することができないためと述べている。

◆6．成功か失敗か

　トビアスとダフィー（編）の著作（Tobias & Duffy, 2009）は、探究型教授法に対し、賛成、反対の立場をとる研究者の誌上討論の場となっている。序文には、議論の激しさを予感させる編集上のエピソードが書かれており、アメリカ教育研究学会（American Educational Research Association）で討論を呼びかけても多くの研究者が辞退したが、誌上討論なら参加してもよいと引き受けてくれたとある。著作全体を通して、賛成派と反対派の主張はやはり正面から激しくぶつかり合っている。融和の試みも少しはあるものの、互いに強いフラストレーションを抱えたまま論争は続いており、今後もそう簡単に収束しそうにないことを感じさせる。

　編者のトビアスは、終章にて次のように述べている。構成主義的アプローチを重視する探究型教授法は、直観的に言って大変魅力的である。しかしすべての章を注意深く読み返すと、それに賛同するレトリックは多彩だが、その証拠はほとんどないことに気づき、期待がはずれがっかりしてしまう。探究型教授法は「現在でなく、将来の学習に役立つ」とする仮説も魅力的だが、やはり実証的研究は少なく、今後、データの蓄積が必要であると指摘している。

　もう1人の編者のダフィーは、探究型教授法に賛成する立場から次のように論じている。賛成する立場の研究者、教育者にとり、学習とは「本人による探究、あるいは社会的実践への参加」であり、指導とは「そのプロセスに対する応答」である。それに対し、反対する立場の研究者、教育者にとり、学習とは「特定の情報や知識の獲得」であり、指導とは「そのプロセスの支援」である。こうした定義の違いが、互いの誤解の原因となっていると指摘している。

◆7. まとめ

　本章では，発見学習や探究学習とその実現をめざす教授法をめぐる論争を見てきた。論争の読者として，私たちが注意しなくてはならないのは「専門用語の使い方」が文献により異なる場合がある点である。一言で能動的学習（あるいは，アクティブ・ラーニング）と言っても，行動的活動に重点を置く場合もあれば，認知的活動に重点を置く場合もある。また引用や翻訳を経て，専門用語の意味が大きく変化していることもある。特に注意が必要なのは，英文で「教授（instruction）」と書かれている箇所が，和文では「学習（learning）」と訳されている場合がある点である。その逆に「学習」が「教授」になっていることもある。

　私たちはいずれにせよ，教えることも大切だが，教え過ぎず見守ることも大切であることを知っている。結局は「両者のバランスが大切」なのかもしれないが，安易にまとめると議論は振り出しに戻り，先にも進まなくなる。しかも実際には「どう教えるか」に加え「何を教えるか」や「いつ教えるか」も問わなくてはならない。論争の決着は遠いかもしれないが，多様な観点から知見を蓄積していくよりない。

■Further Reading

Ausubel, D. P. (1961). Learning by discovery: Rationale and mystique. *Bulletin of the National Association of Secondary School Principals*, *45*, 18-58.
Bruner, J. S. (1961). The act of discovery. *Harvard Educational Review*, *31*, 21-32.
Tobias, S., & Duffy, T. M. (Eds.). (2009). *Constructivist theory applied to instruction: Success or failure?* New York: Taylor & Francis.

■文　献

Alfieri, L., Brooks, P. J., Aldrich, N. J., & Tenenbaum, H. R. (2011). Does discovery-based instruction enhance learning? *Journal of Educational Psychology*, *103*, 1-18.
Ausubel, D. P. (1960). The use of advance organizers in the learning and retention of meaningful verbal material. *Journal of Educational Psychology*, *51*, 267-272.

Ausubel, D. P. (1961). Learning by discovery: Rationale and mystique. *Bulletin of the National Association of Secondary School Principals, 45*, 18-58.

Bransford, J. D., Brown, A. L., & Cocking, R. R. (2000). *How people learn: Brain, mind, experience, and school.* Washington, DC: National Academy Press. （ブランスフォード, J. D., ブラウン, A. L., & クッキング, R. R. 森 敏昭・秋田 喜代美（監訳）（2002）. 授業を変える―認知心理学のさらなる挑戦 北大路書房）

Bruner, J. S. (1961a). The act of discovery. *Harvard Educational Review, 31*, 21-32.

Bruner, J. S. (1961b). *The process of education.* Cambridge, MA: Harvard University Press. （ブルーナー, J. S. 鈴木 祥蔵・佐藤 三郎（訳）（1963）. 教育の過程 岩波書店）

Chi, M. T. (2009). Active-constructive-interactive: A conceptual framework for differentiating learning activities. *Topics in Cognitive Science, 1*, 73-105.

Hmelo-Silver, C. E., Duncan, R. G., & Chinn, C. A. (2007). Scaffolding and achievement in problem-based and inquiry learning: A response to Kirschner, Sweller, and Clark (2006). *Educational Psychologist, 42*, 99-107.

Kirschner, P. A., Sweller, J., & Clark, R. E. (2006). Why minimal guidance during instruction does not work: An analysis of the failure of constructivist, discovery, problem-based, experiential, and inquiry-based teaching. *Educational Psychologist, 41*, 75-86.

Kuhn, D. (2007). Is direct instruction an answer to the right question? *Educational psychologist, 42*, 109-113.

Lee, H. S., & Anderson, J. R. (2013). Student learning: What has instruction got to do with it? *Annual Review of Psychology, 64*, 445-469.

Loyens, S. M. M., & Rikers, R. M. J. P. (2011). Instruction based on inquiry. In R. E. Mayer & P. A. Alexander (Eds.), *Handbook of research on learning and instruction* (pp. 361-381). New York: Routledge Press.

Mayer, R. (2004). Should there be a three-strikes rule against pure discovery learning?: The case for guided methods of instruction. *American Psychologist, 59*, 14-19.

Mayer, R. E. (Ed.) (2014). *The Cambridge handbook of multimedia learning.* New York: Cambridge University Press.

Sawyer, R. K. (Ed.) (2006). *The Cambridge handbook of learning science.* New York: Cambridge University Press. （ソーヤー, R. K. 森 敏昭・秋田 喜代美（監訳）（2009）. 学習科学ハンドブック 培風館）

Schmidt, H. G., Loyens, S. M., Van Gog, T., & Paas, F. (2007). Problem-based learning is compatible with human cognitive architecture: Commentary on Kirschner, Sweller, and Clark (2006). *Educational Psychologist, 42*, 91-97.

Sweller, J., Kirschner, P. A., & Clark, R. E. (2007). Why minimally guided teaching techniques do not work: A reply to commentaries. *Educational Psychologist, 42*,

115-121.
Tobias, S., & Duffy, T. M. (Eds.) (2009). *Constructivist theory applied to instruction: Success or failure?* New York: Taylor & Francis.

コラム 14　幼児の描画指導
平沼　博将

　保育所や幼稚園などで「お絵かき」に興じる子どもたちの姿をよく見かける。描画（drawing）は，幼児にとっては遊び（play）の１つである（田中，2011）が，保育所保育指針や幼稚園教育要領では，「表現」の領域に位置づけられている。

　幼児の描画指導をめぐっては，「○○式」と呼ばれる指導法が存在する一方，子どもには自由に描かせるべきで指導は一切すべきでないという主張もある。様々な指導論が混在するなか，実際には保育者（保育士や幼稚園教諭）が実践経験や研修等を通じて形成してきた個人レベルの指導論（personal teaching theory）に基づいて指導を行っていると考えられる（平沼，1999）。そのため描画指導に苦手意識をもっている保育者も多く，「子どもが絵を描いているときに何と声を掛けてよいかわからない」「絵を描きたがらない子どもにどのように指導すればよいか悩む」「自分の関わり方次第で子どもの絵がダメになってしまうのでは……考えると怖くて指導できない」といった声をよく耳にする。

　こうした描画指導に対する苦手意識や消極性の背景には，絵は「心を映す鏡」と考える「素朴な描画観」があるように思われる。そして，このことは心理学の歴史において，子どもの知的水準や発達段階，情緒的な問題等を測定・診断する目的で「描画（テスト）」が利用されてきたことと無関係でない。では，本当に絵は子どもたちの「心」を映し出してくれる便利な道具なのだろうか？

　たとえば，人物画の初期形態として知られる頭足人（tadpole figure）には胴体がないように見える。子どもたちは人物の胴体を認識できていないのだろうか。この問いに対して，バセット（Bassett, 1977）は，頭足人を描いた子どもでも紙のパーツを組み合わせることで胴体のある人の形が構成できることを示した。また，コックス（Cox, 1992）は，子どもたちが描いた頭足人にお臍を描き入れさせるというユニークな方法で，子どもたちが人物の胴体を認識している可能性を指摘した。

　つまり，子どもたちは絵だけですべてを表現しようとしているわけではないのである。子どもたちの描画活動を観察していると，身振りや表情，言葉など，まさに全身を使って絵を描いていることがわかる。また，ガードナー（Gardner, 1982）は，子どもの描画活動の楽しみ方について，形だけで表現することを好むパターナー（patterner）と身振りや言葉などを交えて表現しようとするドラマティスト（dramatist）という個人差を記述しているが，子どもたち１人ひとりの個人差を踏まえた指導も大切である。

　指導とは，子どもたちが活動を通して何を楽しみ，何に悩んでいるかを知ることから始まる。描画指導においても，私たち大人の描画観や発達観を押しつけるのではなく，子どもたちと一緒に描くことを楽しみながら，子どもたちから描画活動の楽しみ方を教わる姿勢も必要ではないだろうか。

15 心理・教育測定

髙橋　雄介

◆1. はじめに

　2012年7月，ヒッグス粒子いわゆる「神の粒子」の存在が強く示唆され，翌2013年にはこの素粒子の存在を約半世紀前に提唱していたヒッグス（Higgs, P. W.）がノーベル物理学賞を受賞した。物質に質量を与え，宇宙の仕組みをも解明する鍵を握っているのでないかとまで言われるこの素粒子は，人間の目で実際に見ることはできない。しかしそれでもこの神の粒子の存在は確認された。神の粒子はあくまで「統計的に」その存在が示唆されたのである。

　心理学において，私たちは，ふだん，自分たちの目には見えない構成概念（constructs）を研究の対象とし，何とかしてその構成概念の定量化を試み，統計分析の俎上に乗せようとしている。すなわち，人間の目には見えない素粒子を研究の対象とする宇宙物理学と人間の目には見えない構成概念を研究の対象とする心理学には，測定（measurement）と統計分析が必要不可欠という点において共通項がある。

　実際に目で見て確認をしたり単位の付いた状態で計測することができたりしない心理学的な構成概念を相手に研究を行うことは，ヒッグス粒子を相手にすることと同様に難儀なことであるが，測定によって良質のデータを得ることができるかどうかは研究全体の良さを左右する重要な要件であり（南風原，2002），測定こそが科学の根幹を成すと言っても過言ではない。

　私たちは，捕捉しようとしている心理学的構成概念を便宜的に定義し，検証すべき事項について作業仮説を立てたうえで，一定の得点化の規則に従って実験参加者や調査参加者に数値を割り振る。この得点化のルールのことを尺度（scale）と呼び，その規則に従って事象（対象の持つ特性）に数値を割り当て

ることを測定と言う。殊に，心理学においては，実験・調査・検査・観察などの方法によってそれがなされる（森・吉田，1990）。

◆2．心理・教育測定における信頼性と妥当性

　不安という心理学的構成概念を定量的に測定することを考えてみよう。質問紙調査を行う場合には，不安に関連する認知・行動・感情などを尋ねる複数の項目群を用意し，その得点を合算して使用する。そして，その得点の分布が正規分布から逸脱するとは言えないことを最低限確認したうえで，統計分析を実行することが多い。生理学的な方法を用いる場合は，心拍数・皮膚電気抵抗・精神性発汗などをそれぞれ専門的な機材を用いて測定する。また，不安は脅威の対象に対して注意が向けられやすくなると考えられる。そこで，認知心理学・実験心理学においては，単語や画像を刺激として用いる視覚探索課題などの行動実験を用いて，不安の程度やその個人差を反応時間や視線方向などの指標によって測定することもある。

　このように，実際には目に見えないものを研究の対象として，それらの定量化を試みる心理・教育測定場面において有用な情報を得るためには，データがいかに適切な方法で集められたものであるかどうかが鍵となる。そして，データを十分に適切な方法で測定する際に必要な2つの基本的な事項が信頼性（reliability）と妥当性（validity）である。

　信頼性とは，測定結果の一貫性および安定性のことである。もう少し具体的には，同じ測定対象に対して同じ状況で同じ測定を実施したとき，同じ値が得られるかどうかを示す性質のことである。データの値が測定のたびに偶然による誤差によって左右されないほど，測定の信頼性は高い。また，測定値は真値と誤差の合計から成るとする古典的テスト理論（classical test theory）に沿って考えると，信頼性とは全分散のうち真値の分散の占める割合のことである。他方の妥当性とは，測定そのものが意図した性質を正しく測定しているかどうか，測定値の解釈およびそれによってなされる推論や決定が適切であるかどうかを示す性質のことである。たとえば，基準関連妥当性（criterion-referenced validity）は，当該の測定結果とその測定結果を類似に測定していると考えら

れる外的基準との相関係数によって評価される。

　信頼性の欠ける測定に妥当性を求めることはできないので，信頼性は妥当性の必要条件と言える。なぜなら，測定が妥当なものであれば，測定を繰り返しても大きく結果が変わることはないはずだからである。一方で，いくら安定的に測定ができたとしても，その値が私たちの研究対象としたい構成概念を十分に反映したものではないとしたら，その測定は妥当性の高いものとは言えないので，信頼性は妥当性の十分条件とは言えない。

◆3．信頼性と妥当性のトレード・オフの関係

　信頼性と妥当性は，測定値間の相関関係にも影響を与えるので（南風原，2002）私たちはこれらに十分に注意を払ったうえで心理・教育測定に臨む必要がある。信頼性が完全ではない程度に応じて，測定された値どうしの相関係数は真値の相関係数よりも低くなり，これを相関の希薄化（attenuation of the correlation coefficient）と呼ぶ（相関の希薄化について，式で確認したい読者は章末の補遺を参照いただきたい）。

　仮に真値の間に高い相関があったとしても，測定の信頼性が十分に確保されていないと，その分だけ実際に観測される相関係数は割り引かれた値になってしまう。たとえば，2つの変数の真値の間に.30の相関があったとしても，2つの測定値の信頼性係数（たとえば，クロンバックのアルファ係数）がそれぞれ.60とすると，その分だけ割り引かれた.18という値が相関係数として計算される。したがって，測定値の間の相関を正しく評価するためには，測定値そのものの信頼性も高く保たれている必要がある。希薄化を修正して，それぞれの信頼性係数が1であるとした場合の相関係数（$R_{x_1 x_2}$）を求める以下のような式を希薄化の修正公式と呼ぶことがある（ρ_1，ρ_2は234ページ参照）。

$$R_{x_1 x_2} = \frac{r_{x_1 x_2}}{\sqrt{\rho_1 \times \rho_2}}$$

　しかしながら，希薄化の修正後の相関係数が1を超える場合が存在するため，実際場面において，この公式が用いられることはない。観測された相関係数が

比較的高めで，信頼性係数が比較的低めである場合を考えてみてほしい。たとえば，観測された相関係数が .60 で，それぞれの信頼性係数が .50 の場合，希薄化修正後の相関係数は 1.20 という在り得ない値を取ることになってしまう。信頼性は妥当性の必要条件であり，信頼性の欠ける測定に妥当性を求めることはできないので，このような修正自体が意味を成さないことになる。

　希薄化の修正を行うためには信頼性係数を求める必要があるが，後述するように，信頼性は非常に多義的な概念であり，分析者側でそれぞれ別々の信頼性係数を求めて使用しては修正後の値は解釈不能になってしまう。希薄化の修正をより適切に行う手段としては，モデルに潜在変数を導入し，それぞれの変数から誤差の成分を取り除いたうえで分析を行う構造方程式モデリング (structural equation modeling; SEM) が一般的である（狩野・三浦，2002）。

　先の式から，信頼性と妥当性はお互いに影響し合う特徴があることがわかる。変数 x_1 を尺度の得点，変数 x_2 を外的基準の得点とする。ある尺度の基準関連妥当性を検証することを想定すると，尺度と外的基準との真の相関係数（妥当性係数）は，両者の間で観測された相関係数をそれぞれの信頼性係数の積の平方根で割り算された値によって求めることができる。しかしながら，尺度の信頼性を上げると分母の値が大きくなり，結果として真の妥当性係数の値は下がってしまう。このように，信頼性と妥当性はあちらを立てればこちらが立たずのトレード・オフの関係にあり，クロンバック（Cronbach, 1961）はこれを帯域幅と忠実度のジレンマ (bandwidth fidelity dilemma)[1] と呼んだ。

　ちなみに，探索的因子分析を行った後，抽出された因子ごとにアルファ係数を低める項目を除くという「分析」を目にすることがあるが，このトレード・オフの関係を考えるに，項目数を減らして信頼性（アルファ係数）を上げることは，場合によっては，心理・教育測定の本質であるところの妥当性を犠牲にしている（当該の構成概念を捉えるには必要だったかもしれない項目を削除し

---

[1] 情報通信の例を用いた比喩である。ある信号を伝送する場合，信号の正確性（忠実度）を重視すると伝送路の道幅（帯域幅）を広く取る必要があるが，道幅が広いと雑音が入りやすい。逆に信号に含まれる周波数成分をカットして精確性を削ると伝送路の道幅は狭くて済むが，歪みが大きくなる（三輪，2003）。情報通信について考える際には正確性（忠実度）と道幅（帯域幅）の両者のちょうどよいバランスを取る必要があり，正に信頼性と妥当性のトレード・オフの関係に等しい。

ている）可能性が否定できないので注意が必要である。

◆4．信頼性を高めるデザイン

　信頼性係数を高めるためにはどのようにすればよいのだろうか。信頼性の定義に従って考えると，安定的で一貫した測定をめざすと信頼性係数は必然的に高くなる。たとえば，研究実施者側の問題としては，測定時間を長くしたり測定基準を客観的にしたりすると信頼性は高くなる。また，測定そのものの問題としては，項目数を増やし，より同質な項目からなる尺度を構成し，弁別力の高い項目を多く設けると，信頼性は高くなる[2]。

　そして，近年の心理測定の動向に鑑みるに，事前に検定力分析（power analysis）を行い，適切な標本サイズ（sample size）を設定したうえで，実験や調査を実施することが求められつつある（大久保・岡田，2012）。確かに標本サイズは研究者側でデザイン可能な数値であるが，質問紙尺度の項目数も研究者側でデザイン可能な重要な要素である。もちろん，第一義的には，論文として出版された先行研究において開発された項目数だけ回答を得ることが望ましいが，その項目数が，回答者の負担を考えた際にあまりにも多すぎであったり，逆に，研究実施者が考える構成概念を十分に反映するには不足があったりするとしたら，それは測定上問題が生じていると言わざるを得ない。

　信頼性は多義的である。信頼性とは測定結果の一貫性および安定性のことで相違ないのだが，それが時間的に安定であること（再検査信頼性；test-retest reliability），測定項目間で一貫していること（内的整合性；internal consistency），評定者間で評価が一貫していること（評定者間信頼性；inter-rater reliability）など，一言で測定結果の一貫性・安定性と言っても多岐にわたる。翻って，従来の信頼性係数の推定は古典的テスト理論に基づくシンプルなもので，信頼性を全分散における真値の分散の占める割合によって定義するのみで，誤差成分の中身については検討しない。

　一般化可能性理論（generalizability theory）による方法は，評定者や項目な

---

[2] 信頼性に関する議論（とりわけ，アルファ係数に関する議論）は，岡田（2015）も参照されたい。

ど検査の諸側面ごとに誤差を分離してより洗練された形で信頼性係数（一般化可能性係数；generalizability coefficient）を推定することによって，古典的テスト理論に基づくシンプルな考え方だけでは解決できない問題点を克服可能である（Brennan, 2001; Cronbach et al., 1963；池田，1994; Shavelson & Webb, 1991）。一般化可能性理論は，一般化可能性研究（generalizability study）と決定研究（decision study）という2つのフェーズから構成される。一般化可能性研究では，測定の際に生じる誤差に着目し，その原因である測定に伴う変動要因の成分とそのばらつきを推定することによって，各変動要因やそれらの交互作用が尺度得点に与える影響を検討する[3]。他方の決定研究では，一般化可能性研究で得られた各分散成分の推定値を用いて，通常の信頼性係数に相当する一般化可能性係数を算出し，どの程度の項目数や測定回数があれば，どの程度の一般化可能性係数が得られるのかシミュレーションを行って，効果的に測定を行うことのできる計画を立てるために必要な情報を与えてくれる。このように，一般化可能性理論は，信頼性係数の推定を行うだけではなく，測定の改善のために具体的な示唆が得られる点において優れている。

たとえば，アーターベリーら（Arterberry et al., 2014）は，パーソナリティ特性のビッグ・ファイブを測定する44項目のBFI（Big Five Inventory; John et al., 1991）[4]に対して一般化可能性理論を用いた分析を行った。図15-1に，アーターベリーら（Arterberry et al., 2014）の情報を基に作成した決定研究の結果をまとめた。それぞれのパーソナリティ特性次元において少なくとも.70程度の信頼性を確保しようとするならば，4～10項目を必要とし，尺度全体としては34項目を要することがわかる（原版の44項目より10項目だけ少なくて済む）。さらに，もしすべての特性次元において.80程度の信頼性を確保することを考えるならば，6～24項目を必要とし，尺度全体としては72項目を要することがわかる。このBFIには10項目の短縮版も存在するのだが（Rammstedt & John, 2007），アルファ係数の観点だけから考えるとやや難が

---

[3] 一般化可能性研究を実装する場合には，Rではlme4パッケージ，SASではvarcompプロシジャにより分析できる。SPSSではAdvanced Statisticsが必要で「一般線型モデル」の「分散成分」を用いると分析可能である。

[4] BFIの日本語版尺度は著者まで問い合わせされたい。

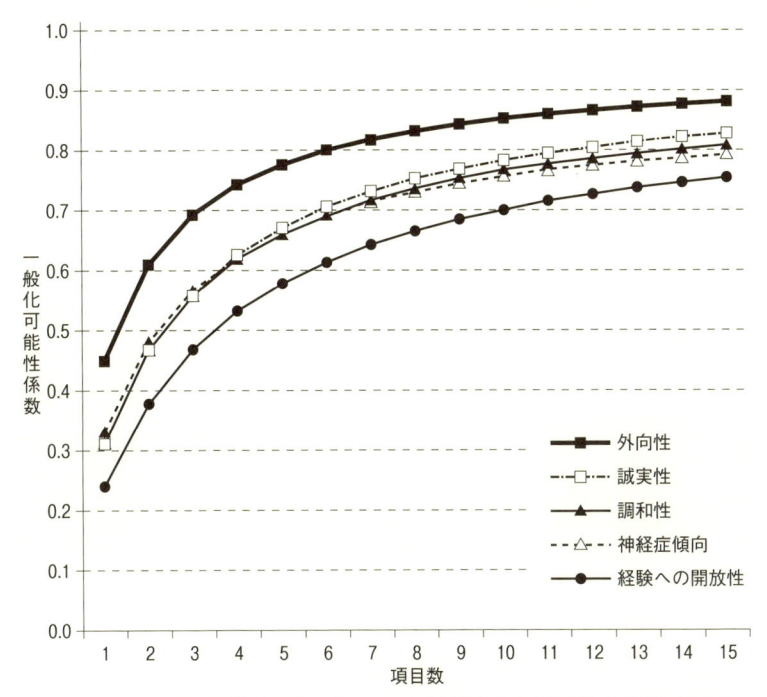

図15-1 パーソナリティ特性のビッグ・ファイブを測定するそれぞれの次元に関する一般化可能性係数のシミュレーション結果 (Arterberry et al., 2014 より作成)

あるということになる。また，下位尺度がある場合には，多変量一般化可能性理論を用いた分析を行うことにより (Cronbach et al., 1972)，複数の特性や階層に属する変数の重み付き和得点の一般化可能性係数を計算することが可能である。それぞれの下位尺度にどれだけの項目数を含むと平均的にどの程度の信頼性が見込まれるかといった点についても検討を行うことができ，データを分割して分析するよりも安定した推定が可能である。探索的因子分析を用いる尺度開発研究において，すべての因子を同じ項目数でそろえる慣習があるが，これも信頼性の観点から考えると本来的ではなく，十分な信頼性を確保するためにそれぞれの因子が有する項目数は異なっているほうが自然であり，そのための指針を得るためにも一般化可能性理論は有用である。

◆5. 妥当性を高めるデザイン

　信頼性は，アルファ係数などの数値をもって，具合的にその測定値の安定性や一貫性を示しやすいが，妥当性に関しては何らかの指標で端的に示すことは難しい[5]。妥当性には様々な種類があり，測定を行う目的との兼ね合いに応じて，各種の妥当性について個別に確認を行う必要がある。妥当性には大きく分けて理論的・内容的妥当性と経験的・統計的妥当性がある。理論的・内容的妥当性は，測定しようとしている内容がそもそも測定目的に沿っているかどうかという観点から評価される。しかしながら，心理学の場合，測定するべき対象は実体を伴わない構成概念であることが多いので，理論的・内容的な検討だけで測定値が妥当であるとは言いにくい。したがって，理論的・内容的妥当性を吟味することは，経験的・統計的妥当性，すなわちデータを得てそのデータによって判断される妥当性を検討する際の前提条件である。経験的・統計的妥当性は，基準関連妥当性と構成概念妥当性に分けられる。基準関連妥当性は，当該の測定結果とその測定結果を類似に反映していると考えられる外的基準との相関によって検証される。構成概念妥当性は，測定をめざす構成概念とそれを測るための他の特性との関連や結果が予測できるような理論ありきでなければならない。ある理論が正しいと仮定して，この理論から導かれる予測が測定結果によって実証されるのならば，理論と測定の両者ともに妥当と主張することができるからである。そして，基準関連妥当性に基づくある測定結果と外的基準の相関が高いという事象もその理論から導かれる予測の1つであり，結局のところ，この構成概念妥当性の考え方は妥当性検証の考え方すべてをカバーしている。この意味合いにおいて，妥当性検証は，構成概念妥当性の検証に帰すると換言可能である。しかしながら，心理学の研究においては，相関係数で具体的に妥当性を示すことができるという理由から，構成概念妥当性よりも基準関連妥当性が検討されることが多い。

　妥当性はその研究の本質に関わることなので，具体的に妥当性を高めるための研究デザインを考察することは難しいが，以下の3点から考えてみたい。

---

[5]　妥当性に関する議論は，村山（2012）も参照されたい。

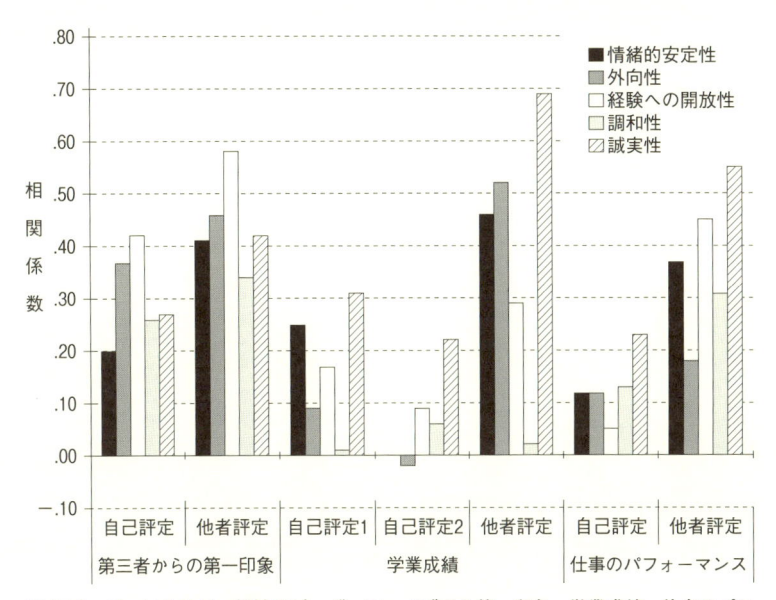

図 15-2 パーソナリティ特性のビッグ・ファイブから第一印象・学業成績・仕事のパフォーマンスを説明した際の自己評定と他者評定の相関係数に関するメタ分析の結果 (Connelly & Ones (2010, Tables 9-11) を基に作成)
(注) 学業成績における自己評定のメタ分析は2件引用されており，自己評定1は Hough (1992)，自己評定2は Poropat (2009) に基づく値である。

第1に，他者評定の積極的な利用である (Connelly & Ones, 2010; Oh et al., 2011)。尺度を用いた心理学研究は自己評定に依拠しすぎかもしれない。自分のことは自分が一番よくわかっているように思えるうえに，自己報告に基づくデータがもっとも集めやすい。無論，当該の個人からしか収集しえない情報は数多くあるので自己評定そのものを全否定するつもりは毛頭ないが，パーソナリティ特性といくつかの結果変数（外的基準）の間の関連に関するメタ分析の結果によると，自己評定と他者評定を比較した場合，他者評定による回答のほうが外的基準との相関が高いことが報告されている（図15-2）。また，ある個人を2人の他者が評定した際の相関係数は $r = .32 \sim .43$（再検査信頼性を用いた修正後の相関係数は $\rho = .39 \sim .51$），ある個人の自己報告と他者評定との相関係数は $r = .29 \sim .41$（再検査信頼性を用いた修正後の相関係数は $\rho = .39 \sim .51$）とあながち低い値ではない (Connelly & Ones, 2010)。他人の正目，岡目八目

とはまさにこのことであり，他者評定に基づく回答は検討に値するデータと言えるだろう．

　第2に，下位尺度レベルの分析である（Paunonen & Ashton, 2001）．構成概念を広く表現するようなグローバルなレベルの得点よりも，下位尺度ごとの細やかなレベルの得点のほうが人間行動の記述にはより適しているはずであり（高橋ら，2010），実際に，パウノネンとアシュトン（Paunonen & Ashton, 2001）はパーソナリティ特性のビッグ・ファイブ（5次元）とその30の下位尺度のうちそれぞれの行動を記述するのにもっとも説明力のある5つの下位次元を比較すると，後者のようがより分散説明率が高いことを示している．また，グローバルなレベルの因子の影響を超えて，それぞれの下位尺度が個別にどのような説明力・予測力を持っているのかを検証する際には，双因子モデル（bi-factor model; Holzinger & Swineford, 1937）が有効である．下位尺度にどのような独自の効果があるかどうかは図15-3のβ_1とβ_2について検討を行い，構成概念全体に共通する効果があるかどうかはβ_3について検討を行えばよい．

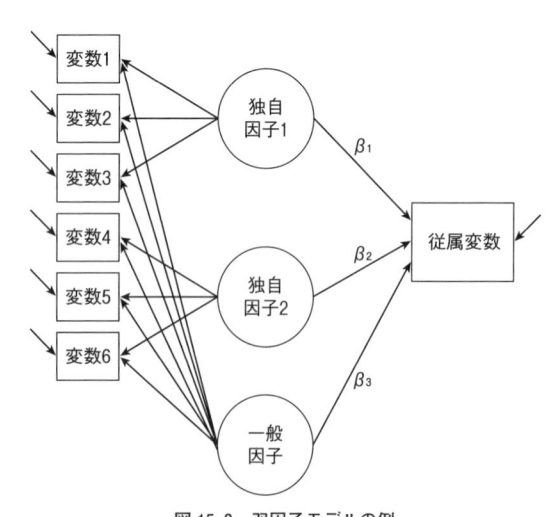

図15-3　双因子モデルの例

（注）すべての変数に寄与している一般因子と下位尺度ごとに寄与している独自因子を分けて考える．一般因子と独自因子の間には共分散は仮定されない．ある従属変数に対して，一般因子からの影響（β_3）を超えて，独自因子がどのような影響を有しているのか（β_1, β_2）を検討することが可能である．

第3に，係留寸描法（anchoring vignettes; King et al., 2004）の活用である。複数の集団を対象に同じ質問紙を用いてデータを取得しても，反応スタイルの違いから主観的な回答の傾向が異なることがある。ある群においては5件法の「2：あまりそうではない」が別の群においては「4：そうである」と評価されるかもしれない。具体的には，「あなたは健康ですか？」と尋ねられたとき，客観的に同程度健康な2人がいたとして，一方の悲観的な群の人間は2と回答し，他方の楽観的な群の人間は4と回答するかもしれない。すなわち，それぞれの群において評定尺度の意味や閾値が異なっていては客観的な比較はできず，測定の妥当性は確保できない。この問題を回避するために，架空の何人かの人物のこと（先ほどの例では，架空の人物の健康状態）について回答を行ったうえで，自己評定による回答を得る方法のことを係留寸描法と呼び，階層的順序プロビット分析を行うことによって群ごとの件法の閾値の違いを考慮できるので，回答傾向や反応スタイルの異なる複数の集団を同時に比較・分析する際に有用である。

◆補　遺

ここでは，ある2つの変数 x_1, x_2 をあげて，この相関の希薄化について考える。測定値（x）は真値（t）と誤差（e）の和によって構成されるので，それぞれの測定値と分散（s^2）は，（式1）と（式2）のように表すことができる。

$$x_1 = t_1 + e_1, \quad x_2 = t_2 + e_2 \tag{式1}$$

$$s_{x_1}^2 = s_{t_1}^2 + s_{e_1}^2, \quad s_{x_2}^2 = s_{t_2}^2 + s_{e_2}^2 \tag{式2}$$

そして，この2つの変数の共分散（$s_{x_1 x_2}^2$）は，（式2）より，また誤差を含む共分散は0と仮定すると，以下の（式3）のようになり，測定値どうしの共分散は真値の共分散に等しいことがわかる。

$$\begin{aligned} s_{x_1 x_2}^2 &= s^2(t_1 + e_1)(t_2 + e_2) \\ &= s_{t_1 t_2}^2 + s_{t_1 e_2}^2 + s_{e_1 t_2}^2 + s_{e_1 e_2}^2 \end{aligned} \tag{式3}$$

$$= s_{t_1 t_2}^2$$

また，先述の通り，信頼性 (ρ) とは全分散に占める真値の分散の割合のことなので，以下のように書き表すことができる。

$$\rho_1 = \frac{s_{t_1}^2}{s_{x_1}^2}, \quad \rho_2 = \frac{s_{t_2}^2}{s_{x_2}^2} \tag{式4}$$

さらに，ある2つの変数 x_1，x_2 の相関係数 ($r_{x_1 x_2}$) は，(式3) と (式4) を用いて式変形をしていくと以下のとおりになる。

$$\begin{aligned} r_{x_1 x_2} &= \frac{s_{x_1 x_2}^2}{s_{x_1} \times s_{x_2}} \\ &= \frac{s_{t_1 t_2}^2}{\frac{s_{t_1}}{\sqrt{\rho_1}} \times \frac{s_{t_2}}{\sqrt{\rho_2}}} \\ &= \frac{s_{t_1 t_2}^2}{s_{t_1} \times s_{t_2}} \times \sqrt{\rho_1 \times \rho_2} \\ &= r_{t_1 t_2} \times \sqrt{\rho_1 \times \rho_2} \end{aligned} \tag{式5}$$

ある2つの変数 x_1，x_2 の観測される相関係数は，変数どうしの真値の相関係数に信頼性係数の積の平方根を掛け合わせた値になる。したがって，(式4) からもわかるとおり，信頼性係数は1を超えることはないので，観測される相関係数は真値どうしの相関係数を必ず下回るこことなり，これを相関の希薄化と呼ぶ。

■**Further Reading**

南風原 朝和 (2014). 続・心理統計学の基礎—統合的理解を広げ深める　有斐閣
山田 剛史 (2015). Rによる心理学研究法入門　北大路書房
吉田 寿夫 (1998). 本当にわかりやすいすごく大切なことが書いてあるごく初歩の統計の本　北大路書房

■文　献

Arterberry, B. J., Martens, M. P., Cadigan, J. M., & Rohrer, D. (2014). Application of generalizability theory to the big five inventory. *Personality and Individual Differences, 69*, 98-103.

Brennan, R. L. (2001). *Generalizability theory.* New York: Springer-Verlag.

Connelly, B. S., & Ones, D. (2010). An other perspective on personality: Meta-analytic integration of observers' accuracy and predictive validity. *Psychological Bulletin, 136*, 1092-1122.

Cronbach, L. J. (1961). *Essentials of Psychological Testing.* New York: Harper and Row.

Cronbach, L. J., Gleser, G. C., Nanda, H., & Rajaratnam, N. (1972). *The dependability of behavioral measurements: Theory of generalizability for scores and profiles.* New York: John Wiley.

Cronbach, L. J., Nageswari, R., & Gleser, G. C. (1963). Theory of generalizability: A liberation of reliability theory. *The British Journal of Statistical Psychology, 16*, 137-163.

南風原 朝和（2002）．心理統計学の基礎―統合的理解のために　有斐閣

Holzinger, K. J., & Swineford, S. (1937). The bi-factor method. *Psychometrika, 47*, 41-54.

Hough, L. M. (1992). The "Big Five" personality variables- construct confusion: Description versus prediction. *Human Performance, 5*, 139-155.

池田 央（1994）．現代テスト理論　朝倉書店

John, O. P., Donahue, E. M., & Kentle, R. L. (1991). *The Big Five Inventory — Versions 4a and 54.* Berkeley, CA: University of California, Berkeley, Institute of Personality and Social Research.

狩野 裕・三浦 麻子（2002）．グラフィカル多変量解析―目で見る共分散構造分析　現代数学社

King, G., Murray, C., Salomon, J., & Tandon, A. (2004). Enhancing the validity and cross-cultural comparability of survey research. *American Political Science Review, 98*, 191-207.

三輪 進（2003）．情報通信基礎　東京電機大学出版局

森 敏昭・吉田 寿夫（1990）．心理学のためのデータ解析テクニカルブック　北大路書房

村山 航（2012）．妥当性概念の歴史的変遷と心理測定学的観点からの考察　教育心理学年報, *51*, 118-130.

Oh, I. S., Wang, G., & Mount, M. K. (2011). Validity of observer ratings of the five-factor model of personality traits: A meta-analysis. *Journal of Applied Psychology, 96*, 762-773.

岡田 謙介（2015）．心理学と心理測定における信頼性について：Cronbachのα係数と

は何なのか，何でないのか　教育心理学年報, *54*, 71-83.

大久保 街亜・岡田 謙介（2012）．伝えるための心理統計―効果量・信頼区間・検定力　勁草書房

Paunonen, S. V., & Ashton, M. C. (2001). Big five factors and facets and the prediction of behavior. *Journal of Personality and Social Psychology, 81*, 524-539.

Poropat, A. E. (2009). A meta-analysis of the five-factor model of personality and academic performance. *Psychological Bulletin, 135*, 322-338.

Rammstedt, B., & John, O. P. (2007). Measuring personality in one minute or less: A 10-item short version of the Big Five Inventory in English and German. *Journal of Research in Personality, 41*, 203-212.

Shavelson, R. J., & Webb, N. M. (1991). *Generalizability theory: A primer*. Thousand Oaks, CA: Sage.

高橋 雄介・山形 伸二・星野 崇宏（2010）．パーソナリティ特性研究の新展開と経済学・疫学など他領域への貢献の可能性　心理学研究, *82*, 63-76.

コラム15　協調的学びの評価

河﨑　美保

　効果的な協調のスキルは21世紀の社会に必要なスキルの1つとされ（Griffin et al., 2012），インテルなどテクノロジー企業の呼びかけにより立ち上がった多国間の産官学パートナーシップによる「21世紀型スキルの学びと評価」を開発・実践するプロジェクトATC21S（Griffin & Care, 2015）や国際的な学習到達度調査の最新版PISA2015（OECD, 2013）によって協調を効果的に行う個人の能力の評価が進められている。PISA2015では大規模な国際評価の時間的・経済的制約のなか，確実に測定できる構成概念を定め，領域知識を問わない問題解決の文脈においてコンピュータ上の対話型エージェントに対し自分の考えを伝えて相手の意見を聞いたり役割を説明するセリフを選択するかで協調問題解決能力（collaborative problem solving competency）を評価しようとしている。

　一方，これまでの協調研究における協調的学びの評価の手法は，プロセスや成果の分析単位が個人か集団か，成果をプロセスの中に捉えるか，協調の良し悪しが規範的に定まると考えるかにより様々あり，これらに基づき協調研究は4つに大別できる（Enyedy & Stevens, 2014）。第1（collaboration-as-a-window）のタイプは発話を1区切りずつ内容に基づき分類し個人単位で集計・分析するもので，協調は個人の認知をのぞく「窓」として利用されるに過ぎない。第2のタイプ（collaboration-for-distal-outcomes）は発話の系列から繰り返し現れるパタンを特定し，個人の成果との関連を検討するもので，たとえば他者の発話を繰り返して，意味の確認や言い換え等を行うリヴォイシング（revoicing）などの発話パタンが，生産的な学習活動をいかに引き起こし課題への従事や理解，動機づけ等の個人の成果につながるかに焦点を当てる。この相互作用と個人の成果の関連を媒介する協調の直接的な所産に焦点を当てるものが第3のタイプ（collaboration-for-proximal-outcomes）で，たとえば協調のプロセスに変化を生じさせた会話のムーブ（説明の要求など）を特定し，複数の発話に分かち持たれながら課題の構造の理解が達成されるプロセスを解明しようとし，そこから個人の成果を説明する。以上はいずれも協調を何らかの成果につながる手段としてみているのに対して，第4のタイプ（collaboration-as-learning）は協調の成立自体がゴール，すなわち学習であるとみなし，プロセスだけでなく成果の分析単位も集団におく。分業のされ方と協調による問題解決の成否との関連を検討するなどいかに複数のメンバーが集団として機能しているかに焦点が当てられ，その中で個人の参加，貢献が意味づけられる。

　以上のうち協調研究では，第3のタイプのようにどのような協調が学習につながるかを直接的に説明することを目指す研究が盛んであり，領域知識の構成が主な評価対象であった。協調的問題解決能力それ自体を教育・評価の対象としようとする動きのなかで，協調のスキルの学びのプロセスや成果をどのような分析単位で捉え評価するのかが新たに問われている。

16 認知の発達

坂本　美紀

◆1. はじめに

　認知とは，主として何かを認識・理解する心の働きを言い，認知の発達を捉える際は，それを可能にする能力や機構が，何によっていかに発達するかを解明することが求められる。認知発達という領域の確立に貢献したスイスのピアジェ（Piaget, J.）による発達理論と，その問題点を克服しようとした取り組みにより，乳幼児期から青年期に至るまでの発達的変化が明らかにされてきた。特に，言葉を話せない乳児の認知能力を，洗練された実験手法で解明する研究が進展し，人生初期の認知発達についての知見は飛躍的に増大している。

　認知発達の到達点についてはどうだろうか。発達は，人々の価値観や伝統，習慣を含めた，広い意味での環境（発達の文脈）と切り離すことができない。多くの国が産業基盤の経済から情報基盤の経済に変化していくなか，人々の生活や仕事の仕方が変わり，様々な職種で要求されるスキルが変わってきた。情報社会を生き抜く新しいスキルの教授が，現代の教育には求められている。こういった「新しい能力」は，コンピテンシー，高次リテラシー，ジェネリックスキルなど様々な名称のもとに概念化されている。たとえば，21世紀型スキルでは，思考の方法，働くためのツールなど4つのカテゴリーに，批判的思考，メタ認知（第6章参照），情報リテラシー，シチズンシップ（地域と地球のよき市民であること）など計10個のスキルが定義されている（Griffin et al., 2012）。いずれのスキルも，獲得には個人差があり，協調的問題解決ならびにディジタルネットワークを使った学習を軸とした教授介入が必要である。そして，複雑化する現代社会に対応するための認知機能が，青年期にすべて完成するとは考えにくい。

成人期・中年期の人々は，職業，家事や育児などの家庭生活，地域とのかかわりといった経験を通じ，文化・状況への適応を果たすなかで発達していく。近年の発達研究においては，発達の領域固有性（domain specificity），ならびに発達が社会・文化的環境と相互作用しながら引き起こされることが，一定のコンセンサスになってきた。発達は環境変化に応答しながら進むのであり，環境が変われば発達の仕方は大きく変わる。認知においても，発達スピードの個人差にとどまらず，発達パターン自体の分化や特殊化が成長とともに進む。成人期以降の認知発達を捉える重要な概念は，熟達化と知恵（叡智；wisdom）である。

本章では，認知発達の代表的な理論や説明モデルを紹介し，発達の各時期における認知の様相について述べる。

◆2. 認知発達へのアプローチ

認知発達を説明する二大理論は，ピアジェの発生的認識論に基づく認知発達理論と，ロシア／ソ連のヴィゴツキー（Vygotsky, L.S.）の認識の社会的構成理論に基づく文化的発達理論である。どちらも，主体（子ども）と対象（周囲の人やもの）との相互作用を通した変化を基底に据え，発達現象に対する説明力の高い大理論（メタ理論）であり，両理論を補完的なものと位置づけることにより，認知発達のより広範な側面を理解することができる。

ピアジェの認知発達理論（Piaget, 1972）では，人が環境と相互作用する基本的な働きを，認識の枠組みであるシェマ（schema）の同化と調節による均衡化の過程で説明し，質の異なる領域一般的な論理構造で，認知の発達段階を特徴づけた。可能な操作（operation）すなわち行為や思考の論理構造の水準に基づいて，乳児期から青年期に至るまでの認知の発達を，次の4段階に分割した。感覚と運動の結びつきを通して知識が成立する0～2歳の感覚運動期，論理よりも知覚や自己への中心化に基づく判断が優位な2～7歳の前操作期，具体的事象に論理的思考を適用できる7～11, 12歳の具体的操作期，組み合わせ思考や仮説演繹的思考が可能になり，生起していないことがらや抽象的な内容に論理を適用できる11, 12歳以降の形式的操作期である。

ピアジェの理論は発達研究に大きな影響を与え，多くの追試研究が行われる

とともに，様々な批判を受けてきた。発達段階の根拠，乳幼児の能力の過小評価，認知の領域固有性，文化・社会的文脈の規定性の軽視などである。これらの批判は，その後の研究の潮流を生んだ（竹内，1994；稲垣，2007）。新ピアジェ派は，ピアジェの理論に基礎を置きつつも，その研究法の問題点を改良し，情報処理過程を緻密に分析することで，認知発達を精密にモデル化しようとした。情報処理容量をはじめとする領域一般の要素を重視し，段階移行のメカニズムを説明するのである（レビューとして，吉田，2013 他）。また，新たな研究手法を用い，個々の領域での推論や概念知識の発達を検討した研究も，数多く行われている。素朴物理学，素朴心理学，素朴生物学は，これら素朴理論（naive theory）研究における主要な研究対象である（第 13 章参照）。

ヴィゴツキーの社会・文化・歴史的発達理論では，発達を，より能力のある仲間や大人との相互作用を通して文化を継承する社会的事象だと捉え，環境（社会・文化・歴史的文脈）と子どもの相互作用を媒介する教育的活動の果たす役割を重視した（レビューとして，田島，2013 他）。この理論では，相互作用による発達過程を最近接発達領域（zone of proximal development）という概念で説明した。子どもの発達には，ある課題を独力で解決できる現時点での発達水準と，大人や仲間からヒントや援助を与えられれば解決できる潜在的な発達可能水準があり，これらの水準の間が，最近接発達領域である。この領域への教育的働きかけにより，協同で達成できる発達可能水準（精神間機能）が，独力で遂行可能な水準（精神内機能）へ移行する。社会的なものであった認知機能が，次第に個人的なものへと内面化される過程を，認知発達と捉えたのである。彼の理論は，文化心理学の発展に貢献したことに加え，後の学習科学，特に協調学習研究にも影響を及ぼした（三宅，2007）。

発達を，進化（生物学的制約）と文化の両方が関わるダイナミックな過程として明確に主張したのは，新成熟論の研究者である。特に重要な視点は，認知能力を，生物学的に一次の能力と二次の能力に区別（Geary, 1995; 2006）したことである。生物学的一次能力とは，言語や数量に関する基礎的能力など，進化論的に発生した能力である。生物学的二次能力は，祖先が経験していない新しい生態学的問題に対処するため，文化によって形成された能力であり，文字を読む，高度な数学を用いることなどが該当する。一次能力はヒトという種に

普遍であり，定型発達の子どものほぼすべてが，意識的な教育がなくても自然に獲得できる能力とされる。それに対して二次能力は，環境要因すなわち文化に依存した能力であり，獲得には教育的働きかけと意識的な努力が必要である。また，獲得までの期間や到達度に個人差が見られる（小島，2013）。

先述のように，近年の発達心理学では，特定の領域や個別の認知機能に焦点を当て，知識や遂行が，年齢や経験とともにどう変化するかを解明する研究が行われている。シーグラー（Siegler, 1996）やクーン（Kuhn, 1995）が提唱したマイクロジェネティック法（微視発生的方法）は，そういった研究アプローチの1つであり，一定期間，集中的に課題に取り組ませ，1問ごとの取り組みの分析から，子どもの考えの変化の様相を解明する（第13章参照）。

このアプローチが提唱された背景には，認知発達のプロセスを，ピアジェ派の発達論のように，発達段階を特徴づける概念や方略が質的に変化する過程と捉えるのではなく，多様性と選択の変化過程と捉える考え方がある（Siegler, 1996）。重なり合う波のモデル（overlapping waves model）として表現されたこの発達観に基づけば，子どもは多様な方略や行動を長期間にわたって維持し，各方略の相対的な利用頻度が，年齢や経験とともに変化するのである（Siegler, 2006）。幼児から児童を対象にしたマイクロジェネティック法の研究により，算数や科学の問題解決における遂行の個人内変動が説明されるとともに，変化の様相が解明されている（Siegler, 2006; Kuhn & Pease, 2010）。

次節以降では，これらの多様なアプローチにより明らかになった，発達の各時期における認知の様相について述べていく。

◆3．乳児期の認知発達

1歳半までの乳児期については，注視時間や心拍など多様な測定指標の導入と，馴化・脱馴化法，期待背反法などの測定方法の発展により，かつてピアジェが考えたよりも高い認知能力を持ち，また発達の早期に種々の認知的達成をなすという，乳児の有能性が解明されてきた（Baillargeon et al., 2011；山口・金沢，2011）。

凝集性，連続性など物（object）の基本的性質の理解である素朴物理学のほ

か，対象の心的な状態についての理解や，小さな数の区別と基礎的な加減算の理解など，より複雑な知識の萌芽が見られる。発達初期の有能性は，重要な概念の獲得が，潜在的な領域固有の制約（constraint）に導かれることや，それぞれの認知領域に特異的なモジュール（module）の存在によって説明されている。生得的な性格が強い能力に加え，制約による注意の制御とモジュールによる処理で形成された知識が，その後の発達の核となる役割を担う，中核的知識（core knowledge）となる。

◆4．幼児期の認知発達

乳児期の後半で出現する心的表象（第8章参照：以下，表象）ならびに言語は，幼児期（1歳半から就学まで）の認知を特徴づける（郷式，2009）。幼児期前半に，現実の刺激（指示対象）から表象が分離し始め，言語発達が目覚ましい。幼児期後半には，複数の表象の操作や「表象を表象する」こと（メタ表象）が可能になり，言語を用いて考えられるようになる。しかし，この時期の思考・推論は，知覚的な特徴や自分の知識に影響されやすいなど不安定であり，扱える表象の数や複雑さにも制限がある。言語に加えて，記憶，スクリプト，推理などの領域一般的認知能力や，不適切な反応を抑制する能力が発達し始める。これらの新しい能力をもとに，数，量，空間，心の理論など多様な知識を獲得する（落合，2012）。生物や心の領域の素朴理論は，その代表的なものである。これらの素朴理論の獲得には，生得的制約だけでなく，既有知識や社会文化的要因も寄与していることが報告されている（外山，2009；松永・郷式，2008）。落合（2012）は，種に固有な生得的情報処理機構の制約に支えられた乳児期の認知の仕組みから，新たな能力を基礎とした文化の中での学習への移行が，幼児期の認知発達の特徴だとした。

◆5．児童期の認知発達

児童期（小学生）に入ると，具体的事象に関わる論理的思考が始まり，物事の見かけに左右されない思考が可能になるともに，二次的ことば，すなわち一

般的な他者を想定した言語を使い始める。児童期半ばには，論理的思考の範囲が様々な具体的事象に広がり，構造を具体的に捉えること，言葉を用いて具体的事象を概念化すること，思考過程を意識化することが可能になる。不特定の一般他者に向けた言語である二次的ことばを使いこなすためには，自身の内に聞き手を想定し，発話や文章の文脈を構成していく必要があり，内言の成立とも密接に関連する。児童期終盤では，具体的事象に関わる論理的思考をベースとして，現実を可能性の1つとして捉えるという，それまでとは質の異なる論理的思考，ピアジェの言う形式的操作期の思考が始まる。それによって，仮定に基づく推理，潜在的な要因や関係の推理，言語を用いた抽象的な思考などが可能になる（藤村，2009）。

この変化の背後には，様々な認知機能の発達がある。その1つは記憶である。短期記憶の記憶容量が，成長とともに増大し，児童期後期にはほぼ大人の水準に近づく。情報の保持と能動的な処理を同時に行うシステムであるワーキングメモリの課題成績は，児童期から青年期にかけて直線的に向上し，青年期に成人のレベルに到達する。また，リハーサルや体制化などの記憶方略が精緻化され，記銘，保持，検索が効果的に行われるようになる（太田・多鹿，2008）。

記憶を支える様々な認知機能や認知過程の総称であるメタ記憶，ならびにその上位概念であるメタ認知も，児童期に着実な発達を遂げる。メタ認知は，自分の思考過程のモニタリングと制御をさし，読解，文章（談話）算出，問題解決，科学的思考，批判的思考など，様々な認知活動を向上させる（第6章参照）。一般的には，児童期の半ば頃から，思考過程の意識化や効率的なプランニングなど，メタ認知に関わる変化が見られる。しかし発達には個人差が大きい。

世界の諸側面についての見方は，成長とともに変わる。特定の領域で経験や観察を積み，知識量を増やしていく際，蓄積された知識の間で大幅な組み替えが生じることがある。概念的知識に起こる変化を，概念変化または知識の再構造化（再体制化）と呼ぶ（Vosniadou, 2013；湯澤・稲垣，2011）。概念変化には，日常場面での経験の結果として生じる場合と，学校教育での体系的な教授の所産として生じる場合がある。教授に基づく概念変化は，その達成に向けて学習者による意図的で自覚的な努力が必要であり，必ずしも全員が達成できるわけではない。自分の知識に不整合があることに気づかせる場面を設定しても，

学習者が認知的葛藤を意識しなかったり，不整合に気づいても，知識の再構造化には至らず，部分的な修正や付加で終わったりすることが多いのである。児童期においては，天文学や生物学，数領域などでの概念変化が期待されているが，既有の知識や理解の改訂が難しい者も少なからず存在する。

先述のように，生物学的に二次の認知能力は，中核的知識領域のような生得的支援の仕組みがなく，到達までの個人差も大きい。「9歳の壁」に例示されるように，児童期半ば頃から学力の個人差が拡大する。認知機能の発達における個人差や，知識獲得の過程を踏まえた，きめ細かい支援が望まれる。

◆6．青年期の認知発達

中学生以後の青年期においては，知識の増大，処理スピードの増大や処理の効率化，反応の抑制といった情報処理の発達，効果的な方略使用，メタ認知の発達などが生じる。児童期半ば頃顕在化する到達の個人差が増大するだけでなく，能力の発達パターンの分化や特殊化が進むことが指摘されている（Keating, 2011; Kuhn, 2008）。

クーン（2008）は，青年期の認知発達を特徴づけるものを，自分自身の思考についての思考，すなわちメタ認知ないし実行のコントロールだとした。メタ認知に代表される，内省的で適応的な認知スタイルへの変容が，青年期の認知発達の特徴と言える。この典型例の1つは，学習の自己調整である（Zimmerman & Schunk, 2001/2006）。これは，学習の計画（予見）・遂行・自己省察の各フェイズにおいて，学習者自身が自らの学習（学習方法や時間，環境など）を調整しながら能動的に学習目標の達成に向かう学習をさす。学習者が自己調整学習（第12章参照）のサイクルを進行させていくためには，メタ認知，学習方略，動機づけが必要である。教育心理学の領域では，青年期を中心に，様々な学習方略の利用や動機づけの実態が調査されていることに加え，メタ認知の育成や動機づけの向上をめざした実践研究が行われている（篠ヶ谷，2012；伊藤，2009）。

青年期においてはまた，形式的操作の思考により，複雑な課題の解決が可能となる。発達的な観点から行われた青年期・成人期の認知研究はそれほど多く

なく，形式的操作の理論に方向づけられた，命題推論や科学的推論（Kuhn, 2011）を扱う研究がほとんどである。演繹推理（三段論法），帰納推理と因果推論についての研究結果からは，課題の遂行が個人間ならびに課題間でかなり変動することが示された。つまり，成人であっても，非合理な推論や意思決定が少なくないことに加え，問題状況を若干変更すると合理的判断が増加するのである（山，2010本書第8章）。理論と証拠の関連づけ，共変の証拠の解釈，多様な変数の効果を関連づけるといった科学的推論に関しても同様で，複雑なデータの場合は，成人でも失敗することが示されている（Kuhn, 2008）。このようなことから，青年期の認知発達に関し，普遍性をもった質的ないし構造的変化は想定しづらい。

　推論や意思決定に見られる個人差や課題間での変動を説明するものとして，性質の異なる2つの処理システムによって人間の認知行動を特徴づける二重過程モデルが提唱されている（Stanovich, 2004/2008）。このモデルは，科学的推理から意思決定まで，幅広い認知機能に適用されているが，注目すべきは，これを発展させた三部分構造モデル（tripartite model）において，自動的精神の上位にある内省的精神を思考の性向（thinking dispositions）と説明していることである（Stanovich, 2012）。本節前半で，内省的で適応的な認知スタイルへの変容を青年期の認知発達の特徴と位置づけたが，実際には，新しい思考様式や認知スタイルが可能になっても，それらは常に駆動するわけではなく，レパートリーの1つにとどまるというのが実態であろう。

　個人が暗黙にもつ認識論（epistemology）が，批判的思考（Kuhn, 1999）や論証（Kuhn & Franklin, 2006），概念変化（Andre & Windschitl, 2004）に影響することが示唆されている。認識論とは，「知識」や「知ること」の性質についての信念・認識をさし，青年期前後で発達するとされている（Kuhn, 2005）。具体的には，知識は外的な情報源から得られる確かなものだと考える「現実主義／絶対主義」から，知識は人の思考によって生み出され，絶対的なものでないことを理解するが，対立する仮説や理論を，「意見」として等しく正しいとみなしてしまう「相対主義」，そして，知識と単なる意見との違いを理解し，証拠に照らして仮説やモデル，理論を評価することの必要性を認識する「評価主義」へと発達する（Kuhn et al., 2000）。しかし，認識論のもっとも高い段階に

は，誰もが自然に到達できるわけではない。個人がもつ認識論は，批判的思考や内省といった高次認知機能に見られる個人差をもたらす要因の1つと考えられ，実証的研究の蓄積が待たれる。

◆7．成人期以降の認知発達

　成人期・中年期においては，青年期までの発達や教育によって獲得した認知能力を基盤に，文化・状況への適応を果たすなかで発達していく。20世紀後半に，成人期特有の思考形態として，ポスト形式的操作の概念化が試みられた（Kramer, 1983）。弁証法的あるいは相対主義的思考，文脈理解の力，不確実性の認識とそれへの耐性，認知と感情・意思のバランスを取りながら問題解決する力などを特徴とし，青年期に形式的操作を獲得した後に発達するとされた（高山，2009）。しかし，実証データはきわめて少ない。

　生涯発達的視点に立った認知研究は，認知機能の加齢変化が多様であることを示した。その代表的な知見は，基本的に情報処理スキルに依存する流動性知能が，青年期をピークに低下するのに対し，知識や経験の累積が意味をもつ結晶性知能は，中年期以降も発達するというものである。ドイツのバルテス（Baltes, P.）は，知的発達研究の理論的枠組みとして，認知機能を，メカニクスとプラグマティクスという，相互に関連する2つのカテゴリーに分類することを提案した（Baltes, 1987）。認知機能のメカニクスには，処理の速度や正確性をはじめ，基礎的な情報処理操作の協調関係などが含まれ，相対的に生物学的な基礎との関連が強い。一方，プラグマティクスにはスキルや技術，教育で得た知識，問題解決能力などが分類され，これらは社会や文化の中に蓄積された知識との関連が強い。認知機能の加齢変化についての研究からは，認知機能のメカニクスの部分は加齢により低下するものの，プラグマティクスは高齢期においても比較的安定していたり，より成長したりする傾向があることが示された（Salthouse, 2004）。これを踏まえると，成人期以降の認知発達を捉えるうえで重要な概念は，熟達化と知恵である。

　熟達化とは，長期にわたる経験（いわゆる「10年ルール」）を通して，特定の領域で優れた遂行を示すようになることを言う（今井ら，2012；大浦，2002，

2007：コラム4参照)。定型的（手際のよい）熟達化と適応的熟達化に二分され，芸術やスポーツをはじめとした様々な領域で，熟達者の特徴や熟達化のプロセスを明らかにする研究が行われている。初心者と比較した熟達者の特徴は，基本の下位技能が自動化され，遂行が正確で速い，宣言的知識の手続き化が生じている，構造化された多くの知識をもつため，チャンク化により課題場面の記憶成績が高い，また適切な表象を形成できる，といった点である。脳科学からの検討も進んでいる。

　芸術，スポーツ等の熟達には，学習者の熟達の程度に合わせて特別にデザインされた訓練・練習（よく考えられた練習）を続けることが不可欠である。加えて，試合や発表のように緊張を伴い，より優れた遂行に向けて熟考が必要となる状況に置かれることは，熟達化を促進する。仕事における熟達化に必要な条件としては，挑戦的な（背伸びした）課題にチャレンジするストレッチ経験，得られた結果に対する省察（reflection）などがあげられ，複雑な状況において，省察しながら柔軟に対応する省察的実践が重要視されている（中原，2010）。

　人生の長い経験を通して獲得される知恵（高山，2009，2012）は，人生経験に基づく広く深い知識と理解に支えられた知性であり，人の思考や人格の発達の最終的また理想的な到達点とみなされる。バルテスを中心とするベルリン知恵研究グループは，知恵を，人生における重大で複雑な問題（愛する人の死の受容，長年にわたる家族内の葛藤の解決，等）に対応する場面での熟達化であり，思考と感情の熟達化であると定義した。そして，(1)問題に対する豊富な宣言的知識と，(2)その問題に対処するための手続き的知識があり，(3)生活の様々な文脈への気づきと理解，(4)価値観の多様性の受容，(5)人生の不確実性への対処，の5つの基準を満たす行動・判断を，知恵が反映されたものとみなした。知恵の獲得には個人差があり，年齢を重ね，経験を積むだけでは難しい。関係する要因としては，人格特性などの個人要因，専門的訓練や人生経験などの熟達化関連要因，文脈関連要因が挙げられている。1節で，21世紀型スキルとしてのシチズンシップを紹介した。よき市民を教育することへの関心が高まっている現在，教育者が知恵研究から学ぶものは多いと思われる。

　最後に，認知のエイジング（加齢）について触れる。先述のように，認知機能の加齢変化は多様である。情報処理のスピードやワーキングメモリなど，基

礎的な認知機能の低下が，即時に知的能力の低下をもたらすわけではない。機能低下の影響を抑制する過程として，長年繰り返してきた行動の自動化過程や，別の認知機能を高める補償がある。発達は本質的に，多様な環境条件に応答しうる可塑性を持つ。認知機能にも可塑性があり，訓練による機能の回復は高齢者でも認められる。ただし訓練の効果には年齢層による差があり，可塑性は加齢により小さくなることも示された。低下・喪失を補償することは，適応的な発達における重要な要素である。バルテスが提唱した補償を伴う選択的最適化（SOCモデル）は，様々な衰退に直面ないし予期した際に，自らの資源すなわちエネルギーや時間を使う分野や対象を選択し（選択：S），望む方向へ機能を高めるため，資源を調整または新規に獲得し（最適化：O），補助器具の使用や他者に介助を求めるなどの新たな工夫で補う（補償：C）ようにして，機能の維持や向上を図る，というものである（鈴木，2012）。

　教育歴，職業，余暇活動をはじめとする生活環境やライフスタイルと，高齢期の認知機能との関連が，少しずつ解明されている。しかし，人生前半の状態も含めた多数の要因が想定されること，縦断的アプローチで因果関係を検証する必要があることなどから，ライフスタイルの影響を抽出することは容易ではない（権藤・石岡，2011；岩原・八田，2009）。

◆8．認知の生涯発達理論に向けて

　発達理論の役割は，発達の単なる記述に留まらず，発達的変化の仕組みを解明することである（高橋，2012）。これまで，脳科学からの知見の蓄積や類人猿との比較研究により，初期の認知発達をもたらす神経学的基盤，進化的基盤が解明されつつある（乾，2013；明和，2012）。最近では，認知発達ロボティクスの研究（浅田，2010）からも，乳児の認知発達の理解を進化させるような知見が期待される。また，認知のエイジングに関する知見（佐藤ら，2014）も着実に増加している。ただし，包括的な発達理論という観点から，誕生から高齢期に至る認知機能の発達ないし変化を概観すると，生得的な情報処理機構の制約とその発達に規定されたほぼ普遍的な変化が（出現時期の個人差はあれ）生じるのは発達初期に限られ，生涯の大部分において，認知発達の分化と特殊化が

進展する。青年期から中年期に関しては，仕事における熟達化，親としての発達など，特定の領域に焦点をあてた発達研究が多数存在する他，対象は大学生までとなるが，教授に基づく概念変化や，教育の所産として獲得される思考様式—批判的思考や科学的推論など—の育成をめざした教授介入研究が行われている。しかしながら，これらの知見を総合しても，多次元・多方向にわたる発達的変化の全容を示すには至っていない。

エイジング研究が示唆したように，認知の生涯発達は連続的な過程であり，前の時期の影響を少なからず受ける。青年期以降を対象に，様々な次元での認知発達に関する知見が蓄積されるとともに，発達的な観点を加味した教授介入研究が行われることで，認知の生涯発達理論が発展すること，そしてその理論から，生涯にわたる学習の質的向上に資する心理学的知見が提供されることを期待する。

■Further Reading

藤村 宣之（編）(2009)．発達心理学—周りの世界とかかわりながら人はいかに育つか　ミネルヴァ書房
Goswami, U. (Ed.) (2010). *The Wiley-Blackwell handbook of childhood cognitive development* (2nd ed). Chichester, West Sussex: Wiley-Blackwell.
子安 増生（編）(2005)．よくわかる認知発達とその支援　ミネルヴァ書房
高橋 惠子・湯川 良三・安藤 寿康・秋山 弘子（編）　発達科学入門（全3巻）　東京大学出版会

■文　献

Andre, T., & Windschitl, M. (2004) Interest, epistemological belief, and intentional conceptual change. In G. M. Sinatra & P. R. Pintrich (Eds.), *Intentional conceptual change* (pp. 173-197). Mahwah, NJ: Lawrence Erlbaum Associates.
浅田 稔（2010)．ロボットという思想—脳と知能の謎に挑む　日本放送出版協会
Baillargeon, R., Li, J., Gertner, Y., & Wu, D. (2011). How do infants reason about physical events? In U. Goswami (Ed.), *The Wiley-Blackwell handbook of childhood cognitive development* (2nd ed., pp. 11-48). Chichester, West Sussex: Wiley-Blackwell.
Baltes, P. B. (1987). Theoretical propositions of life-span developmental psychology:

On the dynamics between growth and decline. *Developmental Psychology, 23*(5), 611-626.

藤村 宣之 (2009). 児童期①思考の深まり　藤村 宣之 (編) 発達心理学―周りの世界とかかわりながら人はいかに育つか (pp. 87-107)　ミネルヴァ書房

Geary, D. C. (1995). Reflections of evolution and culture in children's cognition: Implications for mathematical development and instruction. *American Psychologist, 50*(1), 24-37.

Geary, D. C. (2006). Development of mathematical understanding. In D. Kuhn & R. Siegler (Vol. Eds.), *Handbook of Child Psychology*. Vol. 2. *Cognition, perception, and language* (6th ed., pp. 777-810). Hoboken, NJ: Wiley.

権藤 恭之・石岡 良子 (2011). 高齢者の生活環境, ライフスタイルと認知機能　箱田 裕司 (編) 現代の認知心理学7　認知の個人差 (pp. 221-252)　北大路書房

郷式 徹 (2009). 幼児期①今・ここの世界からイメージと言葉の世界へ　藤村 宣之 (編) 発達心理学―周りの世界とかかわりながら人はいかに育つか (pp. 46-67) ミネルヴァ書房

Griffin, P., McGaw, B., & Care, E. (Eds.) (2012). *Assessment and teaching of 21st century skills*. Dordorecht, Nertherland: Springer Netherland.（グリフィン, P., マクゴー, B., &ケア, E.　三宅 なほみ (監訳)（2014）. 21世紀型スキル―学びと評価の新たなかたち　北大路書房）

今井 むつみ・野島 久雄・岡田 浩之 (2012). 新・人が学ぶということ―認知学習論からの視点　北樹出版

稲垣 佳世子 (2007). 子どもが世界を理解する仕方　稲垣 佳世子・鈴木 宏昭・大浦 容子 (編著) 新訂認知過程研究―知識の獲得とその利用 (pp. 19-31)　放送大学教育振興会

乾 敏郎 (2013). 脳科学からみる子どもの心の育ち―認知発達のルーツをさぐる　ミネルヴァ書房

伊藤 崇達 (2009). 自己調整学習の成立過程―学習方略と動機づけの役割　北大路書房

岩原 昭彦・八田 武志 (2009). ライフスタイルと認知の予備力　心理学評論, *52*(3), 416-429.

Keating, D. P. (2011). Cognitive development. In B. B. Brown & M. J. Prinstein (Eds.), *Encyclopedia of adolescence*. Vol. 1. *Normative processes in development* (pp. 106-114). Waltham, MA: Academic Press.

小島 康次 (2013). 新成熟論の考え方　日本発達心理学会・田島 信元・南 徹弘 (編) 発達科学ハンドブック1　発達心理学と隣接領域の理論・方法論 (pp. 70-83)　新曜社

Kramer, D. A. (1983). Post-formal operations? A need for further conceptualization. *Human Development, 26*(2), 91-105.

Kuhn, D. (1995). Microgenetic study of change: What has it told us? *Psychological Science, 6*(3), 133-139.

Kuhn, D. (1999). A developmental model of critical thinking. *Educational*

Researcher, 28(2), 16-26.
Kuhn, D. (2005). *Education for thinking.* Cambridge, MA: Harvard University Press.
Kuhn, D. (2008). Adolescent thinking. In R. Lerner & L. Steinberg (Eds.), *Handbook of adolescence* (3rd ed.). Vol. 1. *Individual bases of adolescent development* (pp. 152-186). Hoboken, NJ: Wiley.
Kuhn, D. (2011). What is scientific thinking and how does it develop? In U. Goswami (Ed.), *The Wiley-Blackwell handbook of childhood cognitive development* (2nd ed., pp. 497-523). Chichester, West Sussexi Wiley-Blackwell.
Kuhn, D., Cheney, R., & Weinstock, M. (2000). The development of epistemological understanding. *Cognitive Development, 15*(3), 309-328.
Kuhn, D., & Franklin, S. (2006). The second decade: What develops (and how). In D. Kuhn & R. Siegler (Vol. Eds.), *Handbook of child psychology.* Vol. 2. *Cognition, perception, and language* (6th ed., pp. 953-993). Hoboken, NJ: Wiley.
Kuhn, D., & Pease, M (2010). The dual components of developing strategy use: Production and inhibition. In H. S. Waters & W. Schneider (Eds.), *Metacognition, strategy use, & instruction* (pp. 135-159). New York: The Guilford Press.
松永 恵美・郷式 徹 (2008). 幼児の「心の理論」の発達に対するきょうだいおよび異年齢保育の影響　発達心理学研究, 19, 316-327.
三宅 なほみ (1997). インターネットの子どもたち　岩波書店
明和 政子 (2012). まねが育むヒトの心　岩波書店
中原 淳 (2010). 企業における学び　佐伯 胖 (監修) 渡部 信一 (編)「学び」の認知科学事典 (pp. 264-275)　大修館書店
落合 正之 (2012). 幼児の認知　高橋 惠子・湯川 良三・安藤 寿康・秋山 弘子 (編) 発達科学入門2　胎児期〜児童期 (pp. 129-147)　東京大学出版会
太田 信夫・多鹿 秀継 (2008). 記憶の生涯発達心理学　北大路書房
大浦 容子 (2002). 熟達化　波多野 誼余夫・永野 重史・大浦 容子 (編)　教授・学習過程論―学習の総合科学をめざして (pp. 69-78)　放送大学教育振興会
大浦 容子 (2007). 熟達者と初心者の違い　稲垣 佳世子・鈴木 宏昭・大浦 容子 (編) 新訂認知過程研究―知識の獲得とその利用 (pp. 48-58)　放送大学教育振興会
Piaget, J. (1970). *L' épistémologie génétique.* Paris: Presses Universitaires de France. (ピアジェ, J. 滝沢 武久 (訳) (1972). 発生的認識論　白水社)
Salthouse, T. A. (2004). What and when of cognitive aging. *Current Directions in Psychological Science, 13*(4), 140-144.
佐藤 眞一・髙山 緑・増本 康平 (2014). 老いのこころ―加齢と成熟の発達心理学　有斐閣
篠ヶ谷 圭太 (2012). 学習方略研究の展開と展望―学習フェイズの関連づけの視点から　教育心理学研究, 60, 92-105.
Siegler, R. (1996). *Emerging minds: The process of change in children's thinking.* New York: Oxford University Press.

Siegler, R. (2006). Mictogenetic analysis of learning. In D. Kuhn & R. Siegler (Eds.), *Handbook of child psychology.* Vol. 2. *Cognition, perception, and language* (6th ed., pp. 464-510). Hoboken, NJ: Wiley.

Stanovich, K. E. (2004). *The robot's rebellion: Finding meaning in the age of Darwin.* Chicago, IL: The University of Chicago Press.（スタノヴィッチ，K. E. 椋田 直子（訳）(2008). 心は遺伝子の論理で決まるのか―二重過程モデルでみるヒトの合理性 みすず書房）

Stanovich, K. E. (2012). On the distinction between rationality and intelligence: Implications for understanding individual differences in reasoning. In K. Holyoak & R. Morrison (Eds.), *The Oxford handbook of thinking and reasoning* (pp. 343-365). New York: Oxford University Press.

鈴木 忠（2012）．生涯発達 高橋 惠子・湯川 良三・安藤 寿康・秋山 弘子（編） 発達科学入門 1 理論と方法（pp. 151-166） 東京大学出版会

田島 信元（2013）．ヴィゴツキーの文化的発達理論の貢献―現在・過去・未来 日本発達心理学会・田島 信元・南徹 弘（編） 発達科学ハンドブック 1 発達心理学と隣接領域の理論・方法論（pp. 31-42） 新曜社

高橋 惠子（2012）．発達の概観 高橋 惠子・湯川 良三・安藤 寿康・秋山 弘子（編） 発達科学入門 1 理論と方法（pp. 45-62） 東京大学出版会

高山 緑（2009）．知恵―認知過程と感情過程の統合 心理学評論, *52*(3), 343-358.

高山 緑（2012）．高齢者の認知 高橋 惠子・湯川 良三・安藤 寿康・秋山 弘子（編） 発達科学入門 3 青年期～後期高齢期（pp. 165-182） 東京大学出版会

竹内 謙彰（1994）．認知発達 多鹿 秀継（編） 認知と思考 思考心理学の最前線（pp. 186-212） サイエンス社

外山 紀子（2009）．作物栽培の実践と植物に関する幼児の生物学的理解 教育心理学研究, *57*(4), 491-502.

Vosniadou, S. (Ed.) (2013). *International handbook of research on conceptual change* (2nd ed.). London: Routledge.

山 祐嗣（2010）．推論能力の発達 市川 伸一（編） 現代の認知心理学 5 発達と学習（pp. 80-103） 北大路書房

山口 真美・金沢 創（編著）(2011). 心理学研究法 4 発達 誠信書房

吉田 甫（2013）．ネオ・ピアジェ派の考え方 日本発達心理学会・田島 信元・南 徹弘（編） 発達科学ハンドブック 1 発達心理学と隣接領域の理論・方法論（pp. 58-69） 新曜社

湯澤 正通・稲垣 佳世子（編）(2011). 心理学評論 54 巻 3 号 特集：概念変化研究 心理学評論刊行会

Zimmerman, B. J., & Schunk, D. H. (Eds.) (2001). *Self-regulated learning and academic achievement: Theoretical perspective.* Mahwah, NJ: Lawrence Erlbaum Associates.（ジマーマン，B. J., & シャンク，D. H. 塚野 州一（編訳）(2006). 自己調整学習の理論 北大路書房）

コラム 16　親の発達
　　　　　　　　　　　　　　　　　　　　　　　　　　　　　坂上　裕子

　成人期の発達への関心が高まっている昨今，子育ては，成人の心理発達を促す要因あるいは文脈の1つとして重要視されている。

　子育てとは親にとって，子どもが自分の生き方を選択し，社会の一員として自立していくまでの過程を支える，長期にわたる責任の重い務めである。子育てが始まると親は，それまでと同じようには自分の時間やお金，体力を使えなくなる。そのため，これらの資源を何にどう割り振るかを，夫婦間で調整する必要がでてくる。また親には，子どもの身体面，心理面のケアに加え，子どもの関心や能力に合わせて遊んだり，物事を教えたりすることが求められる。しかも，子どもの関心や能力は年齢とともに変わるため，それに応じて親の側も，子どもへの見方や関わり方を変えていかなければならない。さらに，子育てにおいては思うようにならないことや予測困難なことが多々起こりうる。特に，子どもに強い反抗や自己主張がみられるようになる時期（いわゆる反抗期）や，新しい環境への移行が生じる時（入園・入学など）には，親子双方に苛立ちや困惑，不安が生じやすくなる。これらのネガティヴな感情に対処することも親にとっては課題となる。

　このように重い責任や制約，課題のある子育てに取り組むなかで，親は次のような変化を経験しながら，親として発達していくことが示されている（加藤，2009；坂上，2005；氏家，2006）。①わが子の個性や発達に関する理解を深め，その子どもに合った適切な援助や足場の提供の仕方を身につけること，②思うようにならない事態への適当な鈍感さを身につけ，必要以上に自己概念を傷つけず，ネガティブな感情に対処できるようになること，③配偶者や周囲の人をサポート資源とみなし，必要な時には自ら援助を求め，子育てのネットワークを広げていくこと。

　また，子育ての経験は，親となった人の認知や感情の発達を促すことにもなる（Newman & Newman, 1988）。すぐには結果の出ない子育てのなかで様々な葛藤を経験することは，不確実さへの耐性を高めたり，多様な角度からものごとを捉えたり，柔軟にものごとに対処することを可能にすると思われる。また，子どもの成長に喜びを感じ，自分が子どもにとってかけがえのない存在であると認識することは，自身の存在価値や人生の意味を見出すことにつながり，心理的健康を高めると思われる。柏木・大野（1994）は，幼児をもつ親に，子育てを始めてから自身に変化があったと感じている面を質問し，柔軟さ，自己抑制，運命・信仰・伝統の受容，視野の広さ，生き甲斐・存在感，自己の強さの6つを見出している。このような人格の変化は，子育てという営みの特徴と強く結びついたものであると言えよう。

17

認知の障害

栗田　季佳

◆1．はじめに

　心理学は一般に，「人間とは何か」「心はどういった機能をもっているのか」という問いに対して実証的なアプローチをとる学問である。認知心理学をはじめとする基礎系の実験心理学は，一般に人間の平均的な様相，状態像を明らかにすることを目的としている。しかし人間は複雑で多様であり，個人間はもちろん，個人内でも状況によって全く同じではなく，平均的な姿にあてはまらないこともちろん生じる（むしろすべて平均にあてはまる方が特殊だろう）。平均とそうでない状態の線引きは明確にはできないが，平均から極端に外れた状態は必然的に数が少なくなり，異質に映りやすい。本章では，「障害」を相対的な観点から扱う。本章の「障害」は，必ずしも医学・生理学上の健康や自然界における物理量，できる／できないという能力評価を基準としない。たとえば，近視や遠視は医学的には屈折異常であるが，多くの人がなるためここでは「障害」として扱わない。また，錯視は物質の物理量と心理的な評価が乖離しているため「誤り」であるが，ほとんどの人がそうであるためここでは「障害」としない。本章では，大多数の者と比べ，少数の者が示す情報処理方式，認知形態について述べる。

　具体的には，認知の障害として，人間の主要な情報処理である「2．視覚認知」，「3．聴覚認知」，またそれらを用いた「4．高次認知」について取り上げる。さらに，認知の障害を明らかにする意義の1つは，障害のメカニズムを解明し，支援に役立てることにあるともいえる。5では，認知心理学と支援技術の関係性について述べる。

◆2. 視覚認知の障害

　人・物・文字など，外界は様々な視覚刺激に溢れており，ほとんどの人は視覚情報を認識・処理し，それらを頼りに生活をしている。一方，通常の視覚認知を用いない人はどういった特徴をもつのだろうか。「存在するものが見えない／見えにくい」といった視覚処理が制限されている状態と，「存在しないものが見える」といった過剰な状態に分けて視覚認知の障害を捉える。

(1) 存在するものが見えない／見えにくい

　物体の視覚的認知は，視力，視野，色覚の大きく3つの視覚機能によって支えられている。空間に存在する物体の情報は，眼という視覚器官に入力され，視神経を通じて脳に伝わる（第2章参照）。いずれかの箇所に器質的な病変・欠損が見られると，視覚的な認知が困難となり，見えないあるいは見えにくくなる。

　視力に基づく認知の障害には，盲や弱視が含まれる。盲とは，眼鏡やコンタクトレンズなどの矯正具を用いても両眼の視力が0.05未満のほとんど見えない状態をさす。全く見えない全盲の人から，光を感じることができる人や，他者が目の前で動かす手がわかる人もいる。そして，両眼の矯正視力が0.05以上0.3未満であることを弱視，またはロービジョンという。

　視野に関しては，片側が見えない，中心部以外見えない，一部が欠けているなどの部分的な視野になると，該当の部分に存在する物体が捉えられず，視覚的な認知に制限がかかる（視野狭窄や視野欠損，半盲など）。中途発症の視野障害では，徐々に進行したり，片側の目だけの場合，両眼視で補うこともあり，本人も気づきにくい。しかし，視野障害の人は自身の視覚認知の状態を自覚すれば，注意を向けて物体を認知できる。一方，自覚的に注意を向けられないことで視覚認知が制限される症状もある。半側空間無視は，主に右側の脳損傷によって視野の左側が認知できない状態をいう。たとえば，半側空間無視の患者が花の模写をすると，ちょうど真ん中で花が割れているような絵を描く（図17-1）。半側空間無視は，片側（主に右）の注意の解き放ちに困難があると言われ，視覚処理そのものというよりも，注意の障害によって見えない状態が引き

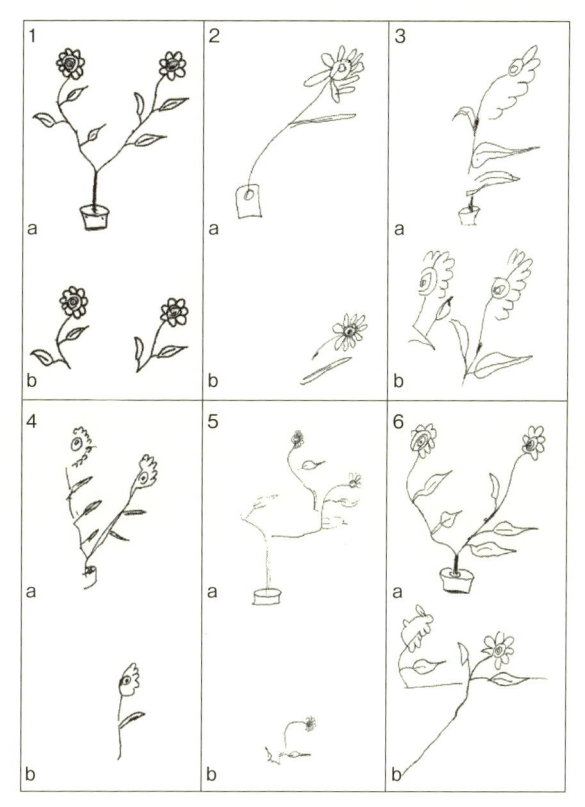

図 17-1　5人の半側空間無視の患者の模写（1が題材）
(Marshall & Halligan, 1993)

起こされると考えられている。

　色覚に基づく視覚認知の障害には，赤と緑の色の差が判別しにくい，明度の近い色を判別しにくいといった色覚障害が含まれる。色覚障害は男性では20人に1人程度の割合で見られると言われるが，小学校における色覚障害のスクリーニング検査は2003（平成15）年に廃止され，現在では，周囲に気づかれずに黒板に書かれた文字がわかりにくい，信号の色が判別しにくいという困難を抱えながら過ごしている人が身近にいるかもしれない。

　一方，視力，視野，色覚といった視覚機能は基本的に正常に保たれているにもかかわらず，ある特定の物体だけが認知できない状態もある。このような状

態を視覚失認という。たとえば，顔だけがぼやけたように見えるなど，視覚的に個人を同定できない相貌失認や，同時に複数提示されても1つしか認知できない同時失認などがある。知的発達は通常範囲内であるにもかかわらず，文字が歪んで見えたり，重なって見えるなど，読みに困難を示す読字障害（ディスレクシア：dyslexia）も広い意味で視覚失認に含まれるだろう[1]。これらの特定の物体に対する視覚認知に障害をもつ者がいることは，視覚認知にモジュール性があることを示している。

　以上のように，一言で「見えにくい」といっても人それぞれである。ただし，視覚認知上，制限があるからといって，認知そのものに問題が生じるわけではない。全盲の人は聴覚や触覚を用いて物体の位置やそれが何かを認知したり，色覚障害の人は信号の色が示すシグナルを配列で認識したり，相貌失認の人は声や意味的な情報を引き出して人物を特定したり，ディスレクシアの人は文字のような視覚情報を聴覚に置き換えれば言語的な情報を理解でき，サッカードしない眼[2]をもつ人は頭を動かして物体を認識するなど，視覚以外の機能を用いて外界を認知している（もちろん，これらにあてはまらない人もいる）。ただし，相手からの配慮を要する場合，相手によっては障害の状態のまま，不自由さを抱えることになるだろう。

(2) 存在しないものが見える

　(1) では物理的に存在するものを視覚的に認知できない状態について解説したが，その逆の状態，すなわち，物理的に存在しないものを視覚的に認知する幻視も視覚認知の障害と言える。幻視は，レビー小体型認知症（dementia with Lewy bodies）や統合失調症（schizophrenia），大脳の損傷や血栓による半盲の人によく見られる。また，四肢切断の患者の中には，幻肢（幻影肢：phantom limb）が見られ，人によっては感覚を伴う。義手や義足の適用において幻肢の有無は重要であり，違和感があったり幻肢痛を伴ったりして適用が困難となる場合もあれば，装具と幻肢が一体化し，スムーズに使用できる場合もある。失

---

(1) 読むことに障害を抱えると書くことも困難となる場合が多く（書字障害，ディスグラフィア dysgraphia），両者を併せて読み書き障害と称されることも多い。
(2) 視覚認知する際に起きる急速な眼球運動のことをサッカードと言う。

った手足の身体地図が脳神経系に残っていることが原因と考えられている。

◆3. 聴覚認知の障害

　音の認知は，周囲の安全性の確認や情報収集を行ううえで根幹的な役割を担う。特に人間の交流は音声コミュニケーションを主体としており，聴覚認知に偏っている。このことが，聴覚認知の障害者にとっての生きにくさの背景となっている。聴覚認知の障害は大きく，外界に存在する音の認知と，存在しない音の認知に分けられる。

(1) 存在する音が聞こえない／聞こえにくい

　人間の社会には様々な音が存在するが，音はもともと物体の動き（摩擦や衝突）による空気の振動である。物体が動くことで生じた空気の振動が聴覚器官である耳に届き，聴神経を通じて脳へ伝わり，音として認知される。その人が聞こえている音の大きさ（単位；デシベル（dB））と高さ（単位；ヘルツ（Hz））を含めた聞く能力のことを聴力という。人間の可聴閾はおよそ20 Hzから20,000 Hzといわれており（その内，音声はおよそ125～8,000 Hz），これらの範囲外の音も物理的には外界に存在するが，人間は認知できない。

　多くの人には聞こえている音の大半が聞こえない状態を，聾や全聾という。おおよそ100～120 dB以下の音（例：工事現場や電車通過時のガード下）の存在を聴覚的に認知できない状態を聾と言うことが多い。耳の病変，聴神経や脳の異常など原因は様々である。

　一方，残存聴力はあるが，聞こえにくい状態のことを難聴と呼ぶ。難聴のタイプはその原因である耳の部位から伝音性難聴と感音性難聴，その両方を示す混合性難聴に分けられる。空気の振動である音を集めて共鳴させる外耳から，過大音の制御と音の増幅を担う中耳までにおいて，何らかの異変がある場合を伝音性難聴と言い，一定の大きさ以下の音が「聞こえない，聞こえにくい」状態となる。外耳・中耳で伝えられた音は，その後，音の高低や強弱などを分析する内耳に伝わる。内耳に異変がある場合を，感音性難聴といい，音の質的な違いの弁別が困難で，「音がしているのはわかるが，聞き取れない，聞き取り

にくい」状態となる。

　空気の振動は耳を通過して電気信号へ変わり，聴神経を通じて大脳半球へと送られる。耳に構造的な問題はないが，大脳半球レベルの損傷や血栓等によって，音を認知できなくなる状態を聴覚失認と言う。人が話した言葉を認知できない語聾（言語性失認）は，一般に，読み書きや自分が話す分には問題がないが，聞いて理解することだけに特異的な困難を示す。両側側頭葉や左側側頭葉に病巣が見つかることが多い。他にも，非言語情報が認知できない非言語性聴覚失認，音楽が認知できなくなる失音楽症などがある。脳の損傷状態によっては，全般的に音を認知できない場合もある。

　しかし，聴覚認知に障害のある人たちも，コミュニケーションがとれないわけではない。たとえば聞こえない世界で生きる人たち（ろう者[3]）が身につける手話は，ジェスチャーや身振りとは異なり，文法規則をもった自然言語である（佐々木，2012）。難聴者は顎の動きや口の形などを読み取って聞こえにくい音を補完したり，補聴器や人工内耳といった聴覚補償技術を利用する人もいる。ただし，健聴者と同じように聞こえるわけではなく，母音や子音によって音の高さ，大きさも異なるし，声の個人差も大きいため，個人の聞こえにくさはdBやHzといった数値以上に不安定なものである。会話のスピードや明瞭さ，筆談や確認等，互いの配慮がコミュニケーションにとっては不可欠だろう。

(2) 存在しない音が聞こえる

　現実に外界に存在しない音が聞こえる幻聴も聴覚認知の障害の1つの形と言える。通常，幻聴は物質的な音よりも人間の声として知覚される。実際には存在しない音が聞こえるというのは不思議に感じるかもしれないが，空耳といえばなじみがあるだろうし，黙読や内言など，そもそも私たちは発音せずに自分に向けて声を投げかけており，ある意味自分の内なる声を日々聞いている。このように，実際にない音を認知することは精神的な病理の有無にかかわらず，身近なことである。幻聴は，内言やつぶやきのソースモニタリング（自己か他

---

[3]　「ろう者」と表記する場合，聴覚障害という医学的定義ではなく「日本手話という，日本語と異なる言語を話す，言語的少数者（木村・市田，1999）」という社会文化的な定義を意味することがある。

者か）のエラーとして起こることが原因であると指摘されている（杉森，2012）。幻聴がよく見られる症状としては，統合失調症やアルコール依存症，認知症（DSM-5 から，認知症の原名である dementia は「神経認知障害群」を意味する neurocognitive disorders と記載されるようになった）などがある。

また，存在しない不快な雑音が聞こえる耳鳴りは，難聴者やストレス状況下にある人によく見られるが，原因はわかっていない。

◆4．高次認知の障害

(1) 記憶の障害

人間を含む生物の多くは，意図・無意図にかかわらず学習を行い，知識や過去の体験に基づいて行動を組み立て，実行する。過去の情報を適切に符号化し，貯蔵・想起することは未来の行動を左右する重要な認知である（第10章参照）。

記憶できなくなることを一般に健忘症（amnesia）と呼ぶ。記憶の障害は，様々な要因によって起こる。海馬や前頭葉など記憶をつかさどる脳領域の外傷性脳損傷，間脳のコルサコフ症候群（Korsakoff syndrome），認知症などによる器質性の健忘もあれば，心的外傷，過剰なストレスなどの心理的・精神的な要因によって記憶障害が生じる心因性の健忘もある。心理的な要因による記憶障害は一過性で回復する例もあるが，長期間持続し，数年・数十年単位で記憶が失われていることもある。

時間軸上では，健忘は前向性健忘と逆向性健忘に分けられる。前向性健忘とは，過去の記憶は残っているが，健忘が生じた以後の新しい経験や情報を記憶できないことをいう。一時的に新たなことを記憶しても，数分経てば忘れてしまう。反対に，健忘が生じる以前の過去の記憶がなく，思い出せないことを逆向性健忘という。逆向性健忘の範囲は様々であり，以前のことが全く思い出せない人もいれば，数時間，数日，数（十）年といった健忘の期間が限られている人もいる。

想起できない記憶の種類も様々である。全般的な健忘の症状を示す全健忘の場合もあれば，言葉や概念など知識に関する意味記憶，物の使い方や行動様式など手続き的記憶が部分的に想起できない場合もある。特に，自己の過去の経

験にまつわる自伝的記憶が想起できないことを解離性健忘と呼ぶ。特定の出来事や期間の自伝的情報が想起できない限局性健忘，一部しか想起できない選択性健忘，これまでの記憶が全般的に想起できない全般性健忘がある。全般性健忘の場合，自分が誰かという情報も含めた自伝的記憶の障害を示す人もいる。これらのことは，記憶の分類に関する構成概念を支持し（Tulving, 1972, 10章参照），記憶が種類ごとに構造的に整理されていることを示している。

　また，人間が一度に処理できる情報量は7±2チャンク程度だと言われ（マジカルナンバー7；Miller, 1956），大半の人の記憶力は7チャンク程度である（チャンクとは情報のまとまりをさす。たとえば携帯電話の090は1チャンクである）。しかし，7どころではない膨大な記憶力を示す人々も世の中には存在し，超記憶者とも呼ばれる。ルリヤ（Luria, 1968）が観察した超記憶者は，50桁の数字を記憶し，数ヵ月後も再生することができたという。超記憶をもつ人は幼少の頃からすでにそういった特徴を示しており，超記憶は記憶術のような学習によって記憶容量が拡張されるものではなく，生得的であることが示唆される。

(2) 言語認知の障害

　視覚・聴覚器官またそれらに関連する脳領域に異常がなくとも，言語を意味のあるシンボルとして理解したり，表出することができなくなることを失語症（aphasia）と呼ぶ。失語症は，言語を獲得した後に，脳血管障害や外傷などの器質的な障害によって言語に関わる活動（聞く，話す，書く，読むなど）が困難になる後天性の障害である。19世紀にフランスの医師のブローカ（Broca, P.）が，言語使用に困難を示す患者の病巣が左半球にあることを発表したことから知られるようになった。前頭葉に位置するその領域はブローカ野と呼ばれ，損傷すると，発話や統語の理解，文法規則に沿った言語表出ができなくなるのが一般的な症状である。これらは運動失語やブローカ失語と呼ばれる。一方，ドイツの医師ウェルニッケ（Wernicke, C.）が発見した側頭葉（ウェルニッケ野）に病変のある失語症は，損傷すると，言語の聞き取りや理解に困難があったり，流暢に話すが意味が通らなかったり（ジャーゴン），錯語といった症状を示す。これらは，ウェルニッケ失語あるいは感覚失語と呼ばれる。失語症の

症状は，音声言語に限らず，手話を用いるろう者も同様であり，言語野を損傷したろう者は手話の理解や表出に困難を示す（Hickok et al., 1998）。

ブローカらの報告を契機に脳の機能局在性の研究が進み，一般に言語機能は大脳の左半球（右利きではほとんど，左利きでも約7割）が役割を担っていることが知られるようになった。てんかん治療のために左右の大脳半球をつなぐ脳梁を切断した分離脳患者は，半球機能差に由来する症状を示す（Sperry, 1982）。

また，持続的・進行性の言語の障害として，脳が縮小する認知症患者も，記憶と並んで言語認知に低下が見られる。また，過剰な心理的ストレスなどによっても思考力は一時的に低下する。

(3) 対人認知の障害

人間は生まれたときからたった1人では生きられず，他者との相互作用を通して，集団の中で生きていく社会的な動物である。そのため，人間には他者と相互にやり取りするための様々な機能が備わっている。人は自然と，他者から発せられる表情，視線，言語などのシグナルから感情や意図を読み取り，他者を評価し，自己の行動を調整する。対人認知の規則が概ね一致することは，人と人とのコミュニケーションをスムーズにさせる。

しかしコミュニケーション規則には個人差がある。独特の社会的コミュニケーションや限局的なこだわり，反復的な行動を示す人や，言語・非言語コミュニケーションの理解が他の人々と極端に異なる人は，そうでない多数派の人々から排除されやすくなってしまう。実際に社会生活上で不利益が生じている場合，「自閉症スペクトラム障害（自閉スペクトラム症：コラム17参照）」やDSM-5で新たに加えられた「社会的（語用論的）コミュニケーション障害」と診断される（American Psychiatric Association, 2013）。

社会性の障害として知られる自閉症スペクトラム障害は，生物学的な原因が特定されていない（Jordan, 2012）。DSM-5の社会的認知の障害の定義が曖昧であるのは，コミュニケーションのルールを一義的に定義できないからである。コミュニケーションに関わる自己や他者，環境といった要因はいずれも流動的な性質をもち同一ではない。したがって，人との相互作用は本来的に常に齟齬

が生じる可能性がある。しかし，集団生活を維持する人間社会において他者との協同は不可欠であり，その集団におけるスタンダード（すなわち，より多くの人が示す行動様式）が重視される。社会的認知の障害とは，そのスタンダードから極端に離れた特徴として規定される。

社会的認知の障害は視点によって変わる。自閉症スペクトラム障害の人たちから見れば，他者を意識し，相手に合わせて行動を変える，「定型発達症候群」の人は理解し難いだろう。

◆5．認知心理学と支援技術

認知心理学のように，人間の認知の特性や過程を明らかにする試みは，障害者・高齢者支援の機器や技術，治療法の考案においても有用な立脚点となる。

人間の特性に適合する機械をデザインし，より快適に，便利な使用環境を追求するヒューマン・インターフェイス（マン・マシン・インターフェイス）は，障害者の能力，機能のサポートにも役立っている。たとえば，人間の聴覚は人間にとって必要な音（人の声）を捉えるために，不要な音（環境音）を抑えるという選択的な調整が働いている。最近の補聴器の中には，ノイズキャンセリング機能や，対面式の会話を聞き取りやすくするための前方向の音の強調，環境に応じた切り替え機能がついている製品もある。伝音性の難聴者にとっては補聴器を使うことで聞こえが改善することもある。

また，脳科学の進歩に伴い，人間の脳活動と機械を対応させるブレイン・マシン・インターフェイス（BMI）が台頭してきた。音を分析して電気信号に変換する内耳の役割を代替する人工内耳の装置は，補聴器では聴覚補完が不十分な難聴者（特に感音性の難聴者）の聴覚獲得手段である。人工内耳をはじめ，開発中の人工視覚や人工網膜[4]といった人工臓器も，外界の刺激を機器によって電気信号に変換し，脳に直接送り込むという入力型のBMIである。また，脳から発せられる信号を読み取って機械を動かすという出力型のBMIの開発も進められており，肢体不自由者が意思のみで義手や義足，車椅子などを動か

---

(4) 視神経細胞の代わりに光のエネルギーを電気信号に変換する人工感覚。

すことを可能にする研究が始まっている。

　これらの高度テクノロジーは，障害者や高齢者の能力を補償・代替し，支援者側の介護・介助の負荷の軽減に貢献している。しかし一方で，その裏で生じうる問題についても考える必要があるだろう。支援機器や手術といった特殊性，専門性の高いものは高価となりがちであり，裕福な人あるいは補助金制度が適用される人，かつ情報をもっている人しか使用できないという別の排除を生む。使用したとしても機械のような画一的な技術に比べ，人間は多様であり，その有効性にも個人差があるため，機械ですべてを補うことはできない。もし，技術に任せて人の手が加わりにくくなれば，それは集団生活を基盤とする人間にとって長期的にはどのような意味をもつだろうか。

　モリノー（Molyneux, W.）は哲学者ロック（Locke, J.）に対して，触覚で立方体と球体を区別している先天盲の人が視力を取り戻したとして，触らずにどちらがどちらかを判断できるだろうかという問いを提起した（モリヌークス問題[5]）。認知の障害者は，大多数の人が経るプロセスとは異なるが，その人が使える感覚で外界を認知している。支援技術の開発における認知心理学の応用が，人間の平均的発達に適合させるような「ないものを補う」に留まるのではなく，支援技術によって広がる活動の可能性，社会生活への参加（巌淵，2011）の潤滑油となることが重要だろう。

◆6. まとめ

　社会には様々な人がおり，人はみなそれぞれ異なっている。しかし，認知的節約家である人間は，しばしば複雑な外界を効率的に処理するため単純化して理解しようとし，個々の違いに目が向きにくい。そのこと自体は人間の自然なあり方であるので問題視するつもりはない。

　こういった人間の情報処理の特徴も含め，心理学一般は集団の平均に着目する領域であるのに対して，認知の障害は人間の個別性，個人差に着目する領域といえるだろう。認知の障害を知ることは人間の機能の複雑さと多様さ，そし

---

(5) モリノーはアイルランドの科学者であるが，この問題は「モリヌークス」と表記される慣例となっている。

て柔軟性を知ることである。
　本章では障害を相対的な観点から捉え，少数者が示す認知形態について概説した。しかし一般に「障害」の示す意味は多義的であり，「障害者」というラベルも曖昧である。「障害」のラベリングは相対性に影響を受けるが絶対的ではない。多くの他者と異なる特徴をどのように解釈するかが，その特性が「障害」であるか否かを決める。その特性を「障害」とするか否かの判断は私たちに任されている。

■Further Reading
Campbell, R. (Ed.) (1992). *Mental lives: Case studies in cognition.* Oxford, UK: Blackwell Publishing. （キャンベル，R.　本田 仁視（訳）(1995). 認知障害者の心の風景　福村出版）
Sacks, O. (1998). *The man who mistook his wife for a hat.* New York: Touchstone. （サックス，O.　高見 幸郎・金沢 泰子（訳）(2009). 妻を帽子とまちがえた男　早川書房）
Ramachandran, V. S., & Blakeslee, S. (1999). *Phantoms in the brain: Probing the mysteries of the human mind.* New York: William Morrow Paperbacks. （ラマチャンドラン，V. S., & ブレイクスリー，S.　山下 篤子（訳）(1999). 脳のなかの幽霊　角川書店）

■文　献
American Psychiatric Association (2013). *Diagnostic and statistical manual of mental disorders DSM-5.* Washington, DC: American Psychiatric Publishing. （アメリカ精神医学会　高橋 三郎・大野 裕（監訳）(2014). DSM-5 精神疾患の診断・統計マニュアル　医学書院）
Hickok, F., Bellugi, U., & Klima, E. S., (1998). The neural organization of language: Evidence from sign language aphasia. *Trends in Cognitive Sciences, 2,* 129-136.
巌淵 守 (2011). 役立つはずなのに使われない……支援技術の開発と利用の狭間　中邑 賢龍・福島 智（編）　バリアフリー・コンフリクト―争われる身体と共生のゆくえ (pp.29-45)　東京大学出版会
Jordan, B. (2012). *Autisme, le géne introuvable: De la science au business.* Paris: Le Seuil. （林 昌宏（訳）(2013). 自閉症遺伝子―見つからない遺伝子をめぐって　中央公論新社）
木村 晴美・市田 泰弘 (1995). ろう文化宣言―言語的少数者としてのろう者　現代思想，

23(3), 354-362.
Лу́рия, А. Р. (1968). *Маленькая книжка о большой памяти*. Москва: Изд-во Московского Университета. (ルリヤ, А. Р. 天野 清 (訳) (1983). 偉大な記憶力の物語 文一総合出版)
Marshall, J. C., & Halligan, P. W. (1993). Visuo-spatial neglect: A new copying test to assess perceptual parsing. *Journal of Neurology, 240*, 37-40.
Miller, G. A. (1956). The magical number seven, plus or minus two: Some limits on our capacity for processing information. *Psychological Review, 63*, 81-97.
日本認知心理学会 (編) (2013). 認知心理学ハンドブック　有斐閣
佐々木倫子 (編) (2012). ろう者から見た「多文化共生」―もうひとつの言語的マイノリティ　ココ出版
Sperry, W. R. (1982). Some effects of disconnecting the cerebral hemispheres. *Science, 217*, 1223-1226.
杉森 絵里子 (2012). 「記憶違い」と心のメカニズム　京都大学学術出版会
Tulving, E. (1972). Episodic and semantic memory. In E. Tulving & W. Donaldson (Eds.), *Organization of memory* (pp. 381-403). New York: Academic Press.
Tulving, E., & Schacter, D. L. (1990). Priming and human memory systems. *Science, 247*, 301-306.

コラム 17　自閉症の認知特性
　　　　　　　　　　　　　　　　　　　　　　　　　　　　　　　　米田　英嗣

　自閉症スペクトラム障害（自閉スペクトラム症）（autism spectrum disorder, ASD）とは，社会性および対人コミュニケーションの困難さ（暗黙の了解がわからなかったり，アイコンタクトを用いたり理解することが苦手など），過度に強いこだわり（物事の順序にこだわり，予定の変更を受け入れることができないなど）によって診断される神経発達障害（neurodevelopmental disorder）である（American Psychiatric Association, 2013）。ASD の認知特性について，定型発達者と比較した場合に，社会的に不利になると考えられる点と有利になると考えられる点について述べる。

　不利になると考えられる認知特性として，第 1 に，心の理論（1 章参照）の自発的使用の困難がある（Senju et al., 2009）。定型発達者の場合，他者と相互作用する際に自発的に他者の意図を推測することができ，この能力の萌芽は 15 ヵ月児でも見られる（Onishi & Baillargeon, 2005）。こうした能力を自発的に用いることの難しさは，対人関係における生きづらさにつながると考える。第 2 に，全体よりも部分に着目する認知スタイルがある（Happé & Frith, 2006）。この認知スタイルは，弱い中心統合理論（weak central coherence theory）と呼ばれ，ASD をもつ人が会話の大意をつかむことが不得意であることに関連する。第 3 に，実行機能（第 10 章参照）における切り替えの困難さがあり（Ozonoff & McEvoy, 1994; Ozonoff et al., 1991），日常生活において予定変更を行うことや受け入れることの困難さにつながる。

　有利になると考えられる認知特性は，不利になると考えられる認知特性と表裏一体である。第 1 に，自発的に他者の意図を推測しないという特性は，会話場面などにおいて必然的に論理的思考を用いて推論をしたり，討議の場面で熟慮をして批判的思考（7 章参照）を用いることに優れる可能性がある。第 2 に，全体よりも部分に着目するという特性は，プログラム言語を記述する際のバグを検出する能力の高さや，自然言語における局所的な文法的誤りを見つけるというスキルの高さとして表れる可能性がある。第 3 に，切り替えの困難さという特性は，1 つのものごとに深く集中する才能につながる可能性がある。現代社会では，多くのものごとが同時並行的に進行する。こうした現代社会の状況を考慮した場合，他人のペースに影響を受けずに自分のペースを順守して 1 つのものごとに深く集中するという特性は，独創的な仕事を成し遂げる必要条件となるかもしれない。

　以上述べてきたように，ASD の認知特性は定型発達者の認知特性とは異なっており，それは定型発達者の側からの視点を変えることによって，短所にも長所にもなりうる。今後は，それぞれの特性に応じた教育環境を構築し，各人の個性を伸ばすことができるよう支援をしていくことが重要になると考える。

18 社会と文化の影響

宮本　百合

◆1. はじめに

　心理学において社会的,文化的環境が人々の心に与える影響を研究してきたのが社会心理学,文化心理学の分野である。本章では,まず認知的研究に焦点をあてながら,社会心理学のこれまでの歴史を概観する。次に筆者の専門である文化心理学が社会心理学とのかかわりのなかでどのように生まれ,発展してきたのか,その歴史を振り返る。そして最後に,文化心理学の研究が今後どのように発展していくと考えられるのか,その展望と方向性について述べる。

◆2. 社会心理学における認知的研究の発展・展開

(1) レヴィンの原理

　1930年代にドイツからアメリカ合衆国に亡命したレヴィン (Lewin, K.) は,社会心理学の父とされている。彼は様々な理論を提唱するのみならず,実験的手法の重要性と有用性を示す (Lewin, 1997) ことで,理論的にも方法論的にも,後の社会心理学に大きな影響を及ぼした。特にレヴィンの考え方として社会心理学に大きな影響を与えたものに「状況主義 (situationism) の原理」と「捉え方 (construal) の原理」がある (Ross & Nisbett, 1991)。

　「状況主義の原理」とは,人々の行動は状況要因,とりわけ社会的状況要因によって影響を受けるとする原理である。レヴィンが強調したのが,その場の社会的状況がいかに人間の行動に影響を与えるか,という点であった。実際にレヴィンが行った実験の多くは,集団内のリーダーの性質などの社会的状況要因を実験的に操作し,実験参加者の行動にどのような影響が見られるかを検証

するものであった。

「捉え方の原理」とは，状況が行動に与える影響を理解するためには，それぞれの人が周囲を取り巻く状況をどのように捉えているかという，心的過程を理解することが必要であるとする原理である。この原理によれば，人々の行動に影響を与えるのは，彼らを取り巻く客観的・物理的な状況それ自体ではなく，彼らが主観的に捉える状況である。つまり，全く同じ物理的状況に接しても，それぞれの人によってその捉え方に違いがあり，それに応じて，状況が行動に与える影響が異なるとされる。

(2) 集団・社会的状況の影響

社会心理学の主眼の1つは当初，レヴィンの重視した「状況主義の原理」が提示するところの，社会的状況が人々の認知や行動にどのように影響を与えるのかを検証することにあった。そもそも個人が集団に同調するかどうかを最初に実験的に検証したのはシェリフ（Sherif, 1936）であった。1930年代に行われたこの研究では，答えが曖昧な知覚課題を，集団条件と個人条件で行わせることで，個々人は自らの判断を集団の規範に同調させることが示された。すなわち，知覚という基本的な心理プロセス自体でさえも，社会的に構築されていることが明らかになったのである。さらにアッシュ（Asch, 1955）などによっても，どのような集団や状況において同調が強くなるかが検証された。

やがて1950年代から60年代にかけて，社会心理学研究の主要な関心は，集団の性質の研究から社会的状況一般の研究へと移っていった。その1つの契機となったのが，フェスティンガー（Festinger, 1954）の提唱した社会的比較理論（social comparison theory）である。この理論は，人々のもつ意見や能力，信念は往々にして不確実であり，それらを評価するためには，周りにいる他者との比較が必要であるというものである。フェスティンガーの理論は，当時，行動主義に反発して心理学の中で起こりはじめていた認知革命の影響もあり，社会的状況が認知に与える重要性を説いただけでなく，個人内の認知自体の性質を分析することへの関心を高めることになった。

(3) 帰属とバイアス

　認知に対する関心の高まりを反映して，1960年代頃からは，人々が社会的な事象をどのように捉えているかということが研究対象として注目されるようになった。人が行為の理由としてあげるものは，行為者の信念や特性といった内的な原因（内的帰属）か，環境にある外的な原因（外的帰属）のどちらかに区別できることを最初に理論化したのがオーストリア出身のハイダー（Heider, 1958）である。さらにケリー（Kelley, 1971）は，どのような条件において人は内的帰属や外的帰属をするのかを予測するモデルを提唱した。たとえば，彼の分散分析モデルによれば，ある行為者がある対象に対してとる行為（例：A先生はX君をしかる）が，いつも一貫しており（例：A先生はいつもX君をしかる），その行為者が他の対象に対しても同じ行為をとり（例：A先生はYさんもしかる），また他の行為者はその対象に対して別の反応をする（例：B先生はX君をしからない）としたら，その行為は行為者の内的属性に帰属される（例：A先生は厳しい）とされる。

　こうした帰属の理論（attribution theory）は，基本的に人は合理的に推論を行っているという前提のもとで立てられた，言わば規範的なモデルであった。しかしながら，実際には人は規範的なモデルとは一致しない帰属や推論を行うことが多い。特に人が行為の原因帰属を行う際には，内的要因が多く，外的要因が少なく見積もられる傾向がある。これは「根本的帰属のエラー」と呼ばれ，数多くの研究において実証されてきた（Ross, 1977）。その一例として有名なのが，「対応バイアス」である。ジョーンズとハリス（Jones & Harris, 1967）は実験参加者に，ある学生が書いたエッセイを見せ，そのエッセイの立場はあらかじめ教授によって決められていたことも伝えたうえで，その学生の真の態度を推測させた。エッセイの内容は外的要因によって決められていたと伝えられたにもかかわらず，実験参加者はエッセイの内容に対応した態度をもっていると推測した。つまり，行動が外的に強制されていたのにもかかわらず，そのような外的要因は軽視され，行動に対応した内的態度が推測されるバイアスがあることが示されたのである。

(4) 意識的・無意識的プロセス

　以上のように，それまでの研究においては，帰属や推論には様々なバイアスが存在することが示された。その後の研究では，どのような条件下でそうしたバイアスが特に強く見られ，どのような条件でそれが弱まるのかが検証されてきた。たとえば人はまず自動的に行動（例：学生はある立場に立ったエッセイを書いた）に対応した内的特性（例：学生はエッセイの内容に対応した態度をもっている）を推論し，もし余裕があれば，さらに外的要因（例：エッセイの立場は先生が決めていた）を考慮に入れて推論を修正することが提唱された（Gilbert et al., 1988）。つまり，人に一定の認知的容量や動機がなければ，外的要因は十分に考慮に入れられず，当初の特性推論は修正されないので，対応バイアスは大きくなる。しかし一定の認知的容量や動機があれば，外的要因を考慮に入れて特性推論を修正することができるので，対応バイアスは小さくなるのである。

　このように，人の認知処理には，ほぼ無意識的になされて認知的容量や動機を必要としない自動的な処理（automatic process）と，より多くの認知的容量や動機を必要とする統制的な処理（controlled process）の2つの処理方略があるとされた。人の認知容量は限られているので，熟慮と努力が必要な統制的な処理を常にするわけにいかない。そこで，状況に応じて，自動的な処理で済ませる場合と，統制的な処理をする場合とを使い分けているとされる。このような認知処理のモデルは二重処理モデル（dual processing model）と呼ばれ，1980年代から盛んに研究されるようになった。この二重処理モデルは，帰属に限らず，印象形成やステレオタイプといった幅広い対象の認知においても応用されてきた。

　二重処理モデルによって，人々が無意識的，自動的に情報を処理していることが示されたことで，1990年代頃からは無意識的な心的プロセスのメカニズムに注目が集まるようになった。無意識的な心的プロセスについての研究によれば，人々の心理的プロセスや行動は，彼らが意識しないうちに，状況要因によって自動的に影響を受けていることが多い。つまり，状況的な刺激によってある概念が脳内において活性化（priming）され，その概念へのアクセス可能性（accessibility）が高まると，その活性化された概念によってその後の認知

の意味づけが変わってくるとされる。

　たとえば，ヒギンズ（Higgins, E. T.）の先駆的な研究によれば，「ドナルドはカヤックで急流を下る」というあいまいな行動を提示されたとき，状況要因によって「冒険好き」という概念が活性化していた人は，ドナルドを好意的に捉えたのに対して，「無鉄砲」という概念が活性化していた人はドナルドを非好意的に捉えた（Higgins et al., 1977）。このように，状況要因によってアクセス可能性の高められた概念や捉え方が，意識しないうちに後続の認知や行動に影響を与えていることが，数多くの研究において示されてきた（Bargh & Chartrand, 1999）。現在ではこうした無意識的プロセスにさらに迫るために，脳科学的手法を用いた研究が盛んに行われるようになってきている。

◆ 3．文化心理学における認知的研究の発展

(1) 文化心理学の定義と位置づけ

　これまで概観してきたように社会心理学の歴史においては，レヴィンら初期の社会心理学者が心に影響を与える社会的状況の性質を理解することを重視していた一方で，認知革命の影響を受けて，研究関心の中心は帰属や認知処理といった頭の中に存在する認知自体の性質の分析へと次第に移っていった。そこにおいて状況要因は頭の中の概念や認知処理を活性化させる単なる刺激の1つとして扱われ，状況の性質自体に対する関心は薄れていった。しかし，人の認知や捉え方はそもそも特定の社会・文化的環境の中に埋め込まれており，その環境との相互作用の中で形成・維持されることを考慮すると，人の認知を理解するためには，社会・文化的環境の性質にも注意を払うことが必要不可欠だと言える。このような観点から，社会心理学の潮流への反発として生まれてきたのが文化心理学（cultural psychology）である。

　文化心理学とは文化と心とが相互に影響を与え合っている様相を研究する学問領域である（Shweder, 1990）。それぞれの文化にはその文化の中で歴史的に蓄積されてきた信念や捉え方というものが存在しており，それらが社会制度や日々の慣習や環境の中に埋め込まれている。そして人の心的プロセスは，人がそれらの慣習や環境に参加することで，文化に埋め込まれた信念や捉え方の影

響を受けるようになると考えられている。さらに，文化的慣習や環境を構成し，それを担っているのは個々の人であるので，人は文化から影響を受けるだけでなく，文化を維持し変容させていく存在でもあるとされる。

　こうした文化心理学は，1990年代頃に社会心理学者のマーカス（Markus, H. R.），北山忍，トライアンディス（Triandis, H. C.），ニスベット（Nisbett, R. E.）や，文化人類学者のシュエーダー（Shweder, R. A.）らを中心として提唱された。当初は社会心理学者が中心的な役割を果たしたが，近年では，文化心理学が扱う対象は，社会心理学の研究領域を超えて，発達心理学や認知心理学，さらには言語学，社会学などの他の研究領域にも広がり，研究分野を横断している。以下では文化心理学における認知様式の研究に焦点を当てて，これまでの文化心理学の進展について概観する。

(2) 認知の文化差

　社会心理学の発展について述べた節においては，特に米国を中心とする欧米の社会心理学の中で発展してきた理論や研究を紹介してきた。それらの知見は，主に欧米の研究者によって，欧米人を対象に行われた実験に基づいている。それに対して，文化心理学の研究は，そこで得られた知見はそれ自体がそもそも欧米の文化・社会環境に根ざしていることを徐々に明らかにしてきた。以下では，まず認知の文化差を示した先駆的研究である帰属の研究を紹介した後に，注意や推論の研究を概観する。

　文化差を示す研究の先駆けとなったものの1つが，ミラー（Miller, 1984）がインドと米国で行った，他者行動に関する原因帰属の研究である。前節で紹介したように，社会心理学においては，人は原因の帰属をする際に外的要因を軽視し内的要因を重視するという，根本的帰属のエラーを示すことが知られており，そのバイアスは普遍的だと考えられていた。しかしミラーは，インドにおいては，根本的帰属のエラーとは逆に，他者の行動が内的要因よりも外的要因により多く帰属されていることを示した。

　さらにその後の研究では，原因帰属だけでなく，対応バイアス（上記第1節第3項参照）においても文化差が存在することが示されてきた。たとえば，状況要因を明確にしたり，行動の説得力を弱めたりした場合でも，アメリカ人は

行動に対応した態度を推論して対応バイアスを強く示すのに対して，東洋人は状況要因を考慮に入れて対応バイアスを弱める傾向がある（Choi & Nisbett, 1998: Miyamoto & Kitayama, 2002）。つまり，東洋人は欧米人と比べて，必要に応じて状況要因を十分に考慮に入れていると言え，根本的帰属のエラーは普遍的でないことがここでも示されている。

　文化間での認知の違いは，帰属のみならず，他の推論や知覚においても示されてきた。たとえば，日本人とアメリカ人実験参加者に，水の中を大きな魚が泳いでいるアニメーションを提示し，その内容を記述するように求めた場合，日本人はアメリカ人に比べて，中心となる魚だけでなく，その背景や周囲の物の間の関係性に言及しがちであった（Masuda & Nisbett, 2001）。このように，欧米人に比べて東洋人の方が背景や関係性に注意を向けているとすると，東洋人は推論をする際にも同様により多くの事柄を考慮に入れていることが容易に予測することができる。

　実際に，何らかの判断（例：ある殺人事件の原因帰属）をする際に，東洋人の方が欧米人よりも，周辺的な事柄（例：被害者がIBMかMacのパソコンを好んでいたか）も含めて，より多くの事象を考慮に入れて判断することがわかっている（Choi et al., 2003）。このような東洋人の関係性に対する注意は，相反する事柄の間の関係性にまで向けられている。互い矛盾する主張（例：喫煙は体重を減らすという研究結果と，喫煙と体重の間には関係はないとする研究結果）を提示された際，米国人が説得力のある議論のみを信用するのに対して，東洋人は両者の議論を同程度に信用することが示されてきている（Peng & Nisbett, 1999）。すなわち，東洋人の方が矛盾を許容しがちであると言える。

　ニスベットら（Nisbett et al., 2001）は，これら認知の文化差に関する知見をまとめて，欧米において主流の認知様式を「分析的認知様式」，東洋において主流の認知様式を「包括的認知様式」と呼んだ。分析的認知様式とは，背景や関係性からは切り離し，個々の事物とそれ自体の属性に注目し，その属性に基づいて推論や帰属を行う認知様式である。一方の包括的認知様式とは，事物をその背景や文脈との関係性の中で捉え，そうした関係性に基づいて推論や帰属を行う認知様式である。

(3) 認知の文化差の起因

それでは，このような認知様式の文化的差異は，なぜ存在するのであろうか。ニスベットらは，認知の文化差は主に社会的環境の違いに起因すると主張している。異なる社会的環境を特徴づける軸の一つとして最も注目されているのが，人とは本来的に関係性の中に埋め込まれた相互依存的な存在であるのか，それとも，本来的に互いに独立した相互独立的な存在であるのか，という文化の間で共有されている人間観の違いである（Markus & Kitayama, 1991; Triandis, 1989）。そこでは，米国のような相互独立的な社会的環境においては，個々の事物それ自体の属性に注意を向けて推論する分析的認知様式が育まれやすいのに対して，日本などの相互依存的な社会的環境においては，個々の物の間の関係性や状況全体との関係性に注意を向けて推論する包括的認知様式が育まれやすいと議論されてきた。

しかしながら，文化間の比較からだけでは，社会的環境の性質と認知様式の性質との間の因果関係を解明することはできない。そこで，社会的環境の要素を実験的に操作することで，認知様式に変化が見られるかどうかを検討する様々な試みがなされてきた。たとえば，一人称複数の代名詞（we, our, us, ours）を多く見せることで相互依存的な概念を活性化された参加者群と，一人称単数の代名詞（I, my, me, mine）を多く見せて相互独立的な概念を活性化された参加者群を比較した結果，前者のほうがより包括的認知様式を示していることが明らかにされている（Kühnen & Oyserman, 2002）。また，実験によって社会的に孤立することに対する懸念を高めると，それによって包括的認知様式が強まることも示されている（Kim & Markman, 2006）。これらの研究結果は，相互依存的な社会的環境が包括的認知様式の原因の1つであることを示唆していると言える。

◆4．文化心理学における認知的研究の展望と方向性

前節では，文化心理学のこれまでの発展について概観した。文化心理学の今後の発展を考える上では，心的プロセスの文化差を超えて，文化という現象の性質・特質を解き明かすことが重要である。そこで，本節ではそれに関わる3

つの方向性の観点から，文化心理学の今後の発展可能性と展望についてまとめる。

(1) 文化内文化の比較

　文化の単位は，欧米や東洋といった領域や，アメリカや日本といった国に必ずしも限られることはない。なぜなら，同じ領域や国の中においても，共同体や社会的階層の違いなどに応じて，性質の異なる社会・文化的環境が存在し，それらも人々の行動に影響を与えていると考えられるからである。これら文化内に存在する集団の比較は，文化の影響をより詳細に検証することになるだけでなく，文化差を生み出す要因を同定することにもつながる。

　たとえば，トルコの中で，生業の異なる村を比較した研究によると，相互依存的な関係性を必要とする農業が盛んな村においては，相互独立的な関係性に基づいた牧畜が盛んな村よりも，包括的な認知様式が見られた（Uskul et al., 2008）。また，農業の種類によっても，従事者に見られる相互依存的な関係性の程度が異なっている。たとえば米作においては多くの人々の間で共同作業や調整が必要であるのに対して，小麦作の場合は比較的少人数で行うことができる。中国で行われた研究によれば，稲作農業が盛んな中国南部の地域においては，小麦の生産が盛んな中国北部に比べて，相互依存的な関係が強く，包括的認知様式が主流であることが観察されている（Talhelm et al., 2014）。また，日本の中でも，自発的移住の歴史に基づいた北海道では，内地に比べて相互独立的な関係性が強く，より分析的認知様式が見られることも示されている（Kitayama et al., 2006）。このように，より相互依存的な関係を必要とする生業や，歴史に基づいた地域や共同体では，より相互独立的な関係に基づいた地域や共同体よりも，包括的な認知様式が育まれている。

　社会階層によっても社会・文化的環境が特徴づけられ，それによって心的プロセスも影響を受けていることが近年注目を集めている。たとえば，米国の中でも中流階級と比べて労働者階級の場合，自己の思いどおりに環境を自由にコントロールできる余地が少なく，他者や状況に注意を向け，それに自己を合わせる必要がある（Kraus et al., 2012; Stephens et al., 2012）。実際に大学生に焦点を当てると，中流階級出身の大学生に比べて労働者階級出身の大学生は，

他者に同調しがちであるだけでなく，他者との類似性をより好意的に捉えていた。さらに，こうした社会階層の違いは認知様式にも表れており，米国内では社会階層が低い人の方が高い人よりも状況要因に注意を払い，包括的な認知様式を示しがちである。つまり，米国内にあっても社会階層が低い人は，より相互依存的な関係を必要とする社会・文化的環境の中で暮らしており，そのような環境では包括的な認知様式が促進されていると言える。

　こうした文化内に存在する集団の比較によって，文化差を生み出す要因となっている社会的環境の性質に迫ることが可能になる。したがって，宗教や，人種的マイノリティといった，文化内に存在する他の集団に関する研究が今後益々発展していくと思われる。

(2) 文化×社会的要因

　2つ目の展望・方向性として，社会的要因とその文化的文脈との交互作用の検証があげられる。これまで文化差の原因を検証した研究の多くは，文化差を何らかの社会的要因に帰属させてきた。たとえば，社会的に孤立することに対する不安感が高められると包括的認知様式が強まることから，そのような社会的な不安感が文化差の要因の1つであると主張されてきた (Kim & Markman, 2006)。このようなアプローチは，文化差の原因を特定するうえで役に立つ一方で，文化の現象をその社会的要因へと還元し，矮小化することにつながる可能性がある。すべての文化の影響がそのように社会的要因に還元されるとすると，社会的要因の影響さえ見れば，文化自体を見る必要がなくなるとも言えるだろう。しかし，文化心理学的見地に立てば，どのような社会的要因も，それを取り巻くより大きな文化的文脈の中に位置づけられており，文化とは独立にそれを捉えることはできない。そのことを端的に示すのが，文化と社会的要因の交互作用である。社会的要因が行動に与える影響が，それが置かれたより大きな文化的文脈によって異なれば，社会的要因の影響を考える際に文化的文脈を考慮に入れることが不可欠であることが示唆される (Miyamoto, 2013)。

　たとえば，他者との力関係という社会的要因がどのように認知に影響を与えるのかは，文化によって異なることが示されている (Miyamoto & Wilken, 2010)。アメリカでは，他者に影響を与える役割に割り当てられた人は，他者

に追従する役割に割り当てられた人よりも,中心となる物のみに注意を向けて文脈を無視する分析的認知傾向を強めた。一方,日本では,割り当てられた役割にかかわらず,文脈に注意を向ける包括的認知傾向が見られた。これは,アメリカのような相互独立的な文化において他者に影響を与えるためには,他者や文脈に惑わされることなく,中心となる事物に注目する必要があるのに対して,日本のような相互依存的な文化において他者に影響を与えるためには,他者や文脈に注意を払う必要があることを示していると考えられる。つまり,力関係が認知に与える影響は,それが位置づけられた文化的文脈によって異なるということである。

さらに,社会階層が心的プロセスに与える影響も,より大きな文化的文脈に依存している可能性がある。日米両国で行われた社会調査によれば,日本人もアメリカ人も社会階層が高い人ほど,目標追求や自己表現などの自己志向的な態度を示している一方で,アメリカ人に比べて日本人の場合は,社会階層が高い人ほど,思いやりや責任感などの他者志向的な態度も同時に併せ持っていることが示されている (Miyamoto et al., 2015)。つまり,社会階層の高い人は,どの文化においても自己志向の追求が可能であると同時に,文化的規範と合致した信念や態度ももつ傾向があると言える。相互独立的なアメリカでは自己志向の追求が文化的に強調されており,社会階層の高い人はその追求に集中できるが,相互依存的な日本では他者への配慮が文化的に強調されているため,社会階層の高い人は自己志向と他者志向の両方を同時に追求する必要性があるのかもしれない。社会的階層が心に与える影響には,文化を通じて見られる要素と,文化的文脈に依存する要素との両方があると言える。

このような文化と社会的要因の関係性を検証することは,文化と社会的要素それぞれの特質を理解することにつながると考えられ,今後さらに,社会的制度や宗教といった社会的要因とその文化的文脈との関係の検証が望まれる。

(3) 脳科学・身体生理学的手法

近年,文化心理学に限らず,心理学全体において,脳科学的手法や生理学的手法の有用性が見出されている。文化心理学においてそのような手法を用いることは,文化の影響がどの程度脳内の神経基盤や生理的な側面まで及んでいる

かを明らかにするだけでなく，文化差や文化維持のメカニズムをも解明することが期待されている。

　文化の影響は，実際に脳の神経基盤にも及んでいることが徐々に示されてきている。たとえば，注意の制御をつかさどるとされている脳の部位（例：下頭頂小葉）の活性化を測定した実験によると，アメリカ人では分析的な知覚課題よりも包括的な知覚課題を行っているときにその部位が活性化していたのに対して，東洋人では包括的な知覚課題よりも分析的な知覚課題を行っているときにその部位が活性化していた（Hedden et al., 2008）。つまり，文化的に強調された認知・行動様式と一致した，習慣化された知覚課題を行っているときは，いわば自動的に課題を処理できるのに対して，文化的に強調された認知・行動様式に一致しない知覚課題を行っているときには，努力して注意を制御する必要があるということが示されている。

　さらに，文化間の心的プロセスの違いが身体的健康とどのように関係しているかについての研究も徐々に行われるようになってきている。分析的認知様式が優勢なアメリカにおいては，「悲しみ」や「不安」といったネガティブな感情のもつ悪い側面のみが強調され，できるだけ避けられるべきものだと捉えられているのに比べて，矛盾を許容する包括的認知様式が優勢な日本においては，ネガティブな感情にも良い側面があり（例：悔しい気持ちがあるからがんばれる），必ずしも避けるべきものではないと捉えられている。ネガティブな感情に対するこうした認識の違いは，身体的影響にもつながるかもしれない。実際にアメリカでは，日常生活においてネガティブな感情を感じている人ほど，免疫系の中でも炎症反応を促進する機能をもつインターロイキン-6（interleukin-6）の値が高く，慢性的に炎症反応を起こした状態であるが，日本ではそのような関係は全く見られなかった（Miyamoto et al., 2013）。一時的な炎症反応は病原体への対処などには役立つが，慢性化した炎症反応は様々な病気につながることが知られている。ネガティブな感情をもつことは，ネガティブな感情が避けられているアメリカでは身体に悪い影響をもたらすが，ネガティブな感情がより受容されている日本においては必ずしも身体に悪い影響をもたらしていない可能性があり，今後そのような因果関係が解明されることが望まれる。文化的な信念や認知様式と一致しない心的プロセスが身体的に悪影響を与えるとすれ

ば，文化的信念と一致する心的プロセスが文化内でいかにして強化され，維持されているかを検証し解明することにもつながるであろう．

◆5. まとめ

社会心理学の初期の研究では，状況要因が認知に与える影響について強調されていたのに対して，その後の研究においては，認知の性質自体に焦点が当てられ，そのプロセスの解明が進められてきた．そのような社会心理学の潮流に反発する形で発展してきた文化心理学においては，社会・文化的環境が認知に与える影響が検証されてきた．文化心理学の今後の発展を考えるうえでは，そこからさらに文化というシステムの性質・特質を解明することが不可欠である．そのためには，文化内文化の比較，文化と社会的要因の交互作用，生理的指標といったアプローチが有益になるだろう．

■Further Reading
ニスベット，R. E. 村本由紀子（訳）（2004）．木を見る西洋人，森を見る東洋人　ダイヤモンド社
増田 貴彦・山岸 俊男（2010）．文化心理学―心がつくる文化，文化がつくる心（上下）　培風館
Miyamoto, Y. (2013). Culture and analytic versus holistic cognition: Toward multilevel analyses of cultural influences. *Advances in Experimental Social Psychology, 47*, 131-188.

■文　献
Asch, S. E. (1955). Opinions and social pressure. *Scientific American, 193*(5), 31-35.
Bargh, J. A., & Chartrand, T. L. (1999). The unbearable automaticity of being. *American Psychologist, 54*(7), 462-479.
Choi, I., Dalal, R., Kim-Prieto, C., & Park, H. (2003). Culture and judgement of causal relevance. *Journal of Personality and Social Psychology, 84*(1), 46-59.
Choi, I., & Nisbett, R. E. (1998). Situational salience and cultural differences in the correspondence bias and actor-observer bias. *Personality and Social Psychology Bulletin, 24*, 949-960.

Festinger, L. (1954). A theory of social comparison processes. *Human Relations, 7*(2), 117-140.

Gilbert, D. T., Pelham, B. W., & Krull, D. S. (1988). On cognitive busyness: When person perceivers meet persons perceived. *Journal of Personality and Social Psychology, 54*(5), 733-740.

Hedden, T., Ketay, S., Aron, A., Markus, H. R., & Gabrieli, J. D. E. (2008). Cultural influences on neural substrates of attentional control. *Psychological Science, 19,* 12-17.

Heider, F. (1958). *The psychology of interpersonal relations.* New York: Wiley.

Higgins, E. T., Rholes, W. S., & Jones, C. R. (1977). Category accessibility and impression formation. *Journal of Experimental Social Psychology, 13*(2), 141-154.

Jones, E. E., & Harris, V. A. (1967). The attribution of attitudes. *Journal of Experimental Social Psychology, 3,* 1-24.

Kelley, H. H. (1971). *Attribution in social interaction.* New York: General Learning Press.

Kim, K., & Markman, A. B. (2006). Differences in fear of isolation as an explanation of cultural differences: Evidence from memory and reasoning. *Journal of Experimental Social Psychology, 42,* 350-364.

Kitayama, S., Ishii, K., Imada, T., Takemura, K., & Ramaswamy, J. (2006). Voluntary settlement and the spirit of independence: Evidence from Japan's "northern frontier." *Journal of Personality and Social Psychology, 91,* 369-384.

Kraus, M. W., Piff, P. K., Mendoza-Denton, R., Rheinschmidt, M. L., & Keltner, D. (2012). Social class, solipsism, and contextualism: How the rich are different from the poor. *Psychological Review, 119,* 546-572.

Kühnen, U., & Oyserman, D. (2002). Thinking about the self influences thinking in general: Cognitive consequences of salient self-concept. *Journal of Experimental Social Psychology, 38,* 492-499.

Lewin, K. (1997). *Resolving social conflicts and field theory in social science.* Washington, DC: American Psychological Association.

Markus, H. R., & Kitayama, S. (1991). Culture and the self: Implications for cognition, emotion, and motivation. *Psychological Review, 98,* 224-253.

Masuda, T., & Nisbett, R. E. (2001). Attending holistically versus analytically: Comparing the context sensitivity of Japanese and Americans. *Journal of Personality and Social Psychology, 81,* 922-934.

Miller, J. G. (1984). Culture and the development of everyday social explanation. *Journal of Personality and Social Psychology, 46,* 961-978.

Miyamoto, Y. (2013). Culture and analytic versus holistic cognition: Toward multilevel analyses of cultural influences. *Advances in Experimental Social*

Psychology, 47, 131-188.

Miyamoto, Y., Boylan, J. M., Coe, C. L., Curhan, K., Levine, C. S., Markus, H. R., Park, J., Kitayama, S., Kawakami, N., Karasawa, M., Love, G. D., & Ryff, C. (2013). Negative emotions predict elevated interleukin-6 in the United States but not in Japan. *Brain, Behavior, and Immunity, 34*, 79-85.

Miyamoto, Y., & Kitayama, S. (2002). Cultural variation in correspondence bias: The critical role of attitude diagnosticity of socially constrained behavior. *Journal of Personality and Social Psychology, 83*, 1239-1248.

Miyamoto, Y., & Wilken, B. (2010). Culturally contingent situated cognition: Influencing others fosters analytic perception in the U. S. but not in Japan. *Psychological Science, 21*, 1616-1622.

Miyamoto, Y., Yoo, J., Levine, C. S., Markus, H. R., Boylan, J. M., Park, J., Kitayama, S., Karasawa, M., Kawakami, N., Coe, C. L., Love, G. D., & Ryff, C. (2015). *A cultural and structural model of social class*. Unpublished manuscript, University of Wisconsin-Madison.

Nisbett, R. E., Peng, K., Choi, I., & Norenzayan, A. (2001). Culture and systems of thought: Holistic versus analytic cognition. *Psychological Review, 108*, 291-310.

Peng, K., & Nisbett, R. E. (1999). Culture, dialectics, and reasoning about contradiction. *American Psychologist, 54*, 741-754.

Ross, L. (1977). The intuitive psychologist and his shortcomings: Distortions in the attribution process. *Advances in Experimental Social Psychology, 10*, 173-220.

Ross, L., & Nisbett, R. E. (1991). *The person and the situation: Perspectives of social psychology*. New York: McGraw-Hill.

Sherif, M. (1936). *The psychology of social norms*. New York: Harper's.

Shweder, R. A. (1990). Cultural psychology: What is it? In J. W. Stigler, R. A. Shweder, & G. Herdt (Eds.), *Cultural psychology: Essays on comparative human development* (pp. 1-46). Cambridge, UK: Cambridge University Press.

Stephens, N. M., Markus, H. R., & Fryberg, S. A. (2012). Social class disparities in health and education: Reducing inequality by applying a sociocultural self model of behavior. *Psychological Review, 119*, 723-744.

Talhelm, T., Zhang, X., Oishi, S., Shimin, C., Duan, D., Lan, X., & Kitayama, S. (2014). Large-scale psychological differences within China explained by rice versus wheat agriculture. *Science, 344*(6184), 603-608.

Triandis, H. C. (1989). The self and social behavior in differing cultural contexts. *Psychological Review, 96*, 506-520.

Uskul, A. K., Kitayama, S., & Nisbett, R. E. (2008). Ecocultural basis of cognition: Farmers and fishermen are more holistic than herders. *Proceedings of the National Academy of Sciences of the United States of America, 105*, 8552-8556.

コラム 18　合意の形成

田村　美恵

　私たちは，様々な局面で合議による課題解決をめざすことが多い。重要な事柄であるほど，そこでの合意形成が重視されるようにも思われる。それは，「三人寄れば文殊の知恵」という諺が示すように，「集団による意思決定が個人のそれに勝る」という期待，あるいは素朴な信念があるからだろう。しかし，合議に関する先行研究の数々は，私たちのこうした「期待」を裏切ってきた。

　たとえば，多くの場合，集団でのパフォーマンスは，個人レベルでのパフォーマンスに及ばない。それは，「独創的なアイデアをできるだけ多く考える」といったパフォーマンス加算型の課題から，「誰か 1 人が正解すれば完了」といった問題解決型の課題まで，広く観察される（Diehl & Strobe, 1987; Steiner, 1972）。合意をめざす過程でこうした現象が生じるのは，評価懸念（他のメンバーからの評価を恐れて消極的になる），ただ乗り（他人の努力に頼って手抜きをする），ブロッキング（他の発話によって自身の発話がブロックされる）といった理由によるとされる（Diehl & Stroebe, 1987, 1991）。

　また，集団で形成された合意は，私たちが期待するほど賢明なものでもない。合議では，様々な情報がやりとりされ，メンバー間で新たな認識が共有されると思われがちだが，実際には，そこで交換される情報は，すでにメンバー間で共有されている情報に偏りがちである。各メンバーが独自に有している，他のメンバーにとって新奇な情報は，なかなか言及されず共有されない。その結果，独自情報の共有化によってのみ可能となるような「賢明」な意思決定は，しばしば達成されないままで終わる（Stasser, 1992; Stasser & Titus, 1985, 1987）。

　さらに，合意をめざして討議する過程では，多数派主導型のプロセスが生じやすい（亀田，1997）。多数派に属する意見は，賛同者を得てますます優勢になる一方，劣勢に回った意見は，表明されにくくなり沈黙されるようになる（Noelle-Neumann, 1993/1997）。結果として，集団の下す決定は，当初の意見分布よりも多数派意見の方向にシフトしたものになる（集団極性化現象）。

　このように，集団での合意形成には，「文殊の知恵」を阻害するような種々の障壁が内包されている。ただし，「集団での話し合い」そのものが無用であると言いたいわけではない。単一の合意をめざさない「協同」的な集団システムの下では，問題解決のための新たなアイデアが生成されることも少なくない（Chan, 2000; Webb et al., 1995）。創造的で建設的な合意形成は，いかなる集団システムの下で可能になるのか——問われるべき課題はそこにあるだろう。

コラム文献

【コラム3】

木下 康仁(2003).グランデッド・セオリー・アプローチの実践―質的研究への誘い　弘文堂

鯨岡 峻(2005).エピソード記述入門―実践と質的研究のために　東京大学出版会

大谷 尚(2011).SCAT: Steps for Coding and Theorization―明示的手続きで着手しやすく小規模データに適用可能な質的データ分析手法　感性工学, *10*(3), 155-160.

佐藤 郁哉(2008).質的データ分析法―原理・方法・実践　新曜社

【コラム4】

Belke, B., Leder, H., & Augustin, M. D. (2006). Mastering style: Effects of explicit style-related information, art knowledge and affective state on appreciation of abstract painting. *Psychology Science, 48*, 115-134.

Donovan, T., & Litchfield, D. (2013). Looking for cancer: Expertise related differences in searching and decision making. *Applied Cognitive Psychology, 27*, 43-49.

Ericsson, K. A. (2006). The influence of experience and deliberate practice on the development of superior expert performance. In K. A. Ericson, N. Charness, P. J. Feltovich, & R. R. Hoffman (Eds.), *The Cambridge handbook of expertise and expert performance* (pp. 683-704). New York: Cambridge University Press.

Hekkert, P., & van Wieringen, P. C. W. (1996). Beauty in the eye of expert and nonexpert beholder: A study in the appraisal of art. *American Journal of Psychology, 109*, 389-407.

生田 久美子・北村 勝朗(編著)(2011).わざ言語―感覚の共有と通しての「学び」へ　慶應義塾大学出版会

大浦 容子(1996).熟達と認知的発達―音楽の領域での検討　教育心理学研究, *44*, 136-144.

Ste-Marie, D. M. (1999). Expert-novice differences in gymnastic judging: An information-processing perspective. *Applied Cognitive Psychology, 13*, 269-281.

【コラム5】

Chan, J., & Schunn, C. (2015). The impact of analogies on creative concept generation: Lessons from an in vivo study in engineering design. *Cognitive Science, 39*, 126-155.

ダンバー, K.(著)山崎 治(訳)(1999).科学者の思考法―科学におけるオンライン

の創造性と概念変化　岡田　猛・田村　均・戸田山　和久・三輪　和久（編著）　科学を考える―人工知能からカルチュラル・スタディーズまで 14 の視点（pp. 26-55）北大路書房

Hofstadter, D., & Sander, E. (2013). Analogies that shock the world. In *Surface and essences: Analogy as the fuel and fire of thinking* (pp. 437-502). New York: Basic Books.

Holyoak, K. J., & Thagard, P. (1995). *Mental leaps*. Cambridge, MA: MIT Press. (鈴木　宏昭・河原　哲雄（監訳）(1998). アナロジーの力　新曜社)

堀井　秀之 (2012). 社会技術論：問題解決のデザイン　東京大学出版会

子安　増生 (1980). 児童における比例概念の発達過程（1）序論　愛知教育大学教科教育センター研究報告, *4*, 23-35.

Thagard, P. (2012). Creative combination of representations: Scientific discovery and technological invention. In R. W. Proctor & E. J. Capaldi (Eds.), *Psychology of science: Implicit and explicit processes* (pp. 389-405). Oxford, UK: Oxford University Press.

【コラム 6】

Manalo, E., Kusumi, T., Koyasu, M., Michita, Y., & Tanaka, Y. (2013). To what extent do culture-related factors influence university students' critical thinking use? *Thinking Skills and Creativity*, *10*, 121-132. Doi:10.1016/j.tsc.2013.08.003

Manalo, E., Kusumi, T., Koyasu, M., Michita, Y., & Tanaka, Y. (2015). Do students from different cultures think differently about critical and other thinking skills? In M. Davies & R. Barnett (Eds.), *Palgrave handbook of critical thinking in higher education* (pp. 299-316). New York: Palgrave Macmillan.

Manalo, E., Watanabe, K., & Sheppard, C. (2013). Do language structure or language proficiency affect critical evaluation? In M. Knauff, M. Pauen, N. Sebanz, & I. Wachsmuth (Eds.), *Proceedings of the 35th annual conference of the cognitive science society* (pp. 2967-2972). Austin, TX: Cognitive Science Society.

【コラム 7】

Bender, S. W., Nibbelink, B., Towner-Thyrum, E., & Vredenburg, D. (2013). Defining characteristics of creative women. *Creativity Research Journal*, *25*, 38-47.

Bronson, P., & Merryman, A. (2010, July10) The creativity crisis. *Newsweek*, 42-48.

Cropley, D. H., Kaufman, J. C., & Cropley, A. J. (2008). Malevolent creativity: A functional model of creativity in terrorism and crime. *Creativity Research Journal*, *20*, 105-115.

Furnham, A. (2015). The bright and dark side correlates of creativity: Demographic, ability, personality traits and personality disorders associated with divergent thinking. *Creativity Research Journal*, *27*, 285-295.

Kerr, B., & McKay, R. (2013). Searching for tomorrow's innovators: Profiling creative adolescents. *Creativity Research Journal, 25*, 21-32.

Kim, K. H. (2011). The creativity crisis: The decrease in creative thinking scores on the Torrance tests of creative thinking. *Creativity Research Journal, 23*, 285-295.

Runco, M. (2007). *Creativity.* San Diego, CA: Elsevier.

Sheldon, K. M. (1999). Conformity and creativity. In M. A. Runco & S. R. Pritzker (Eds.), *Encyclopedia of creativity* (pp. 341-346). San Diego, CA: Academic Press.

徳富猪一郎 (1987). 新日本之青年　集成社 (近代デジタルライブラリー http://kindai.ndl.go.jp/info:ndljp/pid/808919/1)

【コラム 8】

Carvalho, M. K., F. (2010). Assessing changes in performance and monitoring processes in individual and collaborative tests according to students' metacognitive skills. *European Journal of Cognitive Psychology, 22*, 1107-1136.

Carvalho, M. K., F.・楠見 孝 (2006). 日本人大学生における認識論的メタ認知の構造　日本教育心理学会第48回大会総会発表論文集, 608.

Hofer, B. K. (2004). Epistemological understanding as a metacognitive process: Thinking aloud during online searching. *Educational Psychologist, 39*, 43-55.

Hofer, B. K., & Sinatra, G. M. (2010). Epistemology, metacognition, and self-regulation: Musings on an emerging field. *Metacognition Learning, 5*, 113-120.

Mason, L., Boldrin, A., & Ariasi, N. (2010). Epistemic metacognition in context: Evaluating and learning online information. *Metacognition Learning, 5*, 67-90.

【コラム 9】

Ekman, P., & Friesen, W. V. (1969). The repertoire of nonverbal behavior: Categories, origins, usage, and coding. *Semiotica, 1*, 49-98.

Gnepp, J., & Hess, D. L. (1986). Children's understanding of verbal and facial display rules. *Developmental Psychology, 22*, 103-108.

Hudson, A., & Jacques, S. (2014). Put on a happy face! Inhibitory control and socioemotional knowledge predict emotion regulation in 5- to 7-year-olds. *Journal of Experimental Child Psychology, 123*, 36-52.

子安 増生・田村 綾菜・溝川 藍 (2007). 感情の成長―情動調整と表示規則の発達　藤田 和生 (編)　感情科学 (pp. 143-171)　京都大学学術出版会

Saarni, C. (1979). Children's understanding of display rules for expressive behavior. *Developmental Psychology, 15*, 424-429.

Talwar, V., & Lee, K. (2002). Emergence of white-lie telling in children between 3 and 7 years of age. *Merrill-Palmer Quarterly, 48*, 160-181.

Talwar, V., Murphy, S. M., & Lee, K. (2007). White lie-telling in children for politeness purposes. *International Journal of Behavioral Development, 31*, 1-11.

【コラム 10】

廣瀬 直哉 (2015). マイクロスリップに関する研究の動向　生態心理学研究, 8, 37-49.
仁平 義明 (1991). 急速反復書字によるスリップの発生メカニズム　東北大学教養部紀要, 56, 172-190.
Reason, J. (1990). *Human error.* Cambridge, UK: Cambridge University Press. (リーズン, J. 十亀 洋 (訳) (2014). ヒューマンエラー (完訳版) 海文堂)

【コラム 11】

浜田 寿美男 (1997). ありのままを生きる　岩波書店
古澤 頼雄 (2002). 現代社会における発達支援　長崎 勤・古澤 頼雄・藤田 継道 (編著) 臨床発達心理学概論—発達支援の理論と実際— (pp. 28-42) ミネルヴァ書房
田中 千穂子・栗原 はるみ・市川 奈緒子 (2005). 発達障害の心理臨床—子どもと家族を支える療育支援と心理臨床的援助—　有斐閣

【コラム 12】

Baumeister, R. F., & Vohs, K. D. (2007). Self-regulation, ego depletion, and motivation. *Social and Personality Psychology Compass, 1*(1), 115-128.
Carver, C. S., & Scheier, M. F. (2008). Feedback processes in the simultaneous regulation of action and affect. In J. Y. Shah & W. L. Gardner (Eds.), *Handbook of motivation science* (pp. 308-324). New York: Guilford Press.
Hedley, A. A., Cynthia, L. O., Clifford, L. J., Margaret, D. C., Lester, R. C., & Katherine, M. F. (2004). Prevalence of overweight and obesity among U. S. children, adolescents, and adults, 1999-2002. *Journal of the American Medical Association, 291*(23), 2847-2850.
Wegner, D. M., Schneider, D. J., Carter, S. R., & White, T. L. (1987). Paradoxical effects of thought suppression. *Journal of Personality and Social Psychology, 53*, 5-13.

【コラム 13】

Clement, J. (1982). Student's preconceptions in introductory mechanics. *American Journal of Physics, 50*, 66-71.
Mazens, K., & Latrey, J. (2003). Conceptual change in physics: Children's naive representations of sound. *Cognitive Development, 18*, 159-176.
McCloskey, M., Washburn, A., & Felch, L. (1983). Intuitive physics: The straightdown belief and its origin. *Journal of Experimental Psychology: Learning, Memory, and Cognition, 9*, 636-649.
Vosniadou, S., & Brewer, W. F. (1992). Mental models of the earth: A study of

conceptual change in childhood. *Cognitive Psychology, 24*, 535-585.

【コラム 14】
Bassett, E. M. (1977). Production strategies in the child's drawing. In G. Butterworth, (Ed.), *The child's representation of the world*. New York: Plenum Press.

Cox, M. V. (1992). *Children's drawings*. Harmondsworth, UK: Penguin Books.（子安 増生（訳）(1999). 子どもの絵と心の発達　有斐閣）

Gardner, H. (1982). *Art, mind and brain*. New York: Basic Books.（仲瀬 律久・森島 慧（訳）(1991). 芸術，精神そして頭脳―創造性はどこから生まれるか　黎明書房）

平沼 博将 (1999). 保育の描画実践における「個人レベルの指導論」　京都大学教育学研究科紀要, *45*, 211-223.

田中 義和 (2011). 子どもの発達と描画活動の指導　ひとなる書房

【コラム 15】
Enyedy, N., & Stevens, R. (2014). Analyzing collaboration. In R. K. Sawyer (Ed.), *The cambridge handbook of the learning sciences* (2nd ed., pp. 191-211). New York: Cambridge University Press.

Griffin, P., & Care, E. (Ed.) (2015). *Assessment and teaching of 21st century skills: Methods and approach*. Dordrecht, Netherlands: Springer Netherlands.

Griffin, P., McGaw, B., & Care, E. (Ed.) (2012). *Assessment and teaching of 21st century skills*. Dordrecht, Netherlands: Springer Netherlands.（グリフィン, P., マクゴー, B., &ケア, E.　三宅 なほみ（監訳）　益川 弘如・望月 俊男（編訳）(2014). 21世紀型スキル：学びと評価の新たなかたち　北大路書房）

OECD (2013). PISA 2015 draft collaborative problem solving framework. Retrieved from http://www.oecd.org/pisa/pisaproducts/pisa2015draftframeworks.htm

【コラム 16】
柏木 惠子・大野 祥子 (1994). 親となることによる人格発達―生涯発達的視点から親を研究する試み　発達心理学研究, *5*, 72-83.

加藤 道代 (2009). 親になる移行期における母親の意識・行動の変容　東北大学学大学院教育学研究科博士論文

Newman, P. R., & Newman, B. M. (1988). Parenthood and adult development. In R. J. Palkovitz & M. B. Sussman (Eds.), *Transitions to parent* (pp. 313-337). New York: The Haworth Press.

坂上 裕子 (2005). 子どもの反抗期における親の発達―歩行開始期の母子の共変化過程　風間書房

氏家 達夫 (2006). 親になるプロセス　金子書房

【コラム 17】

American Psychiatric Association (2013). *Diagnostic and statistical manual of mental disorders DSM-5*. Washington, DC: American Psychiatric Publishing. (高橋 三郎・大野 裕 (監訳) (2014). DSM-5 精神疾患の診断・統計マニュアル 医学書院)

Happé, F., & Frith, U. (2006). The weak coherence account: Detail-focused cognitive style in autism spectrum disorders. *Journal of Autism and Developmental Disorders, 36*, 5-25.

Onishi, K. H., & Baillargeon, R. (2005). Do 15-month-old infants understand false beliefs? *Science, 308*, 255-258.

Ozonoff, S., & McEvoy, R. E. (1994). A longitudinal study of executive function and theory of mind development in autism. *Development and Psychopathology, 6*, 415-431.

Ozonoff, S., Pennington, B. F., & Rogers, S. J. (1991). Executive function deficits in high-functioning autistic individuals: Relationship to theory of mind. *Journal of Child Psychology and Psychiatry, 32*, 1081-1105.

Senju, A., Southgate, V., White, S., & Frith, U. (2009). Mindblind eyes: An absence of spontaneous theory of mind in Asperger syndrome. *Science, 325*, 883-885.

【コラム 18】

Chan, C. K. K. (2000). 協同による科学学習における問題を中心に据えた探索 植田 一博・岡田 猛 (編著) 協同の知を探る―創造的コラボレーションの認知科学 (pp. 108-133) 共立出版

Diehl, M., & Storoebe, W. (1987). Productivity loss in brainstorming groups: Toward the solution of a riddle. *Journal of Personality and Social Psychology, 53*, 497-509.

Diehl, M., & Storoebe, W. (1991). Productivity loss in idea-generating groups: Tracking down the blocking effect. *Journal of Personality and Social Psychology, 61*, 392-403.

亀田 達也 (1997). 合議の知を求めて―グループの意思決定 共立出版

Noelle-Neumann, E. (1993). *The spiral of silence: Public opinion — Our social skin* (2nd ed.). Chicago, IL: The University of Chicago Press. (ノエル-ノイマン E. 池田 謙一・安野 智子 (訳) (1997). 沈黙の螺旋理論:世論形成過程の社会心理学 (第2版) ブレーン出版)

Stasser, G. (1992). Information salience and the discovery of hidden profiles by decision-making groups: A "thought experiment". *Organizational Behavior and Human Decision Processes, 52*, 156-181.

Stasser, G., & Titus, W. (1985). Pooling of unshared information in group decision making: Biased information sampling during discussion. *Journal of Personality*

and Social Psychology, 48, 1467-1478.
Stasser, G., & Titus, W. (1987). Effects of information load and percentage of shared information on the dissemination of unshared information during group discussion. *Journal of Personality and Social Psychology, 48*, 1467-1478.
Steiner, I. D. (1972). *Group process and productivity*. New York: Academic Press.
Webb, N., Troper, J. D., & Fall, R. (1995). Constructive activity and learning in collaborative small groups. *Journal of Educational Psychology, 87*, 406-423.

人名索引

A

Aarts, H. 61, 62
Abramson, L. Y. 181, 182
Alfieri, L. 216
Alibali, M. H. 59, 61
Allbritton, D. 71
Alloway, T. P. 203
尼ケ崎 彰 56
Anderson, R. 216
Anderson, M. C. 149-152
安藤寿康 165
Andre, T. 246
Annese, J. 36
Ariasi, N. 124
Arterberry, B. J. 228, 229
浅田 稔 249
浅川淳司 59
Asch, S. E. 270
Ashton, M. C. 232
Atkinson, R. C. 8, 141, 177-179
Ausubel, D. P. 193, 209-211

B

馬場禮子 60
Baddeley, A. 8, 36, 141
Baillargeon, R. 242, 268
Baldo, J. V. 37
Baltes, P. 247-249
Bargh, J. A. 273
Baron-Cohen, S. 11, 12

Barret, L. 55
Barsalou, L. W. 75
Bartera, G. H. 29
Basser, P. J. 41
Bassett, E. M. 222
Bates, E. 37
Baumeister, R. F. 186
Beaver, K. M. 166
Beck, A. T. 182
Belke, B. 66
Belsky, J. 166
Bender, S. W. 109
Berlin, B. 68
Bernstein, N. A. 54
Binet, A. 97, 98
Bissonette, R. 177
Blaney, P. H. 128, 131
Blizinsky, K. D. 163
Bloom, B. S. 193
Bly, B. M. 71
Boas, D. A. 38
Boldrin, A. 124
Bongard, J. 55
Borca, P. P. 1
Boring, E. G. 100
Boroditsky, L. 74
Bower, G. H. 129, 130
Brandwein, P. F. 193
Bransford, J. D. 212
Brenman, R. L. 228
Brewer, W. F. 199, 208
Broca, P. 262
Brodmann, K. 2, 3
Bronson, P. 109
Brown, J. S. 193
Brown, R. 128

Bruner, J. S. 193, 209, 210
Burton, R. R. 193
Butler, R. A. 174

C

Cai, P. 39
Caramazza, A. 43
Care, E. 237
Carey, B. 36
Carey, S. 194, 196
Carvalho, M. K., F. 124
Carver, C. S. 186
Catarino, A. 149
Chan, C. K. K. 284
Chan, J. 82
Chartrand, T. L. 273
Chi, M. T. H. 77, 194, 217
Chiao, J. Y. 163
Choi, I. 275
中條和光 29
Church, R. B. 60
Clement, J. J. 200, 208
Clore, G. L. 131, 132
Cohen, J. D. 152
Coltheart, M. 45, 46
Connelly, B. S. 231
Corkin, S. 128
Cowan, N. 143
Cowan, W. B. 147
Cowey, A. 39
Cox, M. V. 222
Craik, F. I. M. 144
Crick, F. 161
Cronbach, L. J. 226, 228,

229
Cropley, D. H.　109
Csikszentmihalyi, M.　182

D

Darwin, C. R.　160
De Houwer, J.　135
Dean, D.　91
deCharms, R.　176
Deci, E. L.　174, 175, 177
Descartez, R.　60
Dewey, J.　86
Dias, B. G.　168
Diehl, M.　284
DiRusso, A. A.　59
Donaldson, W.　45
Donovan, T.　66
Dronkers, N. F.　37
Duffy, T. M.　218
Dunbar, K.　75, 84
Duncan, J.　142, 146

E

Ebbinghaus, H.　141
Eich, E.　129
Einstein, A.　82
Ekman, P.　139
Ellis, A.　182
Ellsworth, P. C.　127
Ennis, R.　86-92
Enyedy, N.　237
Erber, M. W.　132
Erber, R.　132
Ericsson, K. A.　66
Evdokas, A.　127

F

Facione, P.　87-89
Feather, N. T.　178
Federmeier, K. D.　40
Fedorenco, E.　37
Festinger, L.　270
Finn, B.　86
Flavell, J. H.　83
Forgas, J. P.　129, 133, 134
Formisano, E.　43
Franklin, S.　246
Freud, S.　5, 60, 157
Friedman, N. P.　145
Friesen, W. V.　139
Friston, K. J.　42
Frith, U.　268
藤村宣之　190, 192, 201, 202, 204, 244
藤田和生　135
Furnham, A.　109

G

Galileo Galilei　82
Galton, F.　97
Gardner, H.　7, 9, 10, 100, 103, 150, 222
Gathercole, S. E.　203
Geary, D. C.　241
Gelman, S. A.　199
Gentner, D.　69, 72, 74, 76, 77
Giancarlo, C.　89
Gibbs, R. W.　71
Gibson, E. J.　29
Gick, M. L.　77
Gigerenzer, G.　119
Gilbert, D. T.　272
Gilovich, T.　117
Glucksberg, S.　78
Gnepp, J.　139

Goldberg, E.　142
Goldin-Meadow, S.　60, 61
Goleman, D.　135
権藤恭之　249
郷式徹　243
Gotlib, I. H.　127
Graham, T. A.　58
Graves, W. W.　42
Green, C.　149
Griffin, P.　237, 239
Guilford, H.　9, 10, 102

H

Hacker, D.　85
南風原朝和　223, 225
Hallet, P.　146
Halligan, P. W.　257
Halpern, D. F.　92
Hamann, S.　128
Hansen, C. H.　127
Hansen, R. D.　127
Hanslmayr, S.　152
Happé, F.　268
Harding, J. L.　74
Hariri, A. R.　163
Harlow, H. F.　174
Harris, V. A.　271
Hasson, U.　144
秦野真衣　30
八田武志　249
速水敏彦　173
Hayes, J. A.　152
Hedden, T.　280
Heider, E. R.　68
Heider, F.　13, 179, 271
Hekkert, P.　66
Henson, R.　38, 45, 46
Hermans, D.　135

Hertel, P. T. 152	伊藤美加 127, 131	Kerr, B. 109
Hess, D. L. 139	伊藤崇達 173, 183, 245	Keysar, B. 71, 72, 78
Heuer, F. 128	いとうたけひこ 105	菊地 正 29
Hickok, F. 263	巌淵 守 265	Kim, K. 109, 276, 278
Higgins, E. T. 273	岩原昭彦 249	木村晴美 260
Higgs, P. W. 223	石岡良子 249	King, G. 233
Hillis, A. E. 37		Kinnally, E. L. 168
Hilliyard, S. A. 40	**J**	木下康仁 50
平沼博将 222	Jacobs, J. 141	Kirchner, W. K. 149
平山るみ 88	Jacques, S. 139	北村勝朗 66
廣松 渉 53	Jenkins, E. 197, 198	北山 忍 274, 276, 277
廣瀬直哉 157	John, O. P. 228	小島康次 242
Hitch, G. 36, 141	Johnson, M. 57, 60, 69	Kondo, H. M. 164
Hmelo-Silver, C. E. 215	Johnson-Laird, P. N. 4	古澤頼雄 172
Hofer, B. K. 124	Jones, D. M. 149	子安増生 82, 139, 203
Hoffman, P. 150	Jones, E. E. 271	Kramer, D. A. 247
Hofstadter, D. 82	Jordan, B. 263	Kraus, M. W. 277
Holmes, A. 163		Kriegeskorte, N. 44
Holyoak, K. J. 76, 77, 82, 117	**K**	Kuhn, D. 91, 92, 197, 215, 242, 245, 246
Holzinger, K. J. 232	鹿毛雅治 173	Kühnen, U. 276
堀井秀之 82	Kahneman, D. 118, 122	鯨岡 峻 50
Hough, L. M. 231	Kahney, H. 112	Kulik, J. 128
Hsi, S. 201	亀田達也 284	Küpper, C. S. 152
Hudson, A. 139	上廻 昭 193	楠見 孝 75, 88, 117, 121, 122, 124, 203, 204
Hughes, M. E. 147	神谷俊次 128	
Hull, C. L. 3, 173	金沢 創 242	Kutas, M. 40
	Kane, M. J. 146	
I	狩野 裕 14, 226	**L**
市田泰弘 260	唐沢かおり 127	
池田 央 228	柏木惠子 254	Laird, A. R. 39
Ikeda, M. 29	加藤道代 254	Lakoff, G. 58, 60, 69, 70
生田久美子 66	川口 晶 141	Lamarck, J.-B. 159, 160
今井むつみ 69, 247	Kay, P. 68	Landau, M. J. 74
稲垣佳世子 241, 244	Keating, D. P. 245	Laszlo, S. 40
Inhelder, B. 193	Kekulé, A. 82	Lautrey, J. 208
乾 敏郎 53, 249	Kelley, H. H. 179, 271	Lazarus, R. S. 126
Isen, A. M. 132	Kemper, S. 71	Leal, L. 85
板倉聖宣 193	Kempton, W. 68	Lee, H. S. 216, 217
	Kensinger, E. A. 128	Lee, K. 139

Lepper, M. R.　175, 176	McGurk, H.　25	中山　実　29
Lesch, K. D.　163	McKay, R.　109	成井智佑　29
Levin, H.　29	McNeill, D.　60	Nayak, N. P.　71
Levy, B. J.　150	McPeck, J. E.　90	Nederhof, E.　165
Lewin, K.　3, 269, 270	Medvec, V. H.　117	Newcomb, T. M.　13
Libet, B.　62	Meier, B. P.　74	Newman, B. M.　254
Linn, M. C.　201	Merryman, A.　109	Newman, P. R.　254
Linne, C. von　159	Metcalfe, J.　86	Nicholls, J. G.　179
Litchfield, D.　66	道田泰司　203, 204	仁平義明　113, 157
Locke, J.　265	Miller, G. A.　143, 262	Nisbett, R. E.　269, 274, 275
Lockhart, R. S.　144	Miller, J. G.　274	西川アサキ　54
Logan, G. D.　146, 147	Miller, R. K.　152	Nitsche, M. A.　39
Loyens, S. M. M.　211	Milner, B.　36	Noël, M.-P.　59
Luria, A. R.　142, 262	三浦麻子　14, 226	Noelle-Neumann, E.　284
M	三宅　晶　144-149	野村理朗　163, 165
MacDonald, J.　24	三宅なほみ　241	Núñez, R. E.　58, 60
MacLeod, C. M.　146	宮本美紗子　179	**O**
前野隆司　53, 63	Miyamoto, Y.　275, 278-280	落合正之　243
Maier, S. F.　180	水越敏行　193	大久保街亜　227
Markman, A. B.　276, 278	水野　有　52	大西　広　104
Markus, H. R.　274, 276	茂木健一郎　53	大野祥子　254
Marshall, J. C.　257	Molyneux, W.　265	太田慶司　201, 202
Mason, L.　124	Montogomery, K. C.　174	太田信夫　244
Masuda, T.　275	Mori, S.　41	大谷　尚　50
松本英之　39, 40	森　敏昭　224	大浦容子　66, 247
松永恵美　243	森田ひろみ　29	岡田　剛　102
Mayer, J. D.　135	Morris, N.　149	岡田謙介　227
Mayer, R. E.　213, 214	村山　航　230	Ones, D.　231
Mazens, K.　208	Murphy, G. L.　71	Onishi, K. H.　268
McCann, C. D.　127	Murphy, S. T.　127	Ortony, A.　71
McClelland, J. L.　41, 44, 177	Murray, H. A.　177	苧阪満里子　203
McCloskey, M.　208	明和政子　249	Osaka, N.　29
McConkie, G. W.　29	**N**	Oyserman, D.　276
McEvoy, R. E.　268	中原　淳　248	Ozonoff, S.　268
McGlone, M. S.　72, 74	中村隆一　98	
McGowan, P. O.　168	中野秀子　30	

P

Panonen, S. V.　232
Papert, S.　214
Pease, M.　242
Pederson, E.　69
Peelen, M. V.　43
Peng, K.　275
Perry, M.　61
Pfeifer, R.　55
Piaget, G.　11, 55, 193, 214, 239, 240, 244
プラトン　212
Plaut, D. C.　41
Polderman, T. J. C.　165
Poropat, A. E.　231
Posner, G. J.　199

R

Raby, K. L.　165
Rajender, S.　161
Ramachandran, V. S.　33
Rammstedt, R. J.　228
Ramscar, M.　74
Ratterman, M. J.　77
Rayner, K.　29
Reason, J.　157
Reed, E. S.　157
Reisberg, D.　128
Ressler, K. J.　168
Richardson, J. D.　37
Rikers, R. M. J. P.　211
Rittle-Johnson, B.　201
Robinson, M. D.　74, 135
Rogers, T. T.　44
Roseman, L. J.　127
Ross, B. H.　77
Ross, L.　269, 271
Roth, T. L.　168
Roy, C. S.　35
Runco, M.　109
Rutherford, E.　82
Ryan, R. M.　176, 177

S

Saarni, C.　139
Saeki, E.　149
Saida, S.　29
齊藤　智　141, 144-146, 148, 203
坂上裕子　254
Salovey, P.　133, 135
Salthouse, T. A.　247
Sander, E.　82
佐々木倫子　260
佐藤郁哉　50
佐藤眞一　249
Sawyer, R. K.　189, 212
Schacter, D. L.　141
Schapiro, A. C.　44, 45
Scheier, M. F.　186
Scherer, K. R.　127
Schmidt, H. G.　215
Schooler, J. W.　129
Schubert, T. W.　74
Schunk, D. H.　245
Schunn, C.　82
Schwarb, J. J.　193
Schwartz, B.　117, 118, 131, 132
Scoville, W. B.　36
Seidenberg, M. S.　41, 44
Seligman, M.　180-182
Senju, A.　268
Shacter, S.　126
Shallice, T.　35
Shams, L.　25
Sheldon, K. M.　109
Sherif, M.　270
Sherrington, C. S.　35
Shevelson, R. J.　228
Shiffrin, R. N.　7, 8, 141
志水宏吉　187
篠ヶ谷圭太　245
Shweder, R. A.　273, 274
Siegler, R. S.　196-198, 200, 242
Simon, H.　116
Simon, T.　97, 98
Simons, R. L.　166
Sinatra, G. M.　124
Singer, J.　126
神藤貴昭　183
Skinner, B. F.　193
Smith, C. A.　127
Smith, J. P.　200
ソクラテス　212
Soon, C. S.　63
Sperling, G.　143
Sperry, W. R.　263
Squire, L.　36, 144
Stanovich, K. E.　92, 246
Star, J.　201
Stasser, G.　284
Steiner, I. D.　284
Ste-Marie, D. M.　66
Stephens, N. M.　277
Stern, W.　98
Sternberg, R. J.　100-102
Stevens, R.　237
Strobe, W.　284
杉森絵里子　261
杉村伸一郎　59

杉田明宏　105
鈴木宏明　78, 102
鈴木　忠　249
Sweller, J.　215
Swineford, S.　232

T

多鹿秀継　244
田島信元　241
高橋雅延　128
高橋　緑　249
高橋雄介　165
高山　緑　247, 248
竹内謙彰　241
Talhelm, T.　277
Talwar, V.　139
玉木宗久　38
田中健夫　104
田中義和　222
Teasdale, J. D.　127
Terman, L. M.　98
Thagard, P.　76, 82, 117
Titus, W.　284
Tobias, S.　218
徳富蘇峰　109
Torrance, E. P.　102, 103
外山紀子　243
Triandis, H. C.　274, 276
Tulving, E.　36, 141, 144, 262

Tunbridge, E. M.　164
Turkeltaub, P. E.　38
Tversky, A.　118

U

上野一彦　99
上野泰治　45
氏家達夫　254
宇川義一　39, 40
梅津亜希子　38
梅本堯夫　141
Unsworth, N.　146
Uskul, A. K.　277

V

Vallerland, B. J.　177
Vohs, K. D.　186
Vosniadou, S.　199, 208, 244
Vygotsky, L. S.　59, 103, 240, 241

W

Walsh, V.　39
渡邊一弘　54
Watson, J.　161
Weaver, C.　151
Webb, N. M.　228, 284
Wechsler, D.　99
Wegner, D. M.　186
Weiner, B.　179, 180, 182
Wellman, H. M.　199
Wernicke, C.　2, 35, 262
White, R. W.　175
Wieringen, P. C. W.　66
Wilken, B.　278
Williams, K. D.　13
Windschitl, M.　246

Y

八木善彦　29
山　祐嗣　246
山口真美　242
横地早和子　102
Yonelinas, A. P.　45
吉田　甫　241
吉田寿夫　224
吉井直子　29
吉川左紀子　127
弓野憲一　102, 103
湯澤正通　203, 244
湯澤美紀　203

Z

Zajonc, R. B.　127
Zhang, Y.　37
Zimmerman, B. J.　183, 245
鄒　亜亨　30

事項索引

A

AIM　133
ALE分析　38
$B = f(P, E)$　3
CHC　99
COMT　164
IQ（知能指数）　98
PISA　187
SNPs　162
TNTパラダイム　151

あ

愛着スタイル　165
アクセス可能性　272
足場がけ　216
アナロジー　75
アハー体験　115
アルゴリズム　7
意思決定　115
一般化可能性係数　228
一般化可能性研究　228
一般化可能性理論　227
一般的問題解決プログラム　114
遺伝子多型　161
イマージョンアプローチ　89
意味記憶　144
意味制御　149
イメージ図式　57
因子分析　9
インフュージョンアプローチ　89
隠喩的投射　57
ウェクスラー式知能探査　99
ウェルニッケ失語　263
ウェルニッケ野　2
運動失語　262
運動準備電位　62
液量保存問題　61
エピジェネティクス　159
エピソード記憶　144

か

下位尺度　232
概念化　67
概念的理解　190
概念変化　244
概念メタファー理論　69
海馬　168
外発的動機づけ　174
解法付き例題　215
拡散的な思考　102
拡散テンソル画像　41
学習科学　189
学習観　202
学習性無力感　180
学習性楽観主義　182
学習の自己調整　245
覚醒度　128
重なり合う波のモデル　197
カテゴリー化　67
構え　114
カリフォルニア批判的思考スキルテスト　89
カリフォルニア批判的思考態度尺度　89
加齢　11
感覚器　18

感覚記憶　7, 143
感覚失語　263
感覚モダリティ　24
感受性遺伝子　166
感情価　128
感情喚起モデル　178
感情混入モデル　133
感情情報機能　131
　──説　131
感情知能　133
感情ネットワークモデル　130, 131
感情プライミング　127
記憶　7, 244
　──制御　149
基準関連妥当性　224
帰属スタイル尺度　182
帰属の理論　271
機能局在性　23
機能的磁気共鳴画像法　38
気分　125
　──依存効果　128, 129
　──一致効果　128, 129
　──制御　131
　──説　132
ギャンブラーの錯誤　119
嗅覚受容細胞　22
共感性　164
凶器注目　128
協同的探究学習　201
共分散構造モデル　14
禁忌　5
近赤外光脳機能画像　38

300 事項索引

空間表象　72
クオリア　53
クロスモダリティ　24
　——マッチング　25
経験的・統計的妥当性　230
計数　58
形態による計算　55
経頭蓋磁気刺激法　39
経頭蓋直流刺激法　39
係留寸描法　233
血中酸素レベル依存　36
決定研究　228
顕在記憶　141
検索　143
　——誘導性忘却　150
幻視　258
幻聴　260
検定力分析　227
健忘症　261
後悔　117
更新　144
構成概念　223
　——妥当性　230
構成主義　193, 213
構造方程式モデル　14
行動科学　1
行動主義　6
心のモデル　1
心の理論　12
古典的テスト理論　224
コルチゾール　168
コンピテンス　175
コンピュータ断層撮影　35
根本的帰属のエラー　271

さ

再検査信頼性　227
サイバーボール課題　13
作業仮説　223
サピア・ワーフ仮説　68
視覚失認　258
時間概念　72
色覚障害　257
磁気共鳴画像　35
刺激　6
　——器　18
思考　111
自己決定理論　176
自己原因性　176
自己調整学習　182
自己動機づけ方略　183
視細胞　19
視床下部-下垂体-副腎系　168
事象関連電位　40
自然選択説　160
実行機能　142, 164
失語症　262
シナジー　55
シフティング　144
自閉症スペクトラム障害（自閉スペクトラム症）　263
社会・文化・歴史的発達理論　241
社会階層　277, 279
社会的（語用論的）コミュニケーション障害　263
社会的排斥　13
社会的比較理論　270
弱視　256
尺度　223
集合主義　163

囚人のジレンマ・ゲーム　12
主観的期待効用最大化　116
熟達化　77, 248
　——反転効果　215
熟達者　194, 215
手段-目標分析　114
受容器　18
生涯発達理論　11
状況主義の原理　269
条件的知識　84
常識心理学　4
情動　125
情報処理モデル　54
初心者　194
神経-血管カップリング　35
神経線維追跡　41
人工知能　7
心身一元論　53
心身二元論　53
心身問題　53
新成熟論　241
迅速・節約ヒューリスティック　120
身体化認知　75
心的心象　112
新ピアジェ派　241
信頼性　224
心理学の素人理論　4
数学的等価性　61
精神年齢　98
制約　243
設定者間信頼性　227
説明モデル　200
セロトニン　162
　——・トランスポーター　162

宣言的記憶　7, 144
宣言的知識　84
先行オーガナイザー　210
潜在記憶　141
染色体　160
セントラルドグマ　166
双因子モデル　232
相関の希薄化　225
相互依存的な存在　276
相互独立的な存在　276
創造的知能　103, 104
相貌失認　258
ソース領域　69
測定　223
素朴概念　194
素朴心理学　4
素朴理論　198, 241

た

ターゲット領域　69
帯域幅と忠実度のジレンマ　226
対応バイアス　271
他者評定　231
多重制約充足の基準　116
多重知能理論　9, 100
達成動機づけ　177
妥当性　224
ダブルフラッシュ錯視　25
多ボクセルパタン分析　43
単一光子放射断層撮影　35
単一理由決定ヒューリスティック　120
短期記憶　8, 143

探求型教授法　211
探索動機　174
力関係　278
知識統合　201
知性の構造モデル　9
知能　9
　──の鼎立理論　100
中核的知識　243
中心窩　19
中心視　29
長期記憶　8, 143
直接教授　215
貯蔵　143
定型発達症候群　264
デオキシリボ核酸　160
適切モダリティ仮説　25
できる学力　190
手続的記憶　7, 144
手続的知識　84, 190
同一化調整段階　176
動因　174
　──低減　174
統合的調整段階　177
洞察　114
同調　270
道徳性　101
読字障害　258
トップダウン処理　9
ドパミン　164
捉え方の原理　269
取り入れ調整段階　176

な

内的整合性　227
内発的動機　210
　──づけ　174
　──のアンダーマイニング現象　175
生業（なりわい）　277

難聴　259
21世紀型モデル　239
二重システム　122
二重処理モデル　272
二重の乖離　12
認識論　246
認知主義　6
認知神経科学　35
認知心理学　1
認知的葛藤　199
認知的評価理論　126, 176
認知のエイジング　248
認知負荷　215
脳科学　1
脳損傷　1
脳電図　40
能動的学習　214
脳内埋め込み電極　45
脳の神経基盤　280

は

パーソナリティ　164
バイアス盲点　120
橋渡し方略　200
パチニ小体　21
発見学習　209
発生的認識論　11
発達の最近接領域　216
発話に伴う自発的身振り　60
バランス理論　13
半側空間無視　256
反応　6
ピアジェの認知発達理論　240
ヒストン　160
非宣言的記憶　144
批判的思考　86, 121, 203

――態度　89
――能力　89
ヒューマン・インターフェイス　264
ヒューリスティック（ス）　7, 118
表現型　161
表象　243
フィリングイン　52
深い学習　188
腹話術効果　24
符号化　143
普遍アプローチ　89
プラグマティクス　247
フラッシュバルブ記憶　128
ブレイン・マシン・インターフェイス　264
ブローカ失語　262
ブローカ野　2
ブロードマンの脳地図　2
プロジェクト型学習　213
文化と社会的要因の交互作用　278
分析的認知様式　275
分離脳　263
並列分散処理モデル　44
平和心理学　105
ベルンシュタイン問題　54
扁桃体　163
包括的認知様式　275

縫線核　162
暴力の文化　105
ボクセル　37
補償を伴う選択的最適化　249
ボトムアップ処理　9

ま

マイクロジェネティックアプローチ　197
マイスネル小体　21
マガーク効果　24
満足化　116
水差し問題　113
味蕾　21
民間心理学　4
無意識　5
無力状態　177
命題推論　246
命題的表象　111
メタ認知　83, 244
――的コントロール　84
――的知識　84
――的モニタリング　84
メチル化　167
免疫系　280
メンタルモデル　4, 113
盲　256
――点　52

モジュール　12
問題解決型学習　213
問題空間　114

や

ヤーキーズ・ドッドソン仮説　179
有意味受容学習　210
誘因　174
有毛細胞　20
陽電子放射断層撮影　35
用不用説　159
抑圧　5
抑制　144

ら

領域固有性　90
良設定（定義）問題　112
理論的・内容的妥当性　230
類包含モデル　78
聾　259
老化　11
ロービジョン　256

わ

ワーキングメモリ　8, 141, 164, 203
ワイナーの原因帰属理論　179
わかる学力　190

【執筆者一覧】（五十音順，*は編者）

安藤花恵（あんどう　はなえ）
西南学院大学人間科学部准教授
担当：コラム4

石野秀明（いしの　ひであき）
兵庫教育大学大学院学校教育研究科准教授
担当：コラム3

石橋　遼（いしばし　りょう）
京都大学大学院教育学研究科研究員
担当：コラム2

伊藤美加（いとう　みか）
京都光華女子大学キャリア形成学部准教授
担当：9章

上野泰治（うえの　たいじ）
名古屋大学大学院　日本学術振興会特別研究員SPD
担当：3章

エマニュエル　マナロ
（Emmanuel Manalo）
京都大学大学院教育学研究科教授
担当：コラム6

河﨑美保（かわさき　みほ）
追手門学院大学心理学部講師
担当：コラム15

金田茂裕（きんだ　しげひろ）
関西学院大学教育学部准教授
担当：14章

楠見　孝（くすみ　たかし）*
京都大学大学院教育学研究科教授
担当：8章

栗田季佳（くりた　ときか）
三重大学教育学部講師
担当：17章

小島隆次（こじま　たかつぐ）
滋賀医科大学医学部准教授
担当：2章

米田英嗣（こめだ　ひでつぐ）
京都大学白眉センター特定准教授
担当：コラム17

子安増生（こやす　ますお）*
京都大学大学院教育学研究科教授
担当：1章

齊藤　智（さいとう　さとる）*
京都大学大学院教育学研究科准教授
担当：10章

坂上裕子（さかがみ　ひろこ）
青山学院大学教育人間科学部准教授
担当：コラム16

坂本美紀（さかもと　みき）
神戸大学大学院人間発達環境学研究科教授
担当：16章

杉浦　健（すぎうら　たけし）
近畿大学教職教育部教授
担当：12章

髙橋雄介（たかはし　ゆうすけ）
京都大学大学院教育学研究科特定准教授
担当：15章

田中久美子（たなか　くみこ）
大谷大学文学部准教授
担当：コラム 12

田中優子（たなか　ゆうこ）
名古屋工業大学大学院工学研究科准教授
担当：6 章

田村綾菜（たむら　あやな）
愛知県心身障害者コロニー発達障害研究所リサーチレジデント
担当：コラム 9

田村美恵（たむら　みえ）
神戸市外国語大学外国語学部総合文化コース准教授
担当：コラム 18

中間玲子（なかま　れいこ）
兵庫教育大学大学院学校教育研究科准教授
担当：コラム 7

中本敬子（なかもと　けいこ）
文教大学教育学部准教授
担当：5 章

西尾　新（にしお　あらた）
甲南女子大学人間科学部教授
担当：4 章

西垣順子（にしがき　じゅんこ）
大阪市立大学大学教育研究センター准教授
担当：7 章

野村理朗（のむら　みちお）*
京都大学大学院教育学研究科准教授
担当：11 章

羽野ゆつ子（はの　ゆつこ）
大阪成蹊大学教育学部准教授
担当：コラム 5

平沼博将（ひらぬま　ひろまさ）
大阪電気通信大学工学部人間科学研究センター准教授
担当：コラム 14

廣瀬直哉（ひろせ　なおや）
京都ノートルダム女子大学心理学部教授
担当：コラム 10

福田みのり（ふくだ　みのり）
鹿児島純心女子大学国際人間学部准教授
担当：コラム 11

藤村宣之（ふじむら　のぶゆき）
東京大学大学院教育学研究科教授
担当：13 章

宮本百合（みやもと　ゆり）
ウィスコンシン大学マディソン校心理学部准教授
担当：18 章

モイゼス　キルク
(de Carvalho Filho Moises Kirk)
京都外国語大学外国語学部准教授
担当：コラム 8

山縣宏美（やまがた　ひろみ）
西日本工業大学デザイン学部准教授
担当：コラム 13

吉川左紀子（よしかわ　さきこ）
京都大学こころの未来研究センター教授（センター長）
担当：コラム 1

教育認知心理学の展望

2016 年 3 月 25 日　初版第 1 刷発行　　　　定価はカヴァーに表示してあります

編　者　子安増生
　　　　楠見　孝
　　　　齊藤　智
　　　　野村理朗
発行者　中西健夫
発行所　株式会社ナカニシヤ出版
　〒606-8161　京都市左京区一乗寺木ノ本町 15 番地
　　　　　　　Telephone　075-723-0111
　　　　　　　Facsimile　075-723-0095
　　　Website　http://www.nakanishiya.co.jp/
　　　Email　iihon-ippai@nakanishiya.co.jp
　　　　　　　郵便振替　01030-0-13128

装幀＝白沢　正／印刷・製本＝創栄図書印刷
Copyright © 2016 by M. Koyasu, T. Kusumi, S. Saito, & M. Nomura
Printed in Japan.
ISBN978-4-7795-1049-6

本書のコピー，スキャン，デジタル化等の無断複製は著作権法上での例外を除き禁じられています。本書を代行業者等の第三者に依頼してスキャンやデジタル化することはたとえ個人や家庭内の利用であっても著作権法上認められておりません。